卓越法律人才培养计划系列教材

湖北省荆楚卓越法律人才协同育人计划项目成果

案例宪法学

刘祎　陈焱光　靳海婷　编著

WUHAN UNIVERSITY PRESS
武汉大学出版社

图书在版编目(CIP)数据

案例宪法学/刘祎,陈焱光,靳海婷编著.—武汉:武汉大学出版社,
2022.10(2024.1重印)
卓越法律人才培养计划系列教材
ISBN 978-7-307-23247-1

Ⅰ.案⋯　Ⅱ.①刘⋯　②陈⋯　③靳⋯　Ⅲ.宪法—案例—中国—高等
学校—教材　Ⅳ.D921.05

中国版本图书馆 CIP 数据核字(2022)第 141695 号

责任编辑:胡　荣　　　责任校对:鄢春梅　　　版式设计:马　佳

出版发行:**武汉大学出版社**　　(430072　武昌　珞珈山)
　　　　　(电子邮箱:cbs22@whu.edu.cn　网址:www.wdp.com.cn)
印刷:武汉中科兴业印务有限公司
开本:787×1092　1/16　印张:14.5　字数:341 千字　插页:1
版次:2022 年 10 月第 1 版　　2024 年 1 月第 3 次印刷
ISBN 978-7-307-23247-1　　定价:48.00 元

总　序

作为初入法律之门的大学法学本专科学生，往往首先是通过精简版的教科书或者是大部头的教科书，按照教材的体系化结构，从理论基础或总则的原理原则开始了法律人漫长、艰辛和略显枯燥的学习生涯。诸多的法哲学原理、法理学知识和法原则的阐释，对一个法律人走向专业化和精英化不可或缺，但对初入法学殿堂的学子来说，往往是如坠云雾之中，理解起来却有相当难度，往往要等到进入大学高年级或工作之后再蓦然回首，才渐入会通之境。法科学生花较长时期的理解迷茫也构成了法学教学的隐含之痛和改革动力，不同类型的案例指导书籍应运而生，在欣喜之余，也发现案例与教材基本知识体系的对应存在不足之处，我们的编写试图部分改变这种情况，力图与教材、教学同步而行，取得教学效果和知识体系的双重改观。作为现代大学法学教学基础的教科书或教材浓缩了特定法领域的基本知识体系，使学生能在较短的期限内获得法律专业化和职业化的必备能力，但事无尽美，教科书也因此抽掉了法原理、原则和规则得以形成的鲜活血液，造成了初学者的疏离感和畏惧感，一定程度上影响了学习的兴趣和理解的深度。如果能够有选择性地适度还原某些法原理原则和规则的生成过程或关键节点、实践形态和社会功用等，那么抽象的理论就被注入了现实的活水，法学的学习就在理论和现实两个场域中及时切换，交相辉映，共同服务于认识、理解、掌握和运用法律的全过程。任何再高大上的理论必须落地于国家和公民的生活中，才会显现出熠熠生辉的生命力，对法学学生而言，就会变成学生的专业能力和适应能力。正因如此，我们结合初窥法学学生的实际，编写了该案例教材系列，以期帮助学生在法学学习道路上早入佳境。

奥地利法学家埃里希曾说，法发展的重心不在立法，不在法学，也不在司法判决，而在社会本身。霍姆斯大法官说，法律的生命不在于逻辑而在于经验。作为社会科学王国中极具经世致用属性的法学，理论学习和研究是重要的，目的还是在于实践中的运用。能够了解法律的生成过程、发展演变、规范形成和理论形态是一个法科学生最完整的知识谱系。由于现有的教育体制、教学体系的限制，加之几千年来逐步发展形成的庞大的法学知识体系、只能采取通过系统地讲授法学一般理论来构筑法科学生的知识体系和思维模式，但也因如此，实践的时间被大大压缩，要在课堂上或仅仅通过教材掌握连篇累牍的法哲学原理、部门法理论、原则和规范，显然存在巨大难度，特别是对缺乏生活经历和法律鲜活素材的学生而言更是如此。从人的理解规律来看，具体的生活经验是理解的前提，从具象到抽象是思维的普遍规律，尤其对于一般性的法律原则和规则而言。这也可以通过学生对更具有具体生活体验和感知的民法、刑法更感兴趣而反映出来。没有经历就难以感知，或感知不到位，即使移情也需要有近似的经验感知。我国目前法学教育主要以理论教学为主的现状在可预见的时期内很难有大的改变，也不必有大的改变。毕竟，系统的理论学习依然是最主要的，但面对缺乏充分实践锻炼的现实造成理论理解的困难和理论与实践的脱节，为了避免某个法律问题的研究过多地停留在纸面上，流于抽象的推理演说，缺乏实证分析的支持，折中的办法是通过典型案例架起理论与实践的桥梁，编织理解与适用的纽带。尽管还是难以尽美，但由于针对具体理论，必将有助于概念、原理、原则乃至不同规则的准确把握和如何适用的深入理解。理想的目标"虽不能至，然心向往之"。通过案例这种间接经验的感知和有针对性的解析，弥补了教科书具体阐释之不足。

　　基于上述理由，我们围绕教材中的重点内容，有针对性地配备了一些案例，较为详细地解读法学的原理、原则和规则背后及适用中的鲜活样态。透过这些真实的案例，让学生感悟到法律发展的曲折过程，感知社会文明进步过程中许多"小人物"和"大人物"所经历的痛苦和挣扎，所作出的牺牲和贡献。借用鲁迅先生所言："人类的血战前行的历史，正如煤的形成，当时用大量的木材，结果却只是一小块。"① 同样，法治的发展也是通过大量的有影响与无影响的案件与事件，最终凝结成为数不多的法的公理、原则和规则。无论是普通公民之间的鸡零狗碎的纠纷，还是惊世骇俗的风云事件及案件，在公法、私法和社会法等不同领域中都曾经掀起波澜。法治之发展历程可谓筚路蓝缕，对于法治后发之中国，尤其如此。通过案例学习，不仅有助于对法原理、原则和规范准确领悟和深入领会，也是表达对法治道路上曾经不屈不挠抗争的志士仁人的敬慕之情。重温案件当事人那曾经被不公正和冤屈裹挟的时光，在不堪回首的追思中，法治进步带来的和平、安逸、秩序和公平等公共福利的感恩油然而生，更能激励起我们对正义和公平的坚守，对法治发展的信心和为之奋斗的坚定毅力和不懈努力。

　　从法律发展的历程上讲，法律是由具体的个案发展成的抽象规则，通过一个个生动、具体和生活化的法律形象，法律在不断进行着自我"进化"，这种演化的成果在带给我们积极东西的同时，也失去了一些鲜活的东西。法律的抽象化、规则化、体系化和职业化，使得法学的教学更加标准化、专业化、系统化和理论化，但也让法学的学习陷于概念的解析、抽象原则和规则的逻辑推理与有序排列的"象牙塔"困局，使学生感觉法律和法学远离自身的生活世界，从而影响对法律和法学的认知和法律人使命的体认。为此，我们试图通过不同法律关系领域的案例，部分还原法律原则或规范的形成过程、关键节点或作用的机理，给框架性和抽象性的法原则及法规则注入鲜活的血肉，使其骨肉丰满，给教材的体系化和理论化为主的内容添加个案性、具体生活场景性的法律生活素材。在这些案件中，上自国家最高权力机关或最高领导人，下至社会底层的普通公民；有富可敌国的名商巨贾，也有穷困潦倒的三教九流，他（她）们都为了一个共同的目标——寻求法律的公断和正义的伸张——走到一起，进行名誉或利益等的博弈。透过案件，让学生感觉到抽象的法律原则和规则的前世今生，感知每一项法律原则和规则背后曾经有多少不堪回首的悲情往事和不屈抗争；感知法律在具体使用过程中面临的价值冲突和艰难选择；感知法律如何驯服曾经不可一世的庞大的国家这一"利维坦"，如何为一文不名的升斗小民伸张正义；感知诸如"正义之剑永不入鞘"等法律的至理名言，在法官、检察官和其他法律职

---

　　① 转引自陈静编著：《鲁迅的彷徨与呐喊》，东方出版社 2006 年版，第 178 页。

业人士及社会正义感的公民的合力下不断变成生活现实、形成社会共识的过程。

　　著名的案例总是引发许多学者和法律实务界人士的关注和不断诠释，我们选取的案例，也有一些是在学习和借鉴了这些优秀成果的基础上编辑而成。在此，谨向这些学者和专家表达诚挚的谢意！由于水平和时间的限制，书中的错误和疏漏之处在所难免，恳请广大读者批评指正。

陈焱光
2019 年 4 月 8 日

目　　录

第一章 宪法的概念

第一节 宪法词源及其演进

一、"宪法"一词在西方的演进

英文"宪法"Constitution 源于拉丁文 Constitio，作动词时，它指的是用许多部件或成分组织建构某种事物；作名词时，则是指事物构造的方式、结构和气质。它与古希腊"politeia"一词的意义密切相关，有着明显的词源关系。① 中国现行的宪法学教科书在讲到宪法概念在西方的起源时，通常都认为存在"古希腊宪法"这样的概念，其根据是亚里士多德的《政治学》一书。因为亚里士多德曾将古希腊各城邦的法律分为宪法和普通法律，并进一步认为《政治学》就是以对希腊各城邦宪法的研究为基础而写就的。希腊的宪法被定义为，是有关城邦组织和权限的法律，主要包括有关公民的资格、公民义务的法律和城邦议事机构、行政机构和法庭的组织、权限、责任的法律。古罗马时期，被称为"constitio"的，是指那些由皇帝发布的谕令，包括"告示""训示""批复""裁决"四种形式，以区别于市民会议通过的法律文件。除了在称谓上有一些不同外，普通的法律，罗马的行政长官即可变更，但关系到国家根本组织的法律，变更时则需由护民长官参加。

"宪法"一词在不同语言中的对应表达不尽相同，在英语中为 Constitution，法语为 la Constitution，德语为 Verfassung。有学者认为，汉语中的"宪法"一词对应的英语单词有两个：Constitution 和 Constitution Law。② 在中译本《牛津法律大辞典》中也将"Constituion"和"Constitution Law"两个不同的英文词条都翻译成"宪法"。③ Constitution 应译为"宪法"，而 Constitution Law 应译为"宪法性法律"，二者在含义上存在差异，不可混同。Constitution 常指成文宪法，而 Constitution Law 常常包括成文宪法典在内，其外延大于成文宪法。比如英国的宪法是以 Constitution Law 的形式存在的，但没有一部完整的 Constitution。

---

① 王人博：《宪法概念的起源及其流变》，载《江苏社会科学》2006 年第 5 期。

② 参见吴家麟：《宪法学》，群众出版社 1985 年版，第 20 页。

③ 参见《牛津法律大辞典》，光明日报出版社 1989 年版，第 200 页。

二、"宪法"一词在中国的演进

在我国，"宪法"一词的出现要比希腊和罗马都早。从语源上看，古汉语中的"宪"字出现得很早，古代春秋时代的史书上就有"鉴于先王成宪，其永无愆"（《尚书》），"赏善罚奸，国之宪法"（《国语》），"祖述尧舜，宪章文武"（《中庸》），等等。此外，还有"正月之朔，百吏在朝，君乃出令布宪于国……宪既布，有不行宪者……罪死不赦"（管子《立政篇》）；"宪表悬之，若今新布法令也"（《周礼·秋官小司寇》）；"稽古宪章，大厘制度"（《晋书》）。但中国古代典籍中的"宪法"之义主要是指一种王权体制下的某种制度，或是特指君王的典章、法律或诏书等。正如《康熙字典》对"宪"字的解释："悬法示人曰宪（憲），从害省，从心，从目，观于法象，使人晓然知不善之害，接于目，怵于心，凛乎不可犯也。"按字义结合实际进行引申赋义，其后就有了"表示"与"博文多能"之意。表者，使对之省察，当畏之。博多者，如文武之政，布在方策，中心藏之。如或见之，曰："宪章文武"之言，使人有所取法。古汉语中的"宪"与"宪法"在能指的面向上有两层含义：其一，"宪"与"宪法"指的是"根本性"，譬如，已形成的王权体制，以及这个体制或体制的最高者确立的规则。这些规则之所以是根本性的，因为在制定者看来它涉及国家的秩序与和谐。"根本性"又可以引申出"权威性"和"至上性"这样的概念，它是人们必须敬畏与尊崇的根据。其二，当《中庸》用"祖述尧舜，宪章文武"来表达这种根本性时，这里也隐含了我们现代人使用的"正当性"含义。后一种含义常被汉语的解释者所忽略。一般认为，我国在现代意义上首次使用"宪法"一词的人是郑观应。而作为专门法律术语的"宪法"则是近代日本翻译西方法律概念的一个词语，因其比较恰当地用汉语词汇点出了近代以来西方宪法内容所蕴含的根本精神，遂为汉语对译"宪法"时所采纳。也有学者认为中国古代"宪""宪法"虽然没有统一的形式，但它具有最高法律地位的思想在当时已经确立了。今天宪法含义仍体现出与古代宪法的千丝万缕的联系。①

三、宪法概念的历史变迁

关于宪法概念含义的演变，有学者认为其主要经过了三个阶段：英国的政治实践首先是将 constitution 这个古老词语固化为一个确定的政治概念；美国的政治试验使它成为一个地地道道的法律性概念；而那些社会契约论的信奉者们则通过运用"社会契约"方法，重构了这个概念的含义，使其成为一个优越于其他政治类型的一种立宪体制的代名词。而汉语的"宪法"一词能成为现代中国政治、法律话语表达与实践的关键词肯定与constitution 一词有关。从某种意义上讲，正是后者激活了宪法这个古老的汉语词语，使它与现代性的政治法律话语产生关联。②

从宪法产生和发展历史看，尽管迄今尚无一个普遍认可的宪法概念，但所有称为

---

① 参见馨元：《宪法概念的分析》，载《现代法学》2002 年第 2 期。
② 王人博：《宪法概念的起源及其流变》，载《江苏社会科学》2006 年第 5 期。

"宪法"的文件，都包含着对国家权力的某种分工、规范和制约，从这个宪法概念的公约数展开，则宪法概念随着历史发展而不断变迁。德国著名宪法学家本格伯德考察了宪法概念演变的历史进程。①

（一）作为自由证书意义上的宪法

在法国大革命以前的欧洲政治秩序中曾存在自由证书（Freiheitsbrief）、统治契约（Herrschaftsvertrag）意义上的宪法。但作为政治的决定权和政治统治权力组织、运行过程规则意义上的宪法还没有产生。当时在部分社会领域出现的宪法契约、宪法律等都只能起到有限的调整作用，没有成为社会生活中普遍认可的规则形式。在所谓的宪法契约中具有代表性的规则是1215年的《英国大宪章》，它实际上保障了贵族与城市市民的部分自由，形成社会政治势力之间的某种妥协。在德国十四五世纪出现的协约等文书中也可看出早期自由证书中存在的宪法意义。

（二）作为限制君主权力意义上的宪法

在19世纪的立宪君主制时代，特别是在国家与社会二元化的背景下，宪法概念发生了一定的变化，即宪法开始具有对君主绝对权力加以限制的政治或法律性质。宪法通过严格的形式与程序，在一定程度上限制君主权力的行使，试图保障权力的社会基础。当然，这种意义上的宪法并不能创设国家的统治权与决定权，只在宪法规定的范围内使君主的权力受到一定的限制。即使宪法作出的有限的限制也是在各种力量的妥协过程中进行的。

（三）作为契约意义上的宪法

作为契约意义上的宪法的出现是宪法概念演变中具有重要意义的变化，推动了宪法概念的非实质化与理性化。契约意义上的宪法通常具有两种含义：一是国家内部的宪法契约；二是联邦制内部或形成联邦制过程中形成的宪法契约。19世纪以后，随着宪政运动的发展，宪法开始在权力之间起着平衡与协调作用，逐步成为政治的基本秩序——两个权力之间（国民与君主）签订契约的依据，即协约宪法（Verein-te Verfassung）。作为契约意义上的宪法实际上表明了制度化的政治妥协。

（四）作为国家支配权及国家组织基础的宪法

在社会进化论和社会契约论的影响下，以个人的自由与法律平等理念为基础，形成了作为国家支配权与国家政治基础的宪法。1789年的《人权宣言》充分体现了上述原理，确立了主权源于国民的基本原则，即国民主权的基本价值。这种意义上的宪法开始拥有创设权力和决定权的功能，并规定国家决定权的界限。于是国家的根本组织，即最高国家机关相互之间的关系受到宪法的制约，一切国家机关的活动都必须遵守宪法。

---

① 参见韩大元：《宪法学基础理论》，中国政法大学出版社2008年版，第52~53页。

（五）作为阶级妥协产物的宪法

在宪法概念的演变过程中出现了反映一定阶级意志的宪法。马克思主义认为，宪法是特定阶级状况的反映，是统治阶级实行统治的手段和阶级妥协的产物。在阶级利益的妥协和协调中，宪法呈现出两种状态：一是实质的妥协，在阶级的妥协过程中形成不同的制度与目标之间的和谐；二是形式的妥协，宪法为社会政治、经济的改革提供合法的可能性。如英国 1689 年权利法案、法国 1830 年宪法是比较有代表性的阶级妥协产物的宪法。

（六）作为政治共同体法律秩序基础的宪法

随着社会与宪法关系的调整，宪法概念的内涵不断发生变化，宪法价值不断向社会生活的各个领域扩张。当宪法成为国家统治权基础的时候，在国家社会的各个领域，宪法成为人们共同遵循的价值基础和依据。这个时期的宪法，不仅是规范意义上的法律文件，更重要的是它是构成共同体的价值基础与价值秩序。第二次世界大战后，德国宪法的变化反映了宪法概念变迁的基本特点。经过历史的反思，人们发现了价值论的宪法思想并以此为基础建立新的宪法概念。构成宪法的各个组成部分以其不同的形式体现共同体社会的价值，实现人权的基本要求。作为价值体系的宪法概念必然要求价值的普遍化，保障宪法规范的最高性价值。

四、案（事）例述评

（一）1954 年《中华人民共和国宪法》的制定

1953 年 1 月 13 日，中央人民政府委员会第 20 次会议作出决定，成立以毛泽东为首的中华人民共和国宪法起草委员会，负责宪法的起草工作。从 1953 年 1 月到 1954 年 9 月，历时 1 年零 9 个月，根据我国国情，在充分发扬民主的基础上拟定宪法草案初稿，前后进行了 3 次规模巨大的群众性讨论，参加讨论的人有 1.5 亿人（当时全国人口约 5 亿），提出经过宪法起草委员会整理的意见共有 138 万条。经过宪法起草委员会反复修改，于 1954 年 9 月 20 日第一届全国人民代表大会 1197 人无记名投票方式一致通过了这部宪法，我国第一部社会主义宪法诞生了，即 1954 年宪法。[①]

（二）事例评析

宪法是国家的根本大法，规定国家的根本制度，是一般法律制定的基础和依据，具有最高的法律效力，所以宪法的制定比一般法律更严格。我国 1954 年宪法的制定是十分严格的，成立了以毛泽东为首的专门宪法起草委员会，集全国之力起草宪法草案。为了慎重起见，针对宪法草案，组织了三次规模巨大的全国性大讨论，经过反复酝酿、修改，并由中华人民共和国第一届全国人民代表大会代表一致通过了这部宪法，即 1954 年宪法。这在世界宪法史上是罕见的，表明了中国共产党人充分认识到宪法治理国家的重要性，宪法

---

① 尹长海、义瑛、刘昕：《宪法教学与实例分析》，湖南人民出版社 2015 年版，第 10 页。

是治国安邦的总章程。

五、问题思考

1. 我国在现代意义上首次使用"宪法"一词的人是谁？
2. 谈谈所有称为"宪法"的法律都共同具有的含义。
3. 简述宪法开始具有对君主绝对权力加以限制的意义。
4. 如何理解契约意义上的宪法？
5. 试述我国第一部宪法的起草及其意义。

第二节　理解宪法的四个维度

宪法的历史十分悠久，特别是原始和实质意义上的宪法始于古希腊时期，发展于13世纪封建时期的英国，到近代资产阶级革命后才从形式上和实际效力上形成现代宪法，具有根本法、母法、政治法和部门法等诸多特性。在理解不同时期的"宪法"时，需要侧重于一个或几个维度进行分析，才能准确把握宪法在不同时代的发展和功用。概括起来，通常会从四个维度理解宪法。

一、原始意义上的宪法

原始意义上的宪法是指国家组织法。国家是人类社会在特定历史阶段的产物，是一种特殊的社会组织。人类社会在产生国家以后至国家消亡以前，国家这种特殊的社会组织形态，必须由法律进行调整，由法律规定国家机关的构成、职权及相互关系，包括中央与地方国家机关的职权分配和相互关系。这种意义上的宪法，其基本功能仅仅是作为一种调整国家组织的法而存在，它与国家同时产生、同时消亡。它不仅存在于奴隶制国家、封建制国家，也存在于资本主义国家和社会主义国家。

西方国家的一些学者在给宪法下定义时，就是从这一意义上进行的。例如，法国百科全书对宪法的定义：宪法规定一个国家的一整套政治制度。

二、立宪主义意义上的宪法

立宪主义的实质是要通过制定宪法来限制国家权力而保障人权，因此，立宪主义意义上的宪法，又可以称为实质意义上的宪法，是指在一个国家存在的通过限制国家权力来保障人权的宪法。世界上绝大多数国家的宪法属于立宪主义意义上的宪法。这个宪法可以是一部统一的成文法典，也可以是分散的一系列法典；这个宪法在地位上可以是居于一切法律之上，也可以是与其他法律的地位相同。因此，只要在本质上是对国家权力予以限制的法，而且这个法或者这些法的核心价值是保障人权，那么，这个国家就存在宪法。

近代以来，绝大多数国家制定了统一的成文法典，由统一的成文法典去完成限制国家权力、保障人权的使命，人们将这统一的成文法典称为"宪法"。也有极少数国家，采用分散的形式制定了一系列限制国家权力、保障人权的法律，这样的国家也存在宪法。例如，英国在资产阶级革命过程中，伴随着革命的进程，由国会制定了一系列限制王权、保障民权的法律，因此，在立宪主义意义上也可以说英国是存在宪法的。

三、部门法意义上的宪法

通常以调整对象和调整方法为标准，将法律划分为不同的部门。法律都以社会关系为调整对象，宪法同样调整着社会关系：宪法所调整的主要是国家与公民之间的社会关系。因此，宪法与其他法律所调整的社会关系存在着巨大的差异。宪法在调整国家与公民之间的关系时，采用的基本方法是控制、合理分配和保障国家权力的运行。因此，宪法又是一个特定的法律部门。

就部门法意义上的宪法而言，它是调整国家与公民之间关系，以及调整国家机关之间关系的法律规范的总和，既包括在一个国家的法的体系中居于最高地位、具有最高法律效力的宪法，也包括具有一般法律效力的法律，即宪法性法律。如在我国，部门法意义上的宪法包括 1982 年宪法及其修正案（1988 年、1993 年、1999 年、2004 年、2018 年），还包括《选举法》《全国人民代表大会组织法》《地方各级人民代表大会和地方各级人民政府组织法》《全国人民代表大会和地方各级人民代表大会代表法》《国务院组织法》《立法法》《法官法》《检察官法》《民族区域自治法》《香港特别行政区基本法》《澳门特别行政区基本法》《国籍法》《集会游行示威法》《国旗法》《国徽法》《国歌法》等。

四、根本法意义上的宪法

所谓根本法意义上的宪法，是指不仅制定了成文法典，而且成文法典在一国的法的体系中居于最高地位、具有最高法律效力的宪法。近代以来，世界上绝大多数国家都制定了此类宪法。在成文宪法典中，一般都明确规定了宪法的地位。例如，美国宪法第 6 条规定：本宪法和依本宪法所制定的合众国法律，以及根据合众国的权力已缔结或将缔结的一切条约，都是全国的最高法律；每个州的法官都应受其约束，尽管任何州的宪法和法律中有任何与此相反的规定。上述参议员和众议员、各州州议员以及合众国和各州所有行政和司法官员，应宣誓或作代誓宣言拥护本宪法；但绝不得以宗教信仰的声明作为担任合众国属下任何官职或公共委托的必要资格。

我国现行《宪法》明确规定："本宪法以法律的形式确认了中国各族人民奋斗的成果，规定了国家的根本制度和根本任务，是国家的根本法，具有最高的法律效力。"此外，在《宪法》总纲第 5 条还针对我国的实际情况，就宪法的最高法律效力的具体表现和要求作了规定："一切法律、行政法规和地方性法规都不得同宪法相抵触。"（第 3 款）"一切国家机关和武装力量、各政党和各社会团体、各企业事业组织都必须遵守宪法和法律。一切违反宪法和法律的行为，必须予以追究。"（第 4 款）"任何组织或者个人都不得有超越宪法和法律的特权。"（第 5 款）可见，根据我国现行《宪法》的这一规定，在我国，宪法作为国家根本法，不仅在法律规范范畴居于最高地位并具有最高法律效力，而且在整个社会规范范畴也居于最高地位并具有最高法律效力。

因为绝大多数国家的宪法属于根本法意义上的宪法，所以，通常所说的"宪法"是指根本法意义上的宪法。这种意义上的宪法不仅体现了立宪主义精神，而且在规范层面上明确、具体、全面，在法律效力上居于最高，便于判断法律的合宪性，有利于保证一国之内宪法秩序的统一性，也有利于保证一国法制的统一性。

五、案（事）例述评

（一）英国《自由大宪章》

诺曼人威廉一世于 1066 年入侵英格兰并成为英国国王后，英国于十一二世纪逐渐强大。他们建立了集权政府，加上本地盎格鲁-撒克逊人原来的统治方法，还有盎格鲁人和诺曼人在诺曼底所拥有的土地，使英国国王在 1199 年成为欧洲最有权力的国王。

当英王约翰在 13 世纪初即位之后，一连串的事件却令以英格兰封建贵族为首的英国广大民众起来反抗他，并要求限制绝对的王权。人们反对约翰的根本原因是自亨利二世改革以来英国王权的日益强大，危害到封建贵族们的利益，其直接原因则是约翰国王任意践踏封建法则的残暴统治。

亨利二世改革的根本目的是加强王权，其中许多改革直接损害了贵族的利益。例如，其司法改革扩大了国王司法权，将大批诉讼从贵族封建法庭收揽到国王法庭，这既削弱了贵族的政治特权，又减少了贵族的经济收益；亨利二世大量提拔中产阶级和下级教士担任行政和司法官员，主持召开国王法庭，审理贵族案件，这违背了"同等人审判"（trial by peers）的封建准则。在财政上，亨利三世不但严格征收封建捐税，而且开征动产税，建立了国家直接税制，增加了贵族们的经济负担。这些都不可避免地引起了贵族们的不满。到理查德统治时期，贵族们的不满情绪已经显露出来。在 1197 年大会议上，理查德要求贵族们提供 300 名骑士远征法国，贵族们当面予以拒绝，声称这种要求是"不正当的"，因为封建习惯没有规定封臣有"到国外服役"的义务。理查德龙颜大怒，训斥道："谁若不去，就推谁上绞刑架！"贵族们毫不退缩，其中两名贵族挺身而出，反驳说："我们既不去法国，也不上绞刑！"可见，国王与贵族间的公开对立已十分明显。

1199 年继承王位的约翰变本加厉地推行专制统治，肆意践踏封建契约关系，进一步激化了与贵族的矛盾。当时的法国国王腓力二世正竭力加强王权，并企图夺取英王在法国西部的广大领地。他借普瓦图贵族控告英王约翰之机，于 1202 年年初发出传召令，要求约翰到巴黎出庭应诉（因为当时英王在法国西部的领地是法国国王分封的，普瓦图是其中之一，因此，法国国王是英王的领主），约翰却以自己是英国国王为由拒绝出庭，双方僵持长达数月。最后，腓力二世以约翰抗拒领主传召之罪名，宣布没收他在法国的所有领地，并于 1202 年 4 月派军队进攻诺曼底，英法之间战争开始。

为筹措军费，约翰滥用封建领主的权力，巧立名目，横征暴敛。他几乎每年都征收免役税，不管是否有战争，并提高了税额——每块骑士采邑加征 2.5 马克。他强制推行分担制，要求每九名骑士负担供应第十名骑士的装备。他强迫封臣的遗孀或女继承人服从他的婚姻安排，如有违抗，便处以沉重罚款。他滥用领主监护权，竭力提高监护期间的领地收入，甚至把监护权转让或出卖给亲信。他经常以莫须有的罪名，没收封臣土地或进行敲诈。总之，约翰为搜刮金钱，完全置封建法则于不顾。

为慑服贵族，约翰国王还经常采用恐吓、酷刑、处死等残暴手段。对法战争的失败加速了贵族叛乱的爆发。1203 年，约翰被法军赶出了诺曼底。不久，安茹、曼恩等英属的在欧洲大陆的领地相继落入法国国王之手。到 1203 年年底，除阿奎丹和普瓦图外，英国在法国的领地丧失殆尽，致使贵族利益遭受巨大损失。因此，在贵族们看来，约翰不仅是一个任意践踏封臣权利的"暴虐领主"，而且是一个没有尽到领主责任的"失职领主"。约翰还违反封建惯例，征取过多的继承金、协助金、盾牌钱等，并借故没收直接封臣的地产，也向城市多方勒索，引起广泛不满。贵族们忍无可忍，终于联合一起，发动了武装起义。

1213 年，约翰再次出征法国时，一些封建主拒绝服役。在 1214 年布汶之役中，约翰再次战败。次年，封建贵族乘机联合对国王不满的各方力量反对约翰国王。当时除农奴之外的所有社会阶层都参加了这次斗争，致使约翰陷入孤家寡人的困境。当他最后同贵族谈判时，身边的骑士寥寥无几，且这区区数人的内心深处也是同情叛乱贵族的。可见，这场反约翰斗争不只是一次封建贵族叛乱，也是一次社会各阶层联合反抗专制暴君的人民起义。正是后一种性质，赋予了贵族集团以"国民代表""被统治者代表"的形象，使贵族阶层企图强迫国王遵守封建法则的自私、狭隘的目的升华为强迫国王按照法律进行统治的宪法要求，从而使王权有限、法律至上原则从"封建形态转变为近代宪法形态"。

1215 年 5 月 17 日，封建贵族得到伦敦市民支持，占领了伦敦。6 月 10 日，英格兰的封建贵族在伦敦聚集，挟持英格兰国王约翰。约翰被迫赞成贵族提出的"男爵法案"。

在强大的压力下，约翰于 6 月 15 日在兰尼米德（Runny Mede）签署《自由大宪章》，其中主要反映了西欧封建政治制度的特点，即国王只是贵族"同等中的第一个"，没有更多的权力；而贵族则在 6 月 19 日重申对约翰效忠。最后皇室秘书将国王与贵族间的协议正式登录，即成为最初的大宪章，并将副本抄送至各地，由指定的皇室官员及主教保存。①

（二）事例评析

英国历史上于 1215 年签订的《自由大宪章》是英国宪政起源的标志，成为英国宪政、人权保障与议会民主的重要基石。而且，《自由大宪章》所揭示的宪政、法治理念与基本规定，对于后世各国的宪法产生了重大影响。再者，《自由大宪章》所揭示的渐进改良、彼此妥协让步精神，对通过相对和平的社会改革、避免激烈的武装对抗和暴力革命来改变现实、推进政治变革和社会发展，也具有一定的借鉴意义。

《自由大宪章》全文共 63 条。主要是王权与贵族之间斗争的产物，有许多内容是保障封建贵族的权益，也有一些对骑士及自由农民的利益保障及法律的其他方面的规定。第 1 条规定教会享有自由选举教职的权利。第 2 条规定国王的直接封臣继承封土时应纳继承金的数额。第 12、14 条规定这些人在何种情况下应纳协助金和盾牌钱，并说明如无他们同意，不得再额外征收。第 39 条规定未经同等级者的合法裁判，对任何自由人不得施行逮捕、监禁、没收财产、放逐出境等处分。第 34 条还规定今后不再发出强制转移土地争执案件至国王法庭审理的令状，以免使封建主的此项司法权力遭受损害。第 61 条规定，

_____

①　案例综合整理自王守田、沈国琴主编：《宪法学教学案例研析》，中国人民公安大学出版社 2013 年版，第 36~42 页。

组织 25 个大封建主监督《自由大宪章》的执行，他们在发现国王有违反情况时，可使用各种手段包括武力在内胁迫他改正，这就使封建内战取得了合法地位。

《自由大宪章》对骑士及自由农民的利益也有一些保障。第 15、16 条规定不得向他们征收额外的协助金及强迫服军役。一些条文对王室官吏的暴行有所约束，如能实行，当可减轻对自由农民的压迫。《自由大宪章》对市民的利益也有所保障，如第 13 条规定保证给予伦敦及其他城市以自由。第 35 条统一度量衡的规定亦有益于商业流通。对于广大的农奴，《自由大宪章》几乎没有给予任何好处，只是第 20 条附带说明处农奴以罚金时不得没收其农具。

《自由大宪章》的一些条文肯定了亨利二世司法改革所取得的进步。例如，第 18 条仍规定土地占有，案件的诉讼由国王巡回法庭随时审理。第 20 条规定限制处以罚金的范围。这说明普通法比封建法要优越，它的推行不可阻挡。

从《自由大宪章》的内容可以看出其在英国和世界宪法史上的地位，《自由大宪章》奠定了英国近现代宪政的基石，是英国宪政的重要开端，在世界宪政史上具有重要地位。

第一，它确立了"王在法下"的原则，而所谓"王在法下"又奠定了权力有限的基石。英国自威廉征服以后，王权一直在发展。特别是经过亨利二世的司法改革，王权更为加强，贵族的权势受到贬抑。当时，王权高于法律，没有国王的令状，很多问题就无法解决。《自由大宪章》的签署改变了这一情况。宪章中多次以"朕不得""朕仅得"等字眼对王权进行限制，仅"朕不得"一词就出现了 13 次。这种限制有：（1）限制国王的征税权。规定国王在法定情形外征税应取得大会议同意，国王"不得允许任何贵族嗣后征收任何贡金"。（2）宪章还禁止国王强收、任意扣押臣民财产。规定国王及其执行吏不得强扣债务人财产抵债，国王扣留重罪已决犯土地时间不得超过一年零一日。（3）限制国王任命权，规定"除具有法律知识并愿意遵守法律外，朕不得以任何人为法官、监军保安官、郡长或执行吏"；宪章还规定可以用武力强制国王改正违法行为。可以说，《自由大宪章》是人类历史上第一个以契约的形式申明法律高于君主并以具体条文约束君权的法律文件。

第二，《自由大宪章》也成为英国人权保护的重要开端。宪章规定了教会、自由民的广泛权利，确认了教会和臣民享有自由权，城市也具有自由权利并可以保持自身的风俗。宪章阐述了臣民的财产权不容侵犯等。《自由大宪章》是历史上第一个规定臣民自由权利的宪法性文件，它开启了人权保护之端，具有深远的世界影响。《自由大宪章》特别强调，即使国王也没有自行处罚臣民的权力；非经同等身份者的陪审并依国法裁决，不得侵害贵族的人身和财产（第 21、39 条）。

第三，《自由大宪章》促进了议会制度的确立。中世纪的英国给近代留下了丰富的遗产，议会制度是政治制度方面最大的遗产。而《自由大宪章》对英国议会的产生起了重要的推动作用。

第四，尽管英国议会最早可追溯到由主教、伯爵等显贵组成的大会议，但它仅是国王的一个咨询机构，一切重大决策主要取决于国王的意志。《自由大宪章》颠覆了这个大会议的性质。《自由大宪章》第 14 条规定，除了按比例征收的税赋外，国王们"如欲征收贡金与免役税，应以加盖印信之诏书致送各大主教、主教、住持、伯爵及显要男爵，指明时间地点召集会议，以期获得全国公意"。该条规定仍被认为是议会拥有财政权的法律依据。

第五，《自由大宪章》也为议会的产生提供了理论依据，即国王必须守法，否则臣民们有权强迫他服从。根据《自由大宪章》第 61 条的规定，英国国民可以用武力迫使国王守法，英国历史上国民多次对违法的国王动武，在削弱了王权的同时加强了大会议的权力。

第六，尽管说《自由大宪章》是"英国自由之神"有过分之嫌，但它作为英国宪法起源的标志是当之无愧的，这也正是英国人民至今仍把它列为所有宪法性文件之首的原因所在。

《自由大宪章》对世界宪政和法治产生了深远的影响。它首次明确规定了即使是最高权力也要受到法律的约束，明确规定了对个人权利的法律保障。这些观念正是近现代宪法最核心的理念和特征，而且《自由大宪章》还确立了近现代议会民主制度的雏形。尽管《自由大宪章》的实施充满了曲折和反复，但它所揭示出的理念及其中所规定的基本制度，却对后世宪法的产生、发展的影响和启示不可估量。

六、问题思考

1. 简述立宪意义上的宪法。
2. 如何理解部门法意义上的宪法？
3. 简述根本法意义上的宪法。
4. 试评价英国宪法的起源。
5. 简述《自由大宪章》在世界宪制史上的意义。

第二章　宪法的效力

第一节　宪法的效力

一、宪法的效力的概念

宪法的效力是指宪法的法律约束力。宪法的效力可以分为纵向和横向两个方面。宪法的纵向效力是指宪法在多层级的法律体系中所具有的最高法律效力。宪法的横向效力，也可以称作宪法的适用范围，指的是宪法在什么地方、对什么人、对什么事项以及在什么时间具有法律约束力。宪法的最高法律效力，是宪法的基本特征之一。这里主要解释宪法的横向效力，也就是宪法的适用范围。

二、宪法效力的分类

按照宪法的适用范围不同，可以分为宪法的空间效力、时间效力、对人效力和对事效力。

（一）空间效力

宪法的空间效力，是指宪法在什么地域范围内发生效力。宪法的空间效力及于国家行使主权的全部空间，也就是一个国家的领土。领土包括一个国家的陆地、河流、湖泊、内海、领海以及它们的底床、底土和领空，还包括驻外使馆及驶离本土的船舶和航空器。有些国家的宪法专门规定了领土条款，例如，越南《宪法》第1条规定："越南社会主义共和国是一个主权独立的统一国家，其范围涵盖越南本土、离岛、领海及领空。"我国《宪法》并没有对领土作出明文规定，但宪法的效力当然及于中华人民共和国领土的全部范围，也就是国家主权的全部空间，包括我国台湾地区、香港特别行政区和澳门特别行政区。

我国《宪法》序言规定："台湾是中华人民共和国的神圣领土的一部分。完成统一祖国的大业是包括台湾同胞在内的全中国人民的神圣职责。"根据宪法制定的《中华人民共和国反分裂国家法》（简称《反分裂国家法》）第2条强调："世界上只有一个中国，大陆和台湾同属一个中国，中国的主权和领土完整不容分割。维护国家主权和领土完整是包括台湾同胞在内的全中国人民的共同义务。"这表明，中国只有一个主权，大陆和台湾地区同属这一主权的涵盖范围,《中华人民共和国宪法》的效力及于台湾地区。《中华人民共和国香港特别行政区基本法》(简称《香港特别行政区基本法》)和《中华人民共和国澳门特别行政区基本法》(简称《澳门特别行政区基本法》)以宪法为制定依据,香港特别行政区和澳门特别行政区的设立直接以宪法为依据,宪法的效力及于香港和澳门特别行政区。

(二)时间效力

宪法的时间效力,是指宪法在什么时间段上发生效力,具体而言就是宪法的生效与失效问题。宪法的生效时间主要有以下四种:(1)在宪法文本中明确规定生效时间。如《葡萄牙共和国宪法》于1976年4月2日通过,但其第300条规定,宪法于1976年4月25日生效。(2)自公布之日或公布期满时起生效。如《德国基本法》第145条规定,基本法自公布期满时生效。(3)自通过之日起生效。如我国《宪法》采用全国人民代表大会通过之日起生效的方式。(4)自批准之日起生效。如美国《宪法》第7条规定,经九个州制宪会议的批准后即在批准宪法的各州生效。

宪法的失效方式主要有以下两种:(1)明示失效。明示失效是指在新宪法中或以专门的法律废止之前的宪法。如《芬兰共和国宪法》第95条规定,之前的宪法由该宪法予以废止。(2)默示失效。默示失效是指之前的宪法随着新宪法的生效而自动失效,无须作任何宣告。

(三)对人效力

宪法的对人效力,是指宪法对哪些主体发生效力。具体分为两个方面:(1)宪法所约束的公权力主体。宪法集中规定国家权力的组织与运行,一切公权力主体都受宪法的约束。(2)基本权利所保护的对象,也就是基本权利主体。基本权利的主体,也就是可以依据宪法主张基本权利的主体,这涉及宪法对人的效力问题。基本权利首先保护的是作为自然人的公民,也就是拥有本国国籍的人。但有些国家的宪法规定某些基本权利是"所有人"或者"每个人"的权利,外国人和无国籍人据此也有可能成为宪法所保护的对象。此外,某些基本权利依据其性质也可以由法人享有,例如财产权、诉讼权等。我国《宪法修正案》第24条规定国家尊重和保障人权,而且《宪法》第18条、第32条也规定了国家保护外国企业、其他经济组织和外国人等的权利,这表明我国宪法的效力在特定情况下也及于外国企业、其他经济组织和外国人。

(四)对事效力

宪法的对事效力,是指宪法对社会生活的哪些领域、哪些事项发生效力。传统上,宪法主要调整的是公民与国家之间的关系以及国家机关之间的关系,也就是说,宪法只对公共领域涉及国家权力运行的事项生效。与此相对应,平等主体之间的人身关系和财产关系是由民法来调整的。但是,随着基本权利理论与实践的发展,现代宪法逐步发展出"基本权利在私人关系中的效力"理论,宪法被认为在特定条件下,以特定的方式也可以对私人领域产生效力。

三、案（事）例述评

（一）德国吕特案

1950年9月20日，时任汉堡媒体俱乐部主席的吕特在"德国电影周"开幕典礼上，向影片发行商与制作商发出呼吁，联合抵制纳粹时期著名反犹太人导演维特·哈兰的新作《不朽的爱人》，禁止其在电影院播放。哈兰在纳粹时期深受当时的宣传部长戈培尔的赏识，曾为纳粹政府拍摄过多部电影，其代表作《犹太人苏斯》具有强烈的反犹情绪，奠定了他作为"纳粹官方导演"的地位。

针对吕特的上述言论，《不朽的爱人》的制作公司多米尼克公司要求吕特作出说明。岂料，吕特不仅没有作出说明，反而于1950年10月27日以公开信的形式予以回复，并再次号召电影界和公众抵制哈兰的作品。他称哈兰是"纳粹电影第一导演"，认为哈兰通过所拍摄的电影，已经成为纳粹煽动谋杀犹太人的重要人物之一，其复出会有损德国的道德形象。

哈兰及多米尼克公司等遂以吕特违反善良风俗造成其损失为由向汉堡地方法院起诉吕特。1951年11月22日，汉堡地方法院根据《德国民法典》第826条的规定，认定吕特的行为违反了善良风俗，并因此造成了对方的损害，构成侵权，判决对吕特施加禁令。吕特不服，最终向联邦宪法法院提起宪法诉愿，请求排除对其言论自由的侵害（《德国基本法》第5条第1款）。1958年1月15日，联邦宪法法院第一庭判决推翻汉堡地方法院的判决，判决"地方法院的判决"违宪，侵犯了吕特的言论自由权，撤销地方法院针对吕特施加的禁令。

（二）案例评析

本案所涉及的争议点或宪法学上的理论问题是宪法上的公民基本权利条款可以适用于私人间的关系吗？传统宪法学一直认为宪法是关涉国家与公民之间关系的基本法律，而不涉及私人领域。但是，"二战"以后宪法调整领域出现扩大的趋势，开始涉足私人领域。由于宪法的基本内容是关于权力的组织配置以及公民的基本权利等内容的规定，宪法中有关国家权力的部分不会在私人关系上适用，所以宪法涉足私人关系的可能途径只能是宪法中有关公民基本权利的规定在私人间适用。在私人关系中适用基本权利效力条款是国家与社会、国家与个人关系发展的必然产物，反映了基本权利价值社会化的趋势。

在吕特判决中，联邦宪法法院对基本权利进行了一种新的理解：首先，基本权利是一项主观权利，其目的在于确保个人的自由免受公权力的干预，而联邦宪法法院和宪法诉愿制度恰恰就是为了这一目的而存在；其次，基本权利建立了一个客观价值秩序，该秩序是以人格及人性尊严能在社会共同体中自由发展为中心的价值体系，必须被视为宪法上的基本决定，有效适用于各法律领域，基本权利作为客观价值秩序自然也会影响民事法律，没有任何规定可以抵触它，每一规定均须依照其精神来解释。通过私法领域内各项规定的媒介，基本权利的法内涵成了客观规范，在私法中延伸开来。

由基本权利作为客观价值秩序的观点，可以推导出基本权利的第三人效力理论。所谓基本权利的第三人效力，是指本属对抗国家权力的基本权利在平等的民事主体之间产生效力，用于约束或者规范私人之间的关系。传统上认为基本权利主体依据基本权利只能对抗国家，或者向国家提出主张，在第三人效力理论的指导下，基本权利主体依据基本权利不但可以对抗国家，还可以对抗另一方私主体，向其提出主张。易言之，基本权利第三人效力理论解决的是基本权利是否能在私人之间产生发生效力，以及如何产生和产生哪些效力的问题。

传统上一直认为基本权利只有单一的防御功能——对抗国家以保障个人自由的实现，但是这种单一功能显然不能满足现实的需要。因为事实上，私人之间的基本权利侵害也经常发生，而基本权利的上述权能对此根本无法应对。而德国通过实践发展出来的基本权利客观规范功能纠正了单一防御功能的弊端，按照这种主张，基本权利还应具备在私人之间适用的权能，即私人可以依据基本权利规定向加害方主张排除侵害乃至获得赔偿。这就是所谓基本权利的第三人效力，即基本权利对"个人—国家"关系之外的第三人发生了效力。

关于基本权利的第三人效力，一直存在所谓"直接效力说"与"间接效力说"两种观点。吕特案正是间接效力说的第一次实践。间接效力说是指，基本权利不能直接适用于私人之间，而只能通过民法"概括条款"的适用而实现，宪法基本权利条款不能在民事判决中被直接引用作为裁判依据。

直接效力说的实践最早出现在"单身条款案"中。该案的原告是一位年轻的女性，她自1954年4月1日起在一家州立疗养院当护士。根据北威州社会部1950年3月1日公布的 I Blb 号规定，女性护士在合同期内不得结婚，如果在职期间结婚，疗养院有权单方面解除合同。该女性与疗养院之间的合同也据此订立，约定如该女性在此期间结婚，则疗养院可解除合同。1955年8月25日，该女性结婚；8月31日，疗养院解除其与原告的合同。原告认为，合同期内不能结婚是违法的，于是提起诉讼。联邦劳动法院于1957年5月10日，认定该合同因侵犯原告基本权利无效，其理由概括为：由于该约定违反了《德国基本法》第6条第1款婚姻自由、第1条人格尊严和第2条人格自由发展的规定，因而属于违反法律规定的法律行为，根据《德国民法典》第134条"违反法律规定之法律行为无效"的规定应认定该"单身条款"无效。

当然，吕特案和单身案可能只代表了德国宪法的一种实践，在理论上也尚未获得一致赞同。但宪法作为国家的根本法，具有最高的法律效力，一切违反宪法的法律当然无效，从近代宪法产生以后的变迁和各国实践看，宪法不仅仅是对国家权力有拘束力，也不仅仅是公民防御国家权力的法律依据，也是公民之间、公民和社会组织之间根本的行为准则。正因如此，我国宪法《序言》才明确规定：本宪法以法律的形式确认了中国各族人民奋斗的成果，规定了国家的根本制度和根本任务，是国家的根本法，具有最高的法律效力。全国各族人民、一切国家机关和武装力量、各政党和各社会团体、各企业事业组织，都必须以宪法为根本的活动准则，并且负有维护宪法尊严、保证宪法实施的职责。由此，宪法对第三人的效力是肯定的，至于具体的实现途径，在我国主要是通过将宪法原则、规范和价值进行法律化和司法适用加以实现。从技术路径上讲，具有间接适用的特点。①

四、问题思考

1. 谈谈对宪法效力的理解。
2. 简述宪法效力的种类。
3. 宪法对哪些主体产生效力？
4. 谈谈基本权利的第三人效力理论。

第二节 宪法的法律地位

一、宪法的法律地位概述

近代以来，一国的法的体系都是由宪法、刑法、民法、行政法、诉讼法等诸多法的表现形式构成的，实际上，宪法是一个国家的法的表现形式之一。因而，一方面，法所具有的性质和特征，作为一个国家的法的组成部分之一的宪法同样具有。宪法与法的其他组成部分具有共同性：它们都是国家制定或者认可的，被奉为法的形式的统治阶级意志的体现，是由国家强制力保障其实施的行为规范；都是通过规定社会关系参加者的权利、义务来确认、保护和发展对统治阶级有利的社会关系和社会秩序；都是统治阶级治理国家的重要工具。宪法规范的内容与其他法律规范一样，都主要取决于社会的物质生活条件。另一方面，宪法是国家的根本法、高级法，是"法律的法律"。宪法是国家的根本法，并不是就一切有宪法的国家而言的，而仅仅是就有成文宪法即具有形式意义的宪法的国家而言的。在仅有不成文宪法的国家，其"宪法"是指实质意义上的宪法和部门法意义上的宪法，而非形式意义上的宪法。在这类国家，没有宪法与法律在法律效力上的差异，而只有法律内容上的差异。成文宪法国家通常规定于宪法典中的内容，被这类国家规定为法律的内容，仅仅是把这类法律称为"宪法性法律"。宪法性法律与规定其他内容、调整其他社会关系的法律在制定和修改程序上是完全相同的，其法律效力亦完全相同；在这类国家，宪法的地位也就是法律的地位，宪法性法律与规定其他内容的法律的地位是完全相同的。议会通过一项宪法性法律，在以后的立法中又通过了一项法律，该项法律与此前通过的宪法性法律在内容或者精神上有所抵触，只被看作是对前一项宪法性法律的修改，而不被看作是违反了宪法性法律。因此，在这类国家并不需要建立为保障宪法地位和权威的合宪性审查制度。

二、宪法的根本法地位

与法律相比较，宪法具有以下三个特征，由此决定了宪法在一个国家的法的体系中的根本法地位。

---

① 案例整理自张翔：《德国宪法案例选译》（第1辑），法律出版社2012年版，第20~47页；姚国建、秦奥蕾：《宪法学案例研习》，中国政法大学出版社2013年版，第25~28页。

（一）宪法规定了一个国家最根本性的内容

宪法的内容涉及一个国家的政治、经济、文化、社会、对外交往等各方面的重大原则性问题，确认了社会的核心价值观，规定了一个国家的根本制度和基本制度，以及国家的基本理念等。如我国《宪法》规定了我国的社会制度和国家制度的基本原则、国家性质、政权组织形式、国家结构形式、公民的基本权利和义务、中央及地方国家机关的设置和各国家机关之间的相互关系，以及国家标志等。这些内容是我国国家生活和社会生活中最根本、最重要的问题。而普通法律所规定的内容，只涉及国家生活或者社会生活中某一方面的重要问题，例如，婚姻法主要调整婚姻和家庭方面的问题，刑法主要规定什么是犯罪及对犯罪行为如何追究刑事责任的问题。我国《宪法》序言中明确规定："本宪法以法律的形式确认了中国各族人民奋斗的成果，规定了国家的根本制度和根本任务，是国家的根本法，具有最高的法律效力。"

（二）宪法有着更为严格的制定和修改程序

宪法所规定的内容是国家生活和社会生活中最根本性的问题，为了保证宪法的尊严和相对稳定性，并从形式上赋予其最高法律效力，绝大多数国家在制定宪法和修改宪法的程序上的要求比制定和修改普通法律的程序更为严格。

1. 在制定方面

与普通法律相比较，主要有两点不同：（1）宪法的制定一般要求成立一个专门的制宪机构，如制宪会议、制宪议会等，该专门机构的职责就是制定宪法，在完成制定宪法的任务以后，该专门机构即予以解散。如美国为起草 1787 年宪法，由各州推选的代表在费城召集了"制宪会议"；法国为制定 1791 年宪法，将原来三级会议中的第三等级组成"制宪议会"。一般情况下，普通法律的制定由常设的立法机关进行，无须成立专门的机构。（2）宪法草案的通过程序比普通法律严格，一般要求最高立法机关的议员或者代表的特定多数，如 2/3、3/4 或者 4/5 以上同意；有的国家还要求举行全民公决，由有选举权的半数以上的选民通过；在一些联邦制国家，还要求由组成联邦的各个或者多数成员国（州、邦、共和国）通过。而普通法律的通过只要求立法机关的议员或者代表过半数同意即可；有的甚至规定，参加会议的议员或者代表的过半数同意即可通过法律。如我国《宪法》第 64 条第 2 款规定："法律和其他议案由全国人民代表大会以全体代表的过半数通过。"

2. 在修改方面

与普通法律相比较，宪法修改主要有三点严格要求：（1）只有宪法规定的有限的特定主体才可提出修改宪法的有效议案。如美国《宪法》规定，若提出本宪法的修正案，根据 2/3 州议会的请求，召开制宪会议提出修正案。我国《宪法》第 64 条第 1 款规定，宪法的修改，由全国人大常委会或者 1/5 以上的全国人大代表提议。而有权提议修改普通法律的主体更广泛一些，即凡是有权向立法机关提出法律草案的主体都有权提议修改法律。（2）修改宪法的程序比修改普通法律严格。如日本《宪法》第 96 条规定："本宪法的修改必须经各议院全体议员 2/3 赞成，由国会提议，向国民提出，并得其承认。此项承认，必须在特别国民投票或国会规定的选举时举行的投票中获得半数以上的赞成。宪法的修改在经过前款承认后，天皇立即以国民的名义，作为本宪法的一个组成部分立即予以公布。"美国《宪法》规定，宪法修正案的通过必须有 3/4 的州议会或经 3/4 的州修宪会议批准才能生效。我国《宪法》规定，修改宪法由全国人大以全体代表的 2/3 以上的多数通过，而普通法律的修改由全国人大及其常委会以全体代表或委员的过半数通过即可。（3）有些国家明确规定宪法的某些内容不得修改或者在宪法通过以后的一定时间内不得修改宪法。如意大利《宪法》第 139 条规定："共和政体不能成为修改的对象。"法国现行《宪法》第 89 条规定也作了类似的规定，并规定："任何有损于领土完整之修改程序，不得着手及进行。"在符合宪法规定及法定的法律修改程序的前提下，普通法律的修改一般没有限制。

3. 宪法具有最高的法律效力

宪法的最高法律效力是指在一个国家之内，相对于所有社会主体的行为，宪法的效力是最高的。在一个法治国家，法律调整着基本的社会关系，即所有的社会主体都被纳入法律的调整范围。宪法调整的主要对象是国家与公民的关系，其中更侧重于控制、分配和保障国家权力。而国家权力运行的方式主要有两种，包括依据宪法制定法律等规范性文件和依据宪法作出具体的宪法行为。因此，宪法的最高法律效力是与法律等规范性文件和直接依据宪法作出的具体宪法行为相比较的。最主要的宪法行为是制定法律等规范性文件，所以，通常情况下，宪法的最高法律效力是与普通法律相比较而言的。不言而喻，一切法律都具有效力，但宪法的效力在所有法律之中是最高的。宪法的最高法律效力主要表现在以下两个方面：

（1）宪法是普通法律的制定基础和依据。宪法与普通法律的关系是"母法"与"子法"的关系，普通法律是由宪法派生出来的。因此，国家立法机关在制定普通法律时，必须依据宪法的规定，以宪法的规定为基础。无论普通法律是否明确规定其是依据宪法而制定的，但事实上它们都是依据宪法的规定制定的，包括依据宪法的理念、宪法的基本原则、宪法的立法授权、宪法规定的立法程序及宪法规范等。

（2）普通法律的规定与宪法相抵触的无效。任何普通法律都具有法律效力，但是其前提是必须与宪法相一致。这是保证一个国家具有统一宪法秩序的需要，也是从根本上保障人权的需要。如果普通法律的规定与宪法的规定、基本原则及精神相抵触，则相抵触的部分无效，或者全部无效，即违反宪法的法律不是法律，当然也就没有法律效力。实际上，除普通法律以外的法的其他表现形式，与普通法律一样，也必须以宪法为基础，依据宪法的规定而制定，并不得与宪法的规定相抵触。

宪法与条约的关系也涉及宪法的最高法律效力问题。宪法是国家的根本法，在一国之内具有最高的法律效力，而条约是国际法主体间依据国际法所缔结的据以确定其相互权利、义务的协议。关于宪法与条约的关系，存在着宪法优位说和条约优位说两种截然对立的学说。世界上只有极少数国家的宪法明确规定条约的效力低于宪法，将条约纳入合宪性审查的范围。例如，1973 年的菲律宾《宪法》规定，一切涉及条约、政府协定或法律合宪性的案件，应由最高法院全庭审讯和判决。绝大多数国家的宪法中对宪法与条约的法律效力孰高孰低的问题未作明确的规定，合宪性审查机关在进行合宪性审查时也以条约具有

"高度政治性"、属于"国家行为",而回避对条约是否符合宪法作出判断,这实际上既是对本国政府签订国际条约及国会批准国际条约的行为表示尊重,也是向其他国家表示本国履行国际条约的诚意。我国宪法没有规定宪法与条约的关系,但在序言中规定,我国以和平共处五项原则发展同各国的外交关系和经济、文化的交流。从宪法的这一规定可以看出,我国对于已经缔结的国际条约是愿意诚实履行的。

三、案(事)例述评

(一)马伯里诉麦迪逊案

美国独立战争时期的大陆军总司令乔治·华盛顿将军于 1789 年 4 月 6 日被推选为第一任美国总统。继华盛顿之后,开国元勋、联邦党人约翰·亚当斯(John Adams)当选为第二任美国总统,而民主共和党人托马斯·杰弗逊则成为他的副总统。在其第一届任期即将期满的 1800 年 7 月,亚当斯任命年仅 45 岁的联邦党人约翰·马歇尔(John Marshall)出任国务卿,他自己则集中精力投入竞选,争取连任总统。约翰·亚当斯在其任期(1797—1801 年)的最后一天(即 1801 年 3 月 3 日)午夜,突击任命了 42 位治安法官,但因疏忽和忙乱有 17 份委任令在国务卿约翰·马歇尔(同时兼任首席大法官)卸任之前没能及时发送出去;继任的总统托马斯·杰斐逊让国务卿詹姆斯·麦迪逊将这 17 份委任状统统扣发。威廉·马伯里即是被亚当斯总统提名、参议院批准任命为治安法官,而没有得到委任状的 17 人之一。马伯里等 3 人在久等委任状不到并得知是为麦迪逊扣发之后,向美国联邦最高法院提起诉讼。审理该案的法官是约翰·马歇尔,该案使马歇尔大法官陷入了左右为难、必输无疑的两难困境。他当然可以正式签发一项执行令,命令麦迪逊按照法律程序发出委任状。但麦迪逊有总统兼美军总司令杰弗逊撑腰,他完全可能对最高法院下达的执行令置若罔闻。既无财权又无军权的最高法院若向麦迪逊国务卿强行发号施令却又被置之不理,只会贻笑大方,进一步削弱最高法院的司法权威。可是,如果马歇尔拒绝马伯里合理的诉讼要求,那就等于主动认输,承认最高法院缺乏权威,无法挑战行政部门高官目无法纪的举动,不仅愧对同一阵营中的联邦党人战友,而且使最高法院颜面扫地。为此,案件一直到 1803 年才审理终结。1803 年 2 月 24 日,最高法院法官以 4 比 0 的票数(两位大法官自行回避)对马伯里诉麦迪逊案作出裁决。首席大法官马歇尔主持宣布了法院判决书。

马歇尔在判决中首先提出了三个问题:第一,申诉人马伯里是否有权利得到他所要求的委任状?第二,如果申诉人有这个权利,当这一权利受到侵犯时,政府是否应该为他提供法律救济?第三,如果政府应该为申诉人提供法律救济,是否该由最高法院来下达执行令,要求国务卿麦迪逊将委任状派发给马伯里?

对于第一个问题,马歇尔指出:"本院认为,委任状一经总统签署,任命即为作出;一经国务卿加盖合众国国玺,委任状即为完成。""既然马伯里先生的委任状已由总统签署,并且由国务卿加盖了国玺,那么,他就已经被任命了;因为创设该职位的法律赋予该官员任职 5 年,不受行政机关干预的权利,所以,这项任命是不可撤销的,而且赋予该官员各项法律上的权利,受到国家法律的保护。"马歇尔的结论:"拒发他的委任状,在本法院看来不是法律所授权的行为，而是侵犯了所赋予的法律权利。"

对于第二个问题，马歇尔的回答也是肯定的。他论证说："每一个人受到侵害时都有权要求法律的保护，政府的一个首要责任就是提供这种保护。合众国政府被宣称为法治政府，而非人治政府。如果它的法律对于侵犯所赋予的法律权利不提供救济，它当然就不值得这个高尚的称号。"

那么，按照这个思路和逻辑继续推论下去，在回答第三个问题时马歇尔似乎理所当然地就该宣布应由最高法院向国务卿麦迪逊下达强制执行令，让马伯里官复原职、走马上任。可是，马歇尔在此突然一转，他引证《宪法》第 3 条第 2 款说："涉及大使、其他使节和领事以及以州为一方当事人的一切案件，最高法院具有原始管辖权。对上述以外的所有其他案件，最高法院具有上诉管辖权。"

富商马伯里高薪聘请的律师、前任联邦总检察长查尔斯·李并非不懂诉讼程序的外行，他之所以一开始就把马伯里的起诉状直接递到了联邦最高法院，依据的是国会 1789 年 9 月通过的《1789 年司法条例》第 13 条。针对这个问题，马歇尔解释说：《1789 年司法条例》第 13 条是与宪法相互冲突的，因为它在规定最高法院有权向政府官员发出执行令时，实际上是扩大了宪法明文规定的最高法院司法管辖权限。如果最高法院执行《1789 年司法条例》第 13 条，那就等于公开承认国会可以任意扩大宪法明确授予最高法院的权力。

马歇尔认为，此案的关键性问题在于"是由宪法控制任何与其不符的立法，还是立法机构可以通过一项寻常法律来改变宪法。在这两种选择之间没有中间道路。宪法或者是至高无上、不能被普通方式改变的法律，或者它与普通法律处于同一水准，可以当立法机构高兴时被改变。如果是前者，那么与宪法相互冲突的立法法案就不是法律；如果是后者，那么成文宪法就成为人们的荒谬企图，被用来限制一种本质上不可限制的权力"。至此，宪法的最高效力已从判决中呼之欲出。

接着，马歇尔进一步指出："宪法是国家的根本法和最高的法律"，"违反宪法的法律是无效的"，"断定什么是法律显然是司法部门的职权和责任"。如果法官不承担起维护宪法的责任，就违背了立法机构所规定的就职宣誓，"规定或从事这种宣誓也同样成为犯罪"。

据此，马歇尔正式宣布：《1789 年司法条例》第 13 条因违宪而被取消。这是美国最高法院历史上第一次宣布联邦法律违宪。

（二）案例评析

马伯里诉麦迪逊案是对美国宪政体制影响最大的一个案件。本案起源于美国建国之初的党派之争。马歇尔面临的是一个进退两难的局面。马歇尔既要顾及联邦党人的尊严，同时也要维护联邦最高法院的权威，富有政治经验的他采取了一个相当有策略的处理措施，即既要避免与立法机关、行政机关直接交锋，又要实现对立法权和行政权的有效遏制，树立司法的权威。在判决中，他首先肯定了马伯里的权利受到了侵犯并且有权得到法律救济，但他又否认这一救济应由最高法院提供，其原因在于马伯里所依据的法律是违宪而无效的。不仅如此，马歇尔还以此案为契机，为最高法院争取到了宪法并未明确授权的权力，即审查国会制定的法律是否违宪并宣布违宪法律无效的权力。他巧妙地利用了一个法律技术在判决的最后驳回了马伯里的诉讼请求，避免了与行政机关的正面冲突。然而，一旦行政机关接受了这一结果，那就意味着同时也默认了这样一个原则：联邦最高法院有权解释宪法并判断国会的立法是否违反宪法。这一判决使得最高法院真正获得了对立法机关、行政机关制衡的方法，从而使宪法所遵循的三权分立和制衡的原则真正完整地得以体现，对此后美国宪政体制的定型和巩固具有极为深远的影响。从马歇尔的推论可以看出，他将宪法至上性的理论建立于人民主权的理论上，因为宪法是人民意志的直接产物。正如《联邦党人文集》中所表达的："代议机关的立法如违反委任其行使代议权的根本法，自当归于无效，此乃十分明确的一条原则。因此，违宪的立法自然不能使之生效。如否认此理，则无异于说：代表的地位反而高于所代表的主体，仆役反高于主人，人民的代表反高于人民本身。如是，则行使授予的权力的人不仅可以越出其被授予的权力，而且可以违反授权时明确规定禁止的事。"[①]

四、问题思考

1. 如何理解宪法的法律地位？
2. 简述宪法的法律效力。
3. 美国宪法的最高效力是如何形成的？
4. 谈谈马伯里诉麦迪逊案对美国宪法发展的作用。

---

① ［美］汉密尔顿等：《联邦党人文集》，程逢如等译，商务印书馆 1980 年版，第 392 页。

第三章　宪法的历史

第一节　资本主义宪法的产生与发展

一、资本主义宪法的产生与发展

（一）近代意义的宪法是资产阶级革命的产物

在封建社会末期，产生了资本主义生产关系，随着资本主义经济的发展，资本主义生产关系同封建的生产关系的矛盾日益尖锐。为发展资本主义，爆发了资产阶级革命，资本主义宪法正是资产阶级革命的产物。

资本主义宪法的产生并不是偶然的，而是有着深刻的历史背景和客观条件：第一，社会经济条件。资产阶级革命的胜利以及资本主义生产方式的确定，是资本主义宪法产生的经济基础。资本主义的经济是商品经济，商品经济的发展要求自由、平等和竞争，因此作为民主制度法律化的宪法，自然成为资本主义商品经济发展的必然产物。第二，社会政治条件。资产阶级国家政权的建立，以及以普选制、议会制为核心的民主制度的形成，为资本主义宪法的产生提供了政治基础。第三，资产阶级启蒙思想家提出的人民主权、天赋人权、社会契约、法治、三权分立等理论，为资本主义宪法的产生奠定了思想基础。

17世纪的英国宪法是近代宪法的先驱。1689年通过的《权利法案》表明了资产阶级的君主立宪政权在英国最终确立。美国通过北美独立战争获得了独立，并于1776年通过了《独立宣言》，提出了一系列资产阶级民主主义的原则。此后美国制定的1787年宪法是世界历史上第一部资产阶级成文宪法。法国资产阶级革命于1789年取得胜利，制宪会议通过了《人权宣言》，确立了资产阶级民主和法治等一系列原则。随后法国在1791年制定了第一部宪法，成为欧洲大陆上第一部资本主义成文宪法。在英美法各国资产阶级革命和立宪运动的影响下，欧美各国相继发生资产阶级革命，革命胜利后也都普遍确立了资产阶级民主制度，制定了资本主义宪法。

（二）英国宪法的产生与发展

17世纪中期的英国资产阶级革命是世界上最早的一次资产阶级革命。因此英国宪法也是最早出现的资本主义宪法。由于英国资产阶级革命时期的工业还不够成熟，资产阶级的地位也不十分巩固，导致当时封建贵族的势力仍然比较强大，因此资产阶级同封建贵族的妥协成为英国资产阶级革命的一个重要特点。英国的每个君主无一不想无限地享用自己的权力。但是，随着商品生产不断扩大，商品交换日益增加，商品经济所要求的自由平等理念已不断深入人心。同时，这也使得国王的权力往往受制于封建贵族或城市行会。每当这些贵族或行会的势力超过王权时，他们就要求国王以特许令的形式承认他们的某些特权，从而限制了王权，尤其是国王乱收税的权力。正如马克思指出："不列颠宪法其实只是非正式执政的、但实际上统治着资产阶级社会一切决定性领域的资产阶级和正式执政的土地贵族之间的由来已久的、过时的、陈腐的妥协。"① 而这一特点直接反映在英国宪法上。

英国从来没有制定过统一的、完整的宪法典，所谓的英国宪法是由先后通过确认的宪法性法律及各个时期形成的宪法判例和宪法惯例所构成的不成文的宪法体系。具体而言，英国宪法的组成主要包括：

1215 年，英王约翰在强大压力下被迫签署了《自由大宪章》。《自由大宪章》共 63 条，主要内容是重申贵族和教士的权利，如国王承认教会选举自由等。少数条文体现了对城市上层市民的一些让步，如保护市民的商业自由、人身自由等。虽然《自由大宪章》只是封建性的政治文件，但是其体现出的基本精神是限制王权。这意味着英国迈出了走向民主宪政的第一步。

1628 年的《权利请愿书》是英国资产阶级革命前的一个著名的政治文件。英王查理一世在面临财政困难的形势下，被迫召开国会。国会顺势提出《权利请愿书》，其中包括限制征税以及保护财产等内容，作为同意拨款的先决条件。虽英王被迫接受，但第二年就采取了解散国会和逮捕议员的极端措施，酿成了 1640 年的暴力革命。

1679 年《人身保护法》是英国资产阶级革命时期的一部重要的文件。当时代表工商业资产阶级和新兴贵族的辉格党援引旧例，通过议会制定，并迫使英王查理二世签署。其核心内容包括非经法庭发出逮捕令，不得抓人；对逮捕的人，要在 20 天以内提交法庭审讯等。《人身保护法》将从 14 世纪起就开始实行的保护人身权利制度予以法律化。

1689 年《权利法案》是资产阶级已在国会中占有优势地位的情况下制定的。1688 年，国会两党联合起来反对国王詹姆士二世，并派代表前往荷兰迎回了玛丽及其丈夫威廉，詹姆士二世逃往法国后，英国由玛丽和威廉共同当政，史称"光荣革命"。《权利法案》是一部反映大资产阶级和土地贵族相互妥协的文件，其中隐含了议会至上的原则，为英国君主立宪政体的建立提供了法律基础。

1701 年《王位继承法》的制定目的在于加强国会权力同时限制王权。该文件的内容包括规定王位继承的条件，国王批准法律、法令须经国会同意，法官终身任职等。自此以后，英国国王已失去实际权力，成为"统而不治"的象征性人物。

随着社会的发展，英国又陆续制定了一些宪法性文件，如 1911 年和 1949 年限制上院权力的《议会法》，1941 年规定英国与自治领地关系的《威斯敏斯特法》，1949 年规定公民享有选举权的《人民代表制法》等。

此外，英国宪法体系中还包括宪法判例和宪法惯例。宪法判例主要指起宪法作用的法

---

① 《马克思恩格斯全集》第 11 卷，人民出版社 1962 年版，第 108 页。

院判决。英国宪法判例主要确立了以下制度：保护公民权利、自由不受国家机关及公职人员侵犯的司法程序，关于法官陪审团制中的独立审判权和豁免权的规定，英国法院具有的实际上的解释宪法权等。而宪法惯例通常由国王、首相、内阁大臣以及在野党首领的某些实践形成先例，然后为人们所重视和遵守。这些政治家的实践和国家政治生活的行为，经过英国权威学者总结著书立论，因其体现宪政精神而被倍加赏识就逐步形成宪法惯例，成为英国宪法的一部分。

（三）美国宪法的产生与发展

区别于英国的不成文宪法，美国宪法是世界上最早的成文宪法，且从内容到形式上都更加典型、更加完备展示了资产阶级的民主宪政体制。因特定的历史背景，美国的宪法思想源于英国，美国人中大多数是英国人的后裔，因此美国宪法与英国宪法存在一定的联系。17世纪初，大约有百余名英国清教徒因不堪忍受信奉天主教的詹姆斯一世的虐待和仇视，为了享有自由平等等与生俱来的天赋人权，建立一个自由民主之国度，他们相约前往新大陆即美洲大陆，建立殖民地。在赴美的过程中，他们按照清教徒的教约，起草了一个简单的公约——"五月花公约"，作为赴美建国的约法。美国人至今将此项约法称为美国宪法的始祖，这成为新教伦理对美国国家制度形成影响的第一步。在此后的殖民地宪章、独立后的各州宪法以及此后要论及的制宪会议上，这种影响进一步渗透到美国宪政制度中。

1776年以前，英王以"特许令"方式在美洲建立了13个殖民地，一直以来，北美殖民地的人民顺从这样的统治。但是，18世纪60年代，英国通过印花税法、征用民房法以及唐森德法案等法律法令禁止美洲人民享有集会自由，并允许当地驻军占用民房，侵犯了人民的自然权利，限制美洲殖民地的自治。于是，一场为自由而战的"独立战争"便打响了。

1776年，北美殖民地爆发了反抗英国宗主国的战争。同年7月4日，第二届大陆会议通过了《独立宣言》。《独立宣言》以卢梭的社会契约论为理论依据，杰弗逊、富兰克林为主要执笔人，解决了美洲殖民地脱离英国统治，建立独立国家的正当性问题。该宣言以历数英国政府压迫殖民地人民的种种罪状为开篇，说明殖民地人民是在忍无可忍的情况下才拿起武器进行抗英战争的，以证明其反叛的正当性。随后宣告人人生而平等的宪法精神，每个人都从他的"造物主"那里被赋予某些不可转让的权利，其中包括生命权、自由权和追求幸福的权利。为实现这些权利，《独立宣言》宣告将成立政府，建立自由独立的合众国，解除对英王的一切隶属关系。"政府的正当权力，要经过被统治者的同意才产生。"如果政府损害人民的这些权利，"人民就有权利来改变它或废除它，以建立新的政府"。《独立宣言》是北美殖民地人民反英斗争的政治旗帜，在历史上第一次用政治纲领的形式宣布了民主共和国的基本原则。

1783年英国被迫承认北美殖民地独立，意味着美洲大陆出现了第一个资产阶级独立共和国。各州的立宪运动蓬勃展开。最早的州宪法是弗吉尼亚宪法。随着各州宪法的产生，1779年11月15日，大陆会议通过了《邦联条例》。该条例规定美国是由北美13州联合组成的美利坚合众国，各州保持主权、自由和独立，各州议会选派代表组成联邦国会。由于《邦联条例》建构的形式是一种较为松散的国家联盟，虽然起到了建国立宪的作用，但这是一个没有总统，没有中央政府，没有统一税收的邦联国家。薄弱的政府体系无以承担协调金融贸易、调节市场流通、保卫边疆、发展经济等国家重任，因此建立一个强有力的联邦政府被提上了日程。

1787年5月，制宪会议在费城召开，准备制定宪法。但是参会的55名代表没有一个是劳动者，加之大州小州、南方北方之间的矛盾重重，引发了激烈的争执，经过4个月的讨价还价相互妥协才达成一致。1787年9月17日，39名代表在宪法上签字。因宪法对公民的权利自由未作规定，引起了资产阶级民主派和劳动人民的强烈不满，所以直至1789年，这部宪法才正式生效。1787年宪法的核心思想在于"分权学说"和"制衡原则"，体现在联邦与各州的关系之中，一方面强调联邦地位高于州权，另一方面强调了联邦与各州的分权。

1789年宪法生效后，作为对宪法的补充，1791年通过10条宪法修正案，内容都涉及公民权利，被称为《权利法案》。南北战争前，分别于1798年和1804年颁布生效了第11条宪法修正案和第12条宪法修正案。南北战争期间及以后分别于1865年、1866年和1870年颁布了第13条修正案、第14条修正案和第15条修正案。到第一次世界大战结束期间，又先后通过第16条修正案、第17条修正案、第18条修正案和第19条修正案。这些修正案的内容以涉及公民权利的居多，除《权利法案》外，还有南北战争修正案和有关妇女选举权的修正案。迄今一共有27条宪法修正案。

（四）法国宪法的产生与发展

法国是欧洲大陆制定宪法最早的国家。恩格斯曾指出："法国是这样一个国家，在那里历史上的阶级斗争，比起其他各国来每一次都达到更加彻底的结局；因而阶级斗争借以进行、阶级斗争的结果借以表现出来的变换不已的政治形式，在那里也表现得最为鲜明。法国在中世纪是封建制度的中心，从文艺复兴时代起是统一的等级君主制的典型国家，它在大革命时期粉碎了封建制度，建立了纯粹的资产阶级统治，这种统治所具有的典型性是欧洲任何其他国家所没有的。"① 正因如此，法国君主专制的典型性决定了法国资产阶级革命的长期性和艰巨性，又由于法国资本主义工商业比较发达，资产阶级的力量十分强大，加之启蒙运动的思想理论的影响，决定了法国资产阶级革命进程的迅猛性和彻底性。自1789年资产阶级大革命开始，经过80多年的革命与反革命、复辟与反复辟的艰难历程，法国前后曾存在五个共和国，制定过十几部宪法。

1789年5月，因财政危机，国王路易十六下令召开三级会议。6月17日第三等级代表组成国民议会，进而宣布为制宪议会，准备制定宪法。7月14日，武装起来的巴黎人民攻破象征封建统治的巴士底狱，起义取得了胜利，政权从王室转到制宪会议手中。8月27日，制宪会议通过了《人权和公民权宣言》（简称《人权宣言》）。这是法国资产阶级在反封建斗争中提出的纲领性文件。宣言共17条，它规定了资产阶级民主政治的一些基本原则，如宣布私有财产神圣不可侵犯，提倡人权与法治；宣布人生而平等，法律是公共

---

① 《马克思恩格斯选集》第1卷，人民出版社1995年版，第582~583页。

意志的体现，在法律面前人人平等；规定以"人民至上"的原则代替"国王至上"的原则，以法治代替专制，把"反抗压迫"视为"天赋人权"；确认了分权原则，宣称"凡权利无保障和分权未确立的社会，就没有宪法"等。尽管《人权宣言》所宣布的民主和自由是资产阶级性质的，有很大的局限性和虚伪性；但是，宣言在打击封建专制制度和进一步启发人民革命意识方面具有重要作用，它对当时封建制度还占统治地位的欧洲产生了巨大的影响。

1791 年制定的法国宪法是法国历史上第一部宪法，也是欧洲大陆最早的一部资产阶级成文宪法。这部宪法以《人权宣言》为其序言，确认了"天赋人权""人民主权""法律面前人人平等""私有财产神圣不可侵犯"等宪法原则，废除了封建特权和贵族制度，确立了一院制的君主立宪政体。这部宪法确立的政治体制，既不同于美国式的总统制，又有别于英国式的君主立宪制，它的制定曾对欧洲各资本主义国家的制宪产生了重大影响。

1875 年国民议会制定法兰西第三共和国宪法，由《参议院组织法》《国家政权机关组织法》《国家政权机关相互关系法》三个宪法性法律文件构成，从法律上使法国最终确立了资产阶级民主共和政体，为法国资本主义的进一步发展奠定了基础。这部宪法一直存在到 1940 年德国入侵法国，贝当政府投降第三共和国灭亡为止，历时 65 年之久。

法国全境肃清纳粹占领军两年之后，即 1946 年，经公民投票通过了法兰西第四共和国宪法。这部宪法以《人权宣言》为序言，正文部分共 12 篇 106 条，确定了法国为议会共和政体。根据该部宪法，议会由国民议会和共和国参议院组成。国民议会权力较大，具有修改宪法、通过法律、决定财政预算、认可总统所批准的国际条约、会同共和国参议院选举总统等权力。当国民议会以过半数票通过对政府的不信任案或否决对政府提出的信任案时，政府就必须辞职。总统为名义上的国家元首，内阁总理为行政首脑。最高司法会议行使司法权。可见，这部宪法所确认的政治体制是一种责任内阁制，而议会处在比较明显的优势地位。

1958 年戴高乐主持制定了法兰西第五共和国宪法，是法国的现行宪法。根据戴高乐关于"行政权力不能从立法权力中产生出来，而应该由超越各党派的国家元首授予政府"以及"议会应当制定法律和控制政府，但它不应当由它自己直接地或通过中间机构管理国家"的主张，这部宪法最大的特点就是重新调整了总统、政府和议会之间的关系，并极大地扩大了总统权力和行政权力。这种宪政体制既不同于第三和第四共和国时期的那种议会制，也不同于美国的总统制，戴高乐称之为"既是议会制，又是总统制"。

二、案（事）例述评

（一）美国的州宪法

弗吉尼亚州刚刚独立，其宪法就宣告形成。因此，弗吉尼亚被视为美国宪政意识最强的州。该部宪法受到社会契约论和《独立宣言》的影响。宪法首先列数了英国殖民统治的危害，并在开篇就公告了简短精悍的"权利宣言"，共 16 条。其第 1 条宣布："人人天生皆同样自由和独立，且具有某些内在权利；当他们进入社会状态时，他们不可能通过任何契约，去剥夺其后代的这些权利。这些权利就是享受生命和自由，且具备手段去获得并占有财产、追求并获得幸福和安全。"第5条规定了有限的选举权，第8条与第11条规定了获得刑事与民事陪审的权利，第10条禁止残酷与非常处罚以及无理搜查或征收，第12条保障新闻自由，第15条与第16条分别规定了公民信仰宗教的权利与义务。宪法进而规定了一个三权分立的政府，议会采取两院制。总的来说，弗州宪法是各州中制定最早与最完善的一部州宪。它为其他州的立宪提供了经验，并为联邦宪法的制定打下了基础。联邦宪法《权利法案》的起草者麦迪逊就是弗吉尼亚人，且其中有不少条款似乎就是取自弗州的《权利法案》。曾有人论证，弗州宪法甚至越过大西洋，影响了法国革命以及《人权宣言》的起草。

（二）事例评析

美国的立宪主要分为三个阶段：第一，在1776年独立革命胜利后，美国13州先后制定了自己的宪法；第二，1780年，美国各州代表制定了《邦联条款》，建立了一个弱中央政府；第三，1787年，由于联邦政府不能令人满意，各州又派代表在费城召开制宪大会，制定了《合众国宪法》，建立了相对集中的联邦政府。各州的立宪实践对美国宪政发展有深远影响。

1. 美国联邦制下并存联邦宪法与州宪法

美国形成的是联邦制的国家结构形式。美国立国之初，13个州均享有主权，但都不愿意出让全部主权。同时，北方资产阶级与南方种植园主之间、各州之间存在巨大的分歧和矛盾，联邦制是调和这些矛盾的有效形式，既保持联邦是一个统一的国家，也确保了各州的灵活性。

联邦制是由若干个成员国（或邦、州、共和国等）联合组成的统一国家制度。是国家结构形式中的一种。联邦制国家的特点有：第一，国家整体与组成部分之间是一种联盟关系，不是中央与地方的关系。它们各自在规定的权限范围内享有最高权力，并直接行使于人民，相互之间不得进行任何干涉。联邦政府行使国家主权，是对外交往的主体。第二，联邦设有国家最高立法机关和行政机关，行使国家最高权力，领导其联邦成员。第三，实行联邦制的国家都认同于统一的联邦宪法，遵从代表国家利益的统一法律。第四，联邦各成员有自己的立法和行政机关，有自己的宪法、法律和国籍，管理本区域的财政、税收、文化、教育等公共行政事务。第五，联邦和各成员国的权限划分，由联邦宪法规定。

2. 美国联邦与各州的权限划分

联邦与各州的权限有明确划分，主要分为联邦政府拥有的权力，禁止联邦行使的权力，各州保留的权力以及被禁止行使的权力：第一，联邦政府拥有宪法列举的权力，这些权力主要涉及全国性的问题：（1）财政和货币，如以联邦名义征税等；（2）经济和贸易，如统一管理对外贸易和州际贸易等；（3）国家安全，如组织并维持军队、宣战、进行战争、应各州请求平定内乱等；（4）外交，如缔结条约等。第二，禁止联邦行使某些权力，如联邦未经有关州的同意不得改变其疆界，不得剥夺其在联邦参议院的平等代表权，不得在通商和征税方面歧视某一或某些州，国会不得通过法律明确确立国教或禁止宗教自由、剥夺言论、出版、和平集会和请愿的权利等。第三，各州保留的权力，虽然美国宪法没有逐项列举州的权力，只是概括式地保留州的权力，即规定"凡宪法未授予联邦或未禁止各州行使的权力，皆由各州或人民保留"。这些保留的权力，主要是处理州范围内公共事务的权力。第四，各州被禁止行使的权力。宪法明确禁止各州行的权力主要涉及国家的外交、国防和战争、州际贸易等。

三、问题思考

1. 简述资本主义宪法产生的原因。
2. 简述英、美、法三国立宪的相同点。

第二节　社会主义宪法的产生与发展

一、社会主义宪法的产生与发展

（一）社会主义宪法是一种新型的现代宪法

资产阶级革命后，民主开始作为一种国家制度被普遍采用，并通过宪法加以确认。虽然民主宪政首创自资产阶级，但是因资本主义以私有制作为经济基础，资产阶级民主具有突出的局限性。正如列宁指出："以前所有一切宪法，以至最民主的共和宪法的精神和基本内容都归结在所有制这一点上。"① 因此决定了资本主义的宪法不可能赋予广大劳动人民以真正的民主自由权利，更无法实现人民当家做主管理国家事务的民主目标。直至1917 年，随着俄国十月社会主义革命的爆发和苏维埃社会主义国家的诞生，1918 年在列宁主持下，由第五次全俄苏维埃代表大会正式通过了世界上第一部新型的现代宪法，即《俄罗斯社会主义联邦苏维埃共和国宪法》。在第二次世界大战结束后，在亚洲和欧洲先后建立起一批社会主义国家，如南斯拉夫、阿尔巴尼亚、越南、保加利亚、罗马尼亚、捷克斯洛伐克、朝鲜、民主德国、匈牙利、波兰等。这些国家制定的宪法都属于社会主义类型的宪法。

（二）苏联宪法的产生与发展

1917 年俄国十月社会主义革命胜利，诞生了苏维埃政权，建立了世界上第一个社会主义国家。在建国之初，苏维埃政权颁布了一系列关于建立苏维埃国家政权、建立社会主义经济制度、确立基本权利和义务、实现民主平等的法令，这些宪法性法令为后来制定苏俄宪法奠定了基础。

1918 年 1 月，全俄苏维埃第三次代表大会通过了《被剥削劳动人民权利宣言》，宣布全部政权归苏维埃，保证劳动群众掌握全部政权，确认各民族自由发展，自由联合，承认民族平等，废除土地私有制，实行公有化，消灭剥削制度和剥削阶级。

1918 年 4 月，全俄苏维埃第四次代表大会通过了制定宪法的决议。1918 年 7 月，全俄苏维埃第五次代表大会正式通过了《俄罗斯社会主义联邦苏维埃共和国宪法》，简称

---

① 《列宁选集》第 4 卷，人民出版社 1995 年版，第 122 页。

《苏俄宪法》。这是第一部社会主义类型的宪法，以《被剥削劳动人民权利宣言》为第一编，规定了基本制度和基本政策、政权结构、选举制度、预算法、国徽和国旗等内容。列宁在评价该部宪法时指出："苏维埃宪法和苏维埃一样，是在革命斗争时期产生的，它是第一部宣布国家政权是劳动者的政权、剥夺剥削者——新生活建设者的敌人——的权利的宪法。这就是它和其他国家宪法的重要区别，同时也是战胜资本的保证。"[①]《苏俄宪法》是人类历史上第一部社会主义性质的宪法，也是苏维埃国家处于过渡时期的根本法，它确认了十月革命的胜利成果，奠定了苏维埃政权的法律基础。

十月革命胜利后，俄国境内出现了许多独立的苏维埃共和国。为了巩固苏维埃政权，反对共同的敌人，需要组成统一的联盟国家。1922 年 12 月在莫斯科召开了全联盟苏维埃第一次代表大会，会议通过了成立苏维埃社会主义共和国联盟的宣言和盟约，并选举了全苏中央执行委员会。为了将这一新的联盟关系经由法的形式固定下来，1924 年 1 月召开了全联盟苏维埃第二次代表大会，通过了《苏维埃社会主义共和国联盟根本法》，即 1924 年《宪法》。该宪法确认了苏维埃联盟成立的事实，规定了联盟和各加盟共和国的国家机构，划分了联盟和各加盟共和国的职权。1924 年《宪法》是第一部苏联宪法，也属于过渡时期的宪法。该宪法承认在发展社会主义经济的条件下，资本主义仍在一定范围内存在。这部宪法在巩固苏联的民族团结、保障苏联人民建设社会主义制度等方面发挥了重要作用。

1924 年至 1936 年是苏联的新经济政策时期。在这一时期，苏联已经完成社会主义工业化和集体化，生产资料的社会主义公有制成为国民经济的唯一基础。1934 年，苏联宣布社会主义社会已经建成。为巩固这一成果，1935 年 2 月，全俄苏维埃第七次代表大会通过了修改宪法的决议，并成立了宪法委员会负责拟定修正的苏联宪法草案。1936 年 11 月，召开了全俄苏维埃第八次非常代表大会，审议并通过了新宪法。这部宪法共有 146 条，分为 13 章，主要确认了社会主义制度在苏联建成的事实；明确了苏联社会是由工人和农民两大基本阶级构成的，国家领导权属于工人阶级；规定了民族和种族平等原则；赋予公民以广泛的权利和自由。该部宪法对"二战"后出现的社会主义国家制定宪法产生了重要的影响。

20 世纪 70 年代初期，苏联的国民经济获得了较大的发展，逐渐与美国并列成为世界两个超级大国。为了适应国内政治、经济发展的要求，修改 1936 年宪法的问题被提到了议事日程。根据 1976 年苏共第二十五次代表大会的精神，以勃列日涅夫为主席的宪法委员会起草了苏联新的宪法草案。经过为期 4 个月的全民讨论后，1977 年 10 月，由第九届苏联最高苏维埃非例行的第七次会议通过了新的《苏维埃社会主义共和国联盟宪法（根本法）》。该宪法的结构包括序言、9 编 21 章，共 174 条，以规定"发达的社会主义"作为特色，并具体规定了作为发达的社会主义的基本标准、国家制度和社会制度的基本原则以及所应具有的广泛的民主的内容。但是该部宪法仍然确认了高度集中的社会主义政治经济体制，但随着苏联社会的发展，这种体制所暴露出的缺陷和弊端日益严重，已成为苏联经济发展的桎梏，并导致社会矛盾加剧。

---

① 《列宁全集》第 34 卷，人民出版社 1985 年版，第 503 页。

对此，1985 年出任苏共中央总书记的戈尔巴乔夫，将改革的重心由完善社会主义制度变为否定现实的社会主义制度。为了给戈尔巴乔夫的改革奠定法律基础，从 1988 年 12 月 1 日至 1991 年年底对该宪法进行了 5 次修改补充，主要涉及确认多党制、实行竞选制、采行西方的议会民主制、实行三权分立原则、增设作为专门宪法监督机关的苏联宪法监督委员会、取消马列主义学说的主导地位等。1977 年苏联宪法的颁布实施，激化了苏联潜在的各种矛盾，使苏联陷入全面的危机之中，最终导致苏联的解体。1977 年苏联宪法就成为苏联历史上的最后一部宪法。

二、案（事）例述评

（一）1936 年苏俄宪法的制定与实施

1935 年的苏联，资本主义私有制基本消灭，国家、集体农庄和合作社掌握了 96% 的生产资料。但是当时国际上预想的世界性革命并未发生，20 世纪 30 年代的国际形势深刻变化说明世界革命不可能到来。因此，苏联共产党放弃了世界革命目标，专注于一国建成社会主义，因此与资本主义国家的关系也从对抗逐步转为和平共处。这意味着，以世界无产阶级革命为预期的 1924 年宪法已不合时宜，有必要制定淡化世界革命精神、反映苏维埃社会新的现实结构的新宪法。1935 年 2 月 6 日，苏联成立了由 31 人组成的宪法委员会。1936 年 11 月，全俄苏维埃第八次非常代表大会召开，审议并通过了新宪法。

该宪法的最大亮点，是充分发扬了民主，在颁布之前全民参与了宪法草案讨论。有统计显示，1936 年 8 月 15 日至 10 月 19 日，参与讨论的共有 48000 次苏维埃全体会议、近 80000 次苏维埃分组讨论会和代表团会议、超过 40 次劳动者集会，参加的人数超过 5150 万人次。这占当时苏联成年人总数的 55% 以上，提出的修改或补充宪法草案的建议多达 15.43 万条，其中登记在册的建议案共计 13721 个，涉及各方面议题。这次立宪中的全民参与讨论，规模之大前所未有，是一次广泛的宪法宣传普及，大大增强了人们的宪法认知。

虽然 1936 年苏联宪法在当时堪称"各国最先进、最民主的宪法"，但是由于种种原因，实际情况与该宪法规定的情形还是有较大差距，甚至很多方面就没有得到落实。比如，虽然规定了公民言论、出版、集会等自由，但实际是处处受限，甚至那些尝试行使权利的人遭遇了严重后果；虽然规定了普选权，但实行的是等额选举，在实际投票时没有真正选择余地，让选举沦为形式主义的礼仪；虽然规定了民主集中制原则，但并没有处理好民主与集中的关系，集体领导越来越频繁地为首长个人意志所左右，造成了权力过分集中与个人崇拜盛行；虽然规定了民族自决原则和加盟共和国的退出权，但各加盟共和国权限极为有限，有研究者称之为"变形的联邦制"等。可见，制定出良法重要，但宪法的严格遵守与施行更重要。

（二）事例评析

1. 社会主义宪法与资本主义宪法的区别

上述事例体现了社会主义宪法的最大优势在于高度的民主性。社会主义宪法与资本主义宪法存在本质区别。作为最高历史类型的宪法，始终推动着民主宪政的进步。社会主宪法的这种优越性是由其特点决定的。

第一，社会主义宪法是社会主义民主制的法律化。从民主制的本质来看，虽然各社会主义对国体的表述不同，但是都是坚持人民当家做主，对广大人民实行民主，对极少数社会主义的敌人实行专政。从民主形式上看，各国社会主义的政权组织形式存在差异，但都是实行人民代表制，由人民代表机关掌握国家权力。因在这种国体和政体的基础上，宪法能够确保广大人民的根本利益，享有国家和社会的广泛权利和自由。

第二，社会主义宪法规定了在国家机构的组织和活动中实行民主集中的原则。民主集中制和资产阶级国家的三权分立原则存在本质区别。民主集中制包括民主和集中两个方面的内容。民主是基础，表现为各级国家权力机关都由人民选举产生，其他国家机关由权力机关组织并对其负责。集中是在民主基础上的集中，在整个国家机构中，国家权力机关是基础，其他国家机关要服从国家权力机关，下级国家机关要服从上级国家机关，地方国家机关要服从中央国家机关。可见，按照民主集中原则组织起来的国家机构，有着广泛的民主基础，又有高度集中统一领导，最有利于人民利益的实现。

2. 宪法的生命在于实施

上述事例中，虽然 1936 年苏联宪法被称为"各国最先进、最民主的宪法"，但是最后的结果却是形同虚设。可见一部好的宪法，不仅要求内容完善，更要求能够在实践中予以落实。简而言之就是宪法的生命在于实施。

宪法实施指宪法规范在实际生活中的具体运用和贯彻落实，即将宪法文字上的、抽象的权利义务关系转化为现实生活中生动的、具体的权利义务关系，并进而将宪法规范所体现的人民意志转化为具体社会关系中的人的行为。宪法实施反映着宪法制定颁布后的实际运行状态，是宪法调整特定社会关系的基本形式。从这个意义上看，宪法实施的主体也就是宪法关系的主体，包括国家机关、各政党、各社会团体和公民个人；宪法实施的客体，主要是适用宪法、遵守宪法的行为。一部完善的宪法只有在实践中运行，才能真正体现并且实现其价值。宪法是国家的根本法，但这种根本法地位并不仅仅是以宪法文本的形式得以确立的，而是通过它在国家和社会中的具体实施来体现的。因此，宪法作为根本法的权威作用的发挥，关键也在于宪法是否能够得到有效的实施。

三、问题思考

1. 简述社会主义宪法与资本主义宪法的区别。
2. 简述苏联的立宪过程。

第三节 中国宪法的产生与发展

一、中国宪法的产生与发展

（一）清末立宪

清朝末年，内忧外患，尤其是"甲午战争"的爆发和"马关条约"的签订，震撼了中国知识分子，使许多改良主义者认识到制度建构的重要性。

1900年，康有为、梁启超提出"伸民权、争民主、开议院、定宪法"等主张，并影响了光绪皇帝，从而掀起了"戊戌变法"运动，中国的宪政运动已然起步。1898年光绪在维新思想的影响和慈禧太后的默许下施行"新政"，在短短的一百多天颁布了110条维新法令，史称"百日维新"。

1905年6月清廷选派载泽、戴鸿慈等五大臣出洋考察宪政。并仿照日本明治维新设立宪政调查馆，以便"延揽通才，悉心研究，择各国政法之于中国治体相宜者，酌斟损益，纂定成书，随时呈进，候旨裁定"。五大臣分两路分别对欧美各国以及日本进行考察，于1906年7月回国。考察归来的大臣都同声要求仿行宪政，载泽在奏折中把君主立宪制的好处归纳为三："一曰皇位永固；一曰外患渐轻；一曰内乱可弭。"清朝政府终于决定作一尝试。

1906年7月13日，清廷颁布"仿行宪政"的上谕，确定预备立宪的原则是"大权统于朝廷，庶政公诸舆论"；着手改革官制，另设资政院，以便"博采群言"；设审计院，以"核查经费"。1907年开始筹设的资政院，是议会的基础，资政院可以决议国家财政预算案、税收、法律等事宜，同时各省也设立谘议局，作为地方议会性质的机构。

1908年8月27日颁布的《钦定宪法大纲》分为正文"君上大权"（14条）与附录"臣民权利义务"（9条）。其主要内容是规定君主神圣不可侵犯，君主总揽统治大权；规定臣民于法律范围内，所有言论、著作、出版及集会、结社等事，均准其自由；臣民非经法律规定，不得逮捕监禁处罚；臣民应专受法律所定审判衙门之审判；臣民之财产及居住，无故不加侵害等权利；以及规定臣民有纳税、当兵、遵守国家法律等义务。然而，《结社集会律》却规定，各种集会，凡与政治和公事无关的可以照常设立；如宗旨不正、违犯规则，或有滋生事端，妨害风俗之虞者，轻者解散，重者处罚。如此规定最终使得《钦定宪法大纲》中赋予的结社自由形同虚设。

1909年颁布《资政院院章》，1910年10月资政院正式开会。1910年立宪派连续发动三次大请愿，要求提前召开国会，成立责任内阁。各省督抚鉴于形势严峻，纷纷要求政府从速建立国会和内阁。清廷被迫把预备立宪的期限由9年缩为5年，并于1911年5月成立内阁。因13名内阁成员中，皇族有5名，且重要权力均由皇族掌握，故称"皇族内阁"。"皇族内阁"使立宪党人大失所望。

清廷倒行逆施，越发失去人心和威信，危机四伏却不自知。1911年5月，清廷将全部私人铁路干线收归国有，并与外国列强签订借款协议，使之通过借款或直接投资获得修建中国铁路的垄断权。这些被视为卖国行径，于是全国保路运动如火如荼，同时革命暴动的势头也蔓延全国。1911年10月10日，武昌起义爆发，许多省纷纷宣布独立，称为辛亥革命。清廷于10月30日被迫下诏罪己，释放自戊戌变法以来的一切政治犯，承认革命党为正式政党，命令资政院起草宪法，于是1911年11月《宪法重大信条十九条》（以下简称《十九信条》）出台。《十九信条》虽然没有规定人民的权利，但实质性地限制了皇帝的权力。与《钦定宪法大纲》相比，《十九信条》体现出如下特点：第一，《钦定宪法大纲》的精神与绝对君主制相去几微，而《十九信条》可视为虚君责任内阁的拓本。内容上，《十九信条》缩小了皇帝的权力，扩大了国会的权力，实行类似于英国的责任内阁制，如规定"皇帝之权以宪法规定为限"。第二，《十九信条》是一种临时宪法，具有法律效力，它实际上是我国历史上第一部宪法。第三，《钦定宪法大纲》以日本宪法为参本，而《十九信条》则是仿照"英国之君主宪章"制定。

（二）中华民国时期立宪活动

1. 辛亥革命时期的立宪活动

孙中山领导的民主革命于 1911 年 10 月 10 日举行武昌起义，推翻了清代封建王朝。1911 年 11 月 30 日，各省都督府代表联合会在汉口召开，制定通过了《中华民国临时政府组织大纲》，确定中华民国临时政府为总统制共和政府。

1912 年 1 月成立了南京临时政府，孙中山就任临时大总统，从此宣告了中华民国的诞生，并于 3 月 11 日颁布了《中华民国临时约法》。《中华民国临时约法》分为 7 章 56 条，是一部资本主义民主的宪法性文件。其民主性表现为：规定了"中华民国之主权属于国民全体""中华民国人民一律平等""人民享有言论、著作、刊行及集会、结社之自由"等，还规定了人民有考试权、选举权和被选举权。然《中华民国临时约法》颁布时，袁世凯窃取政权已成定局。因此《中华民国临时约法》与 1911 年的临时政府组织大纲最大的不同在于，不采总统制，而是确定了责任内阁制的政体，防止袁世凯独揽大权。如《中华民国临时约法》规定了严格的修改程序，即约法得由参议院 2/3 以上议员或临时大总统的提议，经参议员 4/5 以上的人出席和出席议员的 3/4 同意方可修改。严格的程序，是为了限制袁氏的权力而设置。但是袁世凯任大总统后，便撕毁了这部约法。

《中华民国临时约法》是中国历史上第一部，也是唯一的资产阶级民主的宪法。毛泽东曾评价："民国元年的《中华民国临时约法》，在那个时期是一个比较好的东西；当然，是不完全的、有缺点的，是资产阶级性的，但它带有革命性、民主性。"[①] 最终事实证明，在中国，资本主义道路是走不通的。

2. 北洋军阀时期的立宪活动

（1）《中华民国宪法（草案）》

1912 年 3 月，袁世凯设局改南京就职为北京就任临时大总统。1912 年 4 月参议院通过，总统公布了《国会组织法》《众议院议员选举法》《参议院议员选举法》。1913 年 4 月 8 日，中华民国国会成立，由同盟会改组的国民党占议席的 45%，居各党之首。

国民党力图以宪法约束袁世凯的权力，国会在先选举正式总统还是先议定宪法的争执中，选择了先制定宪法。于是 1913 年 6 月，参议院议定由两院各选委员 30 人组成宪法起草委员会。但在宪法制定过程中暗杀不断，为确保宪法制定工作有一个结局，匆匆三读于 11 月 1 日将草案提交宪法会议，是为《中华民国宪法（草案）》，即"天坛宪草"。由于当时国民党党员在国会议员和宪法起草委员会的成员中占有优势，所以"天坛宪草"仍然保持了孙中山《中华民国临时约法》的基本精神，坚持国家的政治体制为责任内阁制，但是这并不符合袁世凯的心意。为将更多的权力掌握在自己手中，袁世凯于 1914 年 1 月 14 日解散国会。制宪程序也因此中断，导致"天坛宪草"始终只是一个草案。

---

① 《毛泽东文集》第 6 卷，人民出版社 1999 年版，第 325～326 页。

（2）《中华民国约法》

袁世凯强行解散国会后，于 1914 年 2 月 18 日另行组织了一个"约法会议"，制定了一部有利于自己专权的《中华民国约法》，称为"袁记约法"。该约法采用总统制，把国家的各项权力集中在大总统一人手中，总统拥有行政、立法、司法、财政、军事等一切大权。在形式上总统的某些权力，虽然还要经过参政院的同意，但依照组织法，参政院不过是一个由钦命人员组成的御用咨询机构，根本不足以制衡。这种总统集权制近乎于封建帝制，只不过被贴上了"宪法"的标签而已，宪法本应具有限制权力的特点在此消失殆尽。虽然约法规定了一定的权利和自由，但是同时又规定将其严格限制在"法律范围内"，使其成为一纸空文。总之，"袁记约法"本质上是站在宪法精神的对立面，为袁世凯实行封建军阀独裁统治提供了合法依据，也为袁世凯复辟帝制铺平了道路。

（3）《中华民国宪法》

袁世凯死后，北洋军阀混战，各方都想有一部宪法以证明自己统治的合法性。其中最臭名昭著的首推"曹锟宪法"。1923 年 10 月，曹锟以制宪为辞（因反曹而南下的议员大多热心制宪），以重贿为饵（据说以 5000~10000 元收购一张选票的办法），贿赂国会议员，勉强凑足法定人数，当选为大总统。曹锟在掌握政权后，于 1923 年 10 月 10 日颁布《中华民国宪法》。因该宪法是通过贿赂国会议员而制定的，又被称为"贿选宪法"。该宪法共 13 章 141 条，规定"中华民国之行政权，由大总统以国务员之赞襄行之""大总统为民国陆海军大元帅，统帅陆海军"，还规定总统有权解散众议院等。"曹锟宪法"极尽宪法的华美辞藻，尽采西方宪法文本上的精华，但其制定和颁布，丝毫没有妨碍曹锟在实际上建立军事专制独裁政权，它是一部只公布却始终未被施行的宪法。

（4）《中华民国宪法草案》

曹锟垮台后，皖系军阀头子段祺瑞成为"中华民国临时总执政"，并下令撤销曹锟的"贿选宪法"，宣告《临时约法》失效。为使其统治地位合法化，1925 年 8 月 3 日，国宪起草委员会成立，负责起草宪法，经过 4 个月的起草活动，制定了一部《中华民国宪法草案》，并于 12 月 11 日三读通过。该《宪法草案》最引人注目的是它建立了"国事法院"，由最高法院院长和 4 名成员及参议院选出的 4 人组成，代表中国最早的宪法诉讼模式。由于拥有"议决宪法权"的国民代表会议召开之前段祺瑞政府便垮台了，所以这部《宪法草案》也就胎死腹中了。

3. 南京国民政府时期的立宪活动

（1）1931 年《中华民国训政时期约法》

1928 年 10 月 3 日，国民党中央常务会议根据蒋介石的"谋中国人民思想统一，必须以党治国"的方针，制定《训政纲领》。《训政纲领》规定由国民党"训练国民使用政权"。这不仅引起其他党派的反对，也引起国民党内部各派的不同意。1930 年年底，汪精卫等自行组织 7 人宪草委员会，制定《中华民国约法草案》，又称"太原约法草案"，无形中推动了南京制宪。

蒋介石一面排除异己，一面主张召开国民会议，制定训政时期约法。1931 年 5 月 5 日，国民会议召开，会议通过《中华民国训政时期约法》，并于同年 6 月 1 日由国民政府公布。从该约法产生的背景及经过看，除了对孙中山之遗训并无争议外，可以说《中华民国训政时期约法》是当时国民党内部政治斗争的产物。该约法的特点表现为：第一，对于人民自由权利，除了宗教信仰外，都采取间接保障主义，即人权的保障有赖于法律，而政府亦可以法律限制人权。第二，在国民政府组织法外，将 1928 年的《训政纲政》全文载入，再度确定训政时期的党治形态。历史中国民党统治下的党治形态的主要表现有：政权由党代表行使、政府自党产生、政府对党负责、主要法律由党建议修正及解释、国民党中央执行委员会行使约法的解释权。第三，在政府组织方面，国民政府设置五院，在体制上采取委员制，但国民政府主席代表国民政府，五院院长及各部部长均由主席提请国民政府依法任免，总统制色彩浓重。

（2）1936 年"五五宪草"

因国民党的训政方略未能获得党外人士的接受，他们在"九一八国难会议"中提交了促成宪政的提案多达六类十三案，主张结束"训政"，召集国民大会，制定宪法，实行"宪政"。

1935 年 10 月国民党中央全会通过制宪五原则，责成立法院从速起草宪法草案。1935 年 10 月几经初审之后的宪草由国民政府转送国民党中央审议，最后由国民政府于 1936 年 5 月 5 日将《中华民国宪法草案》明令公布，又称"五五宪草"。"五五宪草"全文共 8 章 148 条，依次为总纲、人民之权利义务、国民大会、中央政府、地方制度、国民经济、教育及宪法的施行修正。该草案虽然标榜实施宪法，但承袭了《训政时期约法》的精神，主旨是建立一个大权独揽的总统，把国民党专政和个人独裁合法化。最终因时局变化，始终未能正式生效。

（3）1947 年的《中华民国宪法》

抗日战争胜利后，1946 年 11 月 15 日，由国民党包办的"国民大会"在南京召开。会议于 12 月 25 日通过了《中华民国宪法》，并于 1947 年 1 月 1 日正式公布。该宪法除前言外，共 14 章 175 条，主要内容包括：①在国体规定上，规定"中华民国基于三民主义，为民有、民治、民享之民主共和国"。②在政权的组织形式上，采取总统制和责任内阁制相结合的形式。③对中央和地方的关系，宪法特设专章，对各级政府的事权做了详细的列举。④对人民的权利自由的规定，较"五五宪草"作了一些改动，如在"在法律面前人人平等"之前加写"无分男女、宗教、种族、阶级、党派"；增写了人民的工作权、生存权应予保障；删除了"非依法律不得限制"的字样等。这部宪法虽然在条文中体现了一定的民主原则，但从根本上代表和维护大地主、大资产阶级的利益，所以只能成为国民党一党专政和蒋介石个人独裁的装饰品。

（三）革命根据地时期的立宪活动

1921 年中国共产党成立后，在革命根据地政权建设中，曾经制定过一些宪法性文件。

1.《中华苏维埃共和国宪法大纲》

1927 年中国共产党领导工农群众开展武装斗争，建立农村革命根据地，并在各个革命根据地建立政权。为了加强对革命根据地的统一领导，各根据地于 1931 年 11 月在江西瑞金召开了全国第一次工农苏维埃代表大会。在这次会议上，毛泽东作了《政治问题报告》，项英作了《宪法问题报告》，会议宣告工农民主共和国成立，并通过了《中华苏维埃共和国宪法大纲》。该文件规定，"中华苏维埃共和国是工人和农民的民主专政国家；政权属于工人、农民、红色战士及一切劳苦民众，只有军阀、官僚、地主、豪绅、资本家、富农、僧侣及一切剥削人的人和反革命分子没有政治上的权利和自由，不能参加政权；承认境内少数民族的民族自决权；对外宣布中华民族完全自由和独立，不承认帝国主义的一切特权，宣布不平等条约一律无效"。这是中国历史上由中国共产党领导人民政权制定的第一部无产阶级宪法性文件。《宪法大纲》确认了人民革命成果，指出革命发展方向和奋斗目标，带有一定纲领性。

2. 《陕甘宁边区施政纲领》

1941 年 1 月，依据中共中央关于"三三制"政权的精神，边区中央决定并成立了《陕甘宁边区施政纲领》起草委员会，起草施政纲领。1941 年 5 月，《施政纲领》在《新中华报》上正式公布，1941 年 11 月，边区二届一次参议会上，一致通过该纲领为边区施政纲领。该纲领开宗明义指出，制定目的是"为着进一步巩固边区，发展抗日的政治经济文化建设，以达坚持长期抗战增进人民福利"，并明确了中国共产党团结抗战的总方针和对军事和优待抗属、三三制和保障人民权利、司法、廉洁、农业、土地工商和劳动、税收金融、文化等各个方面工作的政策措施。这是延安时期中国共产党局部执政方略和政策的实际运用，在边区建设史上具有开创性，同时对全国政权的建立产生了深远的影响。

3. 《陕甘宁边区宪法原则》

1946 年 4 月，根据中共代表团在重庆所提出的《和平建国纲领草案》和政治协商会议有关决议，在总结边区长期实践和成功经验的基础上，陕甘宁边区第三届参议会通过了《陕甘宁边区宪法原则》。该文件包括五个部分，共 26 条，主要规定了政权组织建设、人民权利、司法、经济以及文化等方面事项。作为战后开展和平民主建设进而制定边区宪法的基本准则，充分反映陕甘宁边区大力推进民主政治并促进全国真正实现政治民主化的诚意和决心，在国内属首创之举。

（四）中华人民共和国宪法的产生与发展

1. 《中国人民政治协商会议共同纲领》

1949 年秋，中国人民在中国共产党的领导下，取得了"反对帝国主义、封建主义和官僚资本主义的决定性胜利"。而革命胜利后将要建立一个什么样的国家，如何将革命胜利成果用法律的形式固定下来，迫切需要制定一部具有根本法性质的文件。

中国共产党邀请各民主党派、人民团体、人民解放军、各地区、各民族以及海外华侨等各方面代表共 635 人，组成中国人民政治协商会议，代行尚未产生的全国人民代表大会的职权。1949 年 9 月 21 日，中国人民政治协商第一届全体会议在北平开幕，9 月 29 日，大会审议通过了以毛泽东为首的新政协筹备常务委员会起草的《中国人民政治协商会议共同纲领》。

《共同纲领》除序言外，分总纲、政权机关、军事制度、经济政策、文化教育政策和外交政策共 7 章 60 条，确认了我国为新民主主义国家，即人民民主主义国家；确认了人民代表大会制度为我国的政权组织形式；宣布取消帝国主义在华的一切特权，没收官僚资本，进行土地改革；规定了国家对经济、文教、民族、外交等方针政策；规定了人民的权利和义务。《共同纲领》在内容上和法律效力上都具有国家宪法的特征，对中华人民共和国成立初期的政治生活和社会生活起到了指导作用。许多原则在1954年《宪法》中得到了继承和发展，在我国宪法史上具有重要地位。

2. 1954年《宪法》

《共同纲领》的贯彻实施使我国发生了深刻的变化。但是许多规定已不能适应国家继续向前发展，制定宪法已经完全必要并有充分的可能。1953年中央人民政府委员会第二十次会议决定成立中华人民共和国宪法起草委员会，负责宪法的起草工作。1954年3月，毛泽东向宪法起草委员会提交了中共中央拟定的宪法草案初稿，并被接受为起草宪法的基础，经宪草委员会广泛征求各方面意见并加以进一步修改后，提交全国人大进行审议。1954年9月20日，全国人民代表大会第一届第一次会议全票通过该草案，我国历史上第一部社会主义宪法就此诞生。

1954年《宪法》除序言外，分为4章106条，包括总纲，国家机构，公民基本权利和义务，国旗、国徽、首都等内容。该部宪法在内容上充分反映了社会主义原则和人民民主原则。第一，确认了中华人民共和国的国家制度，规定我国是工人阶级领导的、以工农联盟为基础的人民民主国家，规定我国实行民主集中制的人民代表大会制度等。第二，确认了我国社会主义过渡时期的经济制度，规定我国的生产资料所有制包括全民所有制、劳动群众集体所有制、个体劳动者所有制和资本家所有制，规定国营经济在国民经济中占领导地位，国家保证优先发展国营经济。第三，确认了过渡到社会主义的方法和步骤，规定要依靠国家机关和社会力量，通过社会主义工业化和社会主义改造，逐步消灭剥削制度，建立社会主义社会。第四，确认了公民在法律上一律平等，赋予公民广泛的权利和自由。

1954年《宪法》是中华人民共和国从新民主主义向社会主义过渡时期制定的，吸收了苏联及其他社会主义国家的立宪经验，对于巩固人民民主专政政权、促进社会主义经济发展、团结全国各族人民进行社会主义建设发挥了积极的推动和保障作用。

3. 1975年《宪法》

1956年，我国已经基本完成了对农业、手工业和资本主义工商业的社会主义改造，并打下了社会主义工业化的初步基础。1957年春，毛泽东针对国家主席的建制变更问题正式提出可以考虑修宪。因党内的反右运动，修宪程序远未提上日程。1970年3月，中共中央委员会回应毛泽东1970年再一次的修宪建议，提出召开第四届全国人民代表大会和修改宪法的建议。同年9月6日，中共中央审查通过宪草小组提交的宪法修改草案，并决定向全国人大常委会建议在适当时候召开第四届全国人大通过宪法。后由于林彪叛逃死亡，第四届全国人大延期召开，这部宪法草案宣告破产。1973年8月中国共产党中央委员会决定重新筹备召开第四届全国人大，修改宪法，选举和决定国家领导人员。此时在党内权力斗争中江青集团已显占上风，他们也需要通过宪法实现"权力再分配"。1975年1月第四届全国人大召开，审议通过1975年《宪法》。

1975年《宪法》除序言外，分四章共30条。从内容上看，这部宪法肯定了我国社会主义改造的成果，但由于制定于"文化大革命"的动荡时期，存在严重的缺点和问题。第一，在指导思想方面，1975年《宪法》是以"以阶级斗争为纲"的"基本路线"为指导思想，强调"无产阶级必须在上层建筑其中包括各个文化领域对资产阶级实行全面专政"。第二，把"文化大革命"中国家机构的混乱状态确认下来，打乱了国家机构的合理分工和正常活动。第三，减少了公民的权利和自由，甚至将义务放置于权利之先，强调公民履行义务是首要的，而享受权利则是次要的。第四，从形式上看，条文语言如同标语口号，甚至引用毛泽东语录作为某些条文，出现概念和文辞上的含糊不清。总之，1975 年《宪法》相比于 1954 年《宪法》而言，实属是大倒退。

4. 1978 年《宪法》

1976 年 10 月，"文化大革命"结束。为适应新形势，由中共中央政治局全体委员组成的修宪委员会准备进行修改宪法。1978 年 3 月 1 日，第五届全国人大第一次会议召开，听取了叶剑英关于修改宪法的报告，3 月 5 日大会一致通过了 1978 年《宪法》，由大会主席团公布施行，作为中华人民共和国成立以来的第三部宪法。

1978 年《宪法》与前两部宪法的结构一致，条文有所增加。从内容上看，1978 年《宪法》恢复了 1954 年《宪法》的一些基本原则，指明我国进入了社会主义建设的历史时期，规定了国家在新时期的总任务。第一，在总纲中特别规定了发扬社会主义民主，保障人民参加国家管理、管理各项经济和文化事业的原则和具体措施。第二，在国家机关的组织和职权方面，恢复了检察机关的设置，取消了由公安机关行使检察权的规定。第三，在公民享有的权利和自由方面，这部宪法也增加了一些内容，对公民的控告权和申诉权也作了专门规定。然而，1978 年《宪法》本身仍存在许多缺陷，同时党的十一届三中全会以后国家的政治、经济和文化生活发生了巨大变化，经两次修改，仍不能适应新的历史时期的需要。

5. 1982 年《宪法》

1978 年 12 月召开的中国共产党第十一届三中全会，作出了从 1979 年起把国家的工作重点由"以阶级斗争为纲"转移到社会主义现代化建设上来的战略决策。1980 年 9 月第五届全国人大第三次会议接受中共中央提出的《关于修改宪法和成立宪法修改委员会的建议》，成立宪法修改委员会，主持宪法修改工作。从 1980 年 9 月至 1981 年 6 月间先后准备了五次宪法修改讨论初稿。1981 年 11 月第五届全国人大第四次会议决定将宪草的审议工作推迟到第五届全国人大第五次会议举行表决。1982 年 11 月 26 日通过了《中华人民共和国宪法》。第五届全国人大代表共 3421 人，出席投票的代表 3040 人，收回投票 3040 张，其中同意票 3037 张，弃权票 3 张。1982 年《宪法》以无记名投票方式正式通过，当天由大会主席团公布施行。至此，历时两年三个月的修改，中华人民共和国成立以后的第四部宪法由此产生。

1982 年《宪法》由序言、4 章 138 条组成。与前几部宪法相比，该部宪法的特点在于：第一，确定四项基本原则为总的指导思想。第二，宪法强调以经济建设为工作重点，同时又高度重视社会主义精神文明建设。第三，坚持和完善社会主义经济制度。第四，保障和扩大公民基本权利。第五，开始注意促进国家机构的民主化和效率化。可见，1982 年《宪法》继承和发展了 1954 年《宪法》的基本原则，全面总结了我国社会主义革命和建设正反两方面的经验，反映了我国改革开放以来取得的巨大成就，标志着我国社会主义民主和法制建设上升到一个新的台阶。

二、案（事）例述评

（一）现行宪法的第五次修正：2018 年《宪法修正案》

2018 年 3 月 5 日，第十二届全国人大常委会副委员长兼秘书长王晨向第十三届全国人大一次会议作关于《中华人民共和国宪法修正案（草案）》的说明时指出，宪法是国家的根本法，是治国安邦的总章程，是党和人民意志的集中体现。党的十八大以来，习近平总书记多次强调，坚持依法治国首先要坚持依宪治国，坚持依法执政首先要坚持依宪执政。宪法修改，是党和国家政治生活中的一件大事，是以习近平同志为核心的党中央从新时代坚持和发展中国特色社会主义全局和战略高度作出的重大决策，是推进全面依法治国、推进国家治理体系和治理能力现代化的重大举措。

2018 年 3 月 11 日，第十三届全国人民代表大会第三次全体会议在人民大会堂举行。会议应出席代表 2980 人，出席 2964 人，缺席 16 人，出席人数符合法定人数。大会由主席团常务主席、执行主席王晨主持，习近平、李克强、栗战书、汪洋、王沪宁、赵乐际、韩正等出席会议。

根据《第十三届全国人民代表大会第一次会议表决议案办法》的规定，表决宪法修正案草案，采用无记名投票方式，以全体代表的三分之二以上赞成票通过。经过约 40 分钟的发票、写票、投票、计票，工作人员宣读计票结果：赞成 2958 票，反对 2 票，弃权 3 票。王晨宣布，《中华人民共和国宪法修正案》通过。第十三届全国人大一次会议主席团发布公告，宪法修正案予以公布施行。

（二）事例评析

1. 宪法修改是保证宪法适应社会发展的重要途径

我国现行宪法是 1982 年《宪法》，制定至今，分别在 1988 年、1993 年、1999 年、2004 年以及 2018 年对《宪法》进行了修改。历次修改都使得宪法不断完善，显示出宪法修改的重要作用。第一，宪法修改可以使宪法更好适应社会实际的发展和变化。社会生活总是处于不断的变化过程之中，而宪法规范又具有稳定性，因此宪法规范与现实社会总是存在裂痕。宪法修改可以及时地对这些不适应社会发展变化的规范进行调整。第二，宪法修改可以弥补宪法规范在实施过程中出现的漏洞。由于人的认识能力是有限的，受其能力限制，制宪者不可能穷尽所有的情况拟定宪法规范，如此极可能会导致宪法规范存在某些缺漏，需要借助宪法修改加以补充和完善。

2. 2018 年《宪法修正案》的意义

第十三届全国人大第一次会议，表决通过了宪法修正案。宪法修改，是党和国家政治生活中的一件大事，是以习近平同志为核心的党中央从新时代坚持和发展中国特色社会主义全局和战略高度作出的重大决策，具有重大现实意义。第一，2018 年《宪法修正案》是时代大势所趋。自 2004 年《宪法》修改以来，党和国家事业又有了许多重要发展变化。特别是党的十八大以来，以习近平同志为核心的党中央团结带领全党全国各族人民，毫不动摇坚持和发展中国特色社会主义，推动党和国家事业取得历史性成就、发生历史性变革。为适应社会发展变化，对宪法进行修改成为必要之举。第二，2018 年《宪法修正案》是国家发展所需。我国要实现依法治国，首先要实现依宪治国。为实现这一目标，就需要完善以宪法为核心的中国特色社会主义法律体系。第三，2018 年《宪法修正案》是民心所向。习近平总书记强调，宪法是人民的宪法，宪法修改要广察民情、广纳民意、广聚民智，充分体现人民的意志。本次宪法修改是一次完善中国特色社会主义制度、推进社会主义民主政治的重大创新，充分体现了新时代坚持和发展中国特色社会主义的根本要求。

三、问题思考

1. 如何评价清末时期的立宪？
2. 简述民国时期的立宪特点。
3. 简述中华人民共和国成立后的立宪过程。

第四章　宪法基本原则

一、宪法基本原则概述

（一）宪法基本原则的概念

宪法的基本原则是指宪法所确认和包含的根本方针，是指导宪法制定、修改和宪法实施的基本准则。宪法的基本原则贯穿于宪法始终，并体现在宪法规定的具体制度中。原则不同于规则。法律规则是指具体规定权利和义务及其法律后果的准则；而原则的抽象性、综合性和稳定性更高，可以作为法律规则的基础。一方面，原则不预先设定任何确定的、具体的事实状态，也不规定具体的权利和义务，及其法律后果，但是其适用范围较宽，涵盖社会生活和社会关系较广，可以在较大范围和较长过程中对人们的行为提供指导作用。

宪法的基本原则并不是一成不变的。不同国家的宪法基本原则、同一国家不同时期的宪法基本原则不尽相同。宪法基本原则具有多重属性和不同特征。比如，按照宪法的性质不同，可以将宪法基本原则分为资本主义宪法的基本原则和社会主义宪法的基本原则；按照宪法基本原则作用的社会关系领域的不同，可以将宪法基本原则划分为政治性原则、经济性原则、社会性原则、文化性原则和法治原则等。

（二）宪法基本原则的作用

就宪法的制定、修改和实施而言，宪法基本原则主要有以下作用：

第一，在宪法制定和修改中，宪法基本原则具有衔接宪法指导思想和宪法规范、构建宪法规则体系的作用。宪法基本原则既有相对独立的宪法规则意义，又在宪法指导思想和宪法规范之间发挥承上启下的关键作用，同宪法指导思想和宪法规范一起构成宪法的规则体系。此外，宪法基本原则对宪法修改也具有重要的制约作用。例如《德国基本法》第79条规定，该法第20条确认的联邦制不得通过宪法修改程序加以变更。

第二，在宪法实施中，宪法基本原则是遵守宪法和适用宪法的重要依据。宪法实施要求宪法基本原则和宪法规范被广泛遵守和普遍适用。宪法规范虽然明确具体，但一方面宪法不可能穷尽全部宪法规范，必然存在规范的缺漏；二是在许多情形下仅凭宪法规范难以判断宪法行为是否真正符合宪法。宪法基本原则既是对宪法指导思想的具体化，又具有协调整合宪法规范的功能，从而在宪法实施中成为重要的宪法依据。

第三，宪法基本原则在维护宪法稳定与社会发展关系方面发挥着重要作用。宪法的制定、修改和实施离不开特定的社会条件。宪法一经制定、修改并颁布实施，便具有稳定性和权威性，但它所面对的经济关系和社会生活则处于不断的发展变化之中。对此，各国宪法通常通过规定宪法基本原则等技术方法予以解决。一方面，宪法基本原则相对于宪法规范，具有高度的抽象性、概括性和较强的社会适应性，能更好地容纳和回应经济社会发展中出现的新问题新情况，在不修改宪法的前提下实现宪法对新型经济社会关系的调整；另一方面，宪法基本原则比指导思想更具有可操作性，有利于通过宪法规范的具体运用，更好地体现宪法指导思想，发挥宪法功能。

第四，宪法基本原则在宪法解释中发挥着重要作用。宪法解释即对具体宪法规范含义的理解和说明，为保证其准确性，必须在宪法基本原则的指导下进行。同时，宪法有多个基本原则，基本原则之间存在着一定的冲突，在进行宪法解释时，必须考虑不同基本原则之间的关系，以确定宪法规范的含义和界限。

二、我国宪法的基本原则

我国现行宪法的基本原则是在继承 1954 年《宪法》原则的基础上丰富和发展起来的。1954 年《宪法》根据中华人民共和国成立后的形势和任务，确立了人民民主原则和社会主义原则这两个基本原则。1954 年以后的宪法都继承了上述基本原则，并根据国家政治状况和社会发展赋予其新的表述和内容。党的十一届三中全会后，我国进入了改革开放新时期，党的十八大之后，形成了中国特色社会主义理论体系，我国宪法基本原则也随着中国特色社会主义理论和实践的发展而不断丰富和发展。我国现行宪法的基本原则反映了我国社会主义初级阶段的基本国情，是我国制定、修改和实施宪法的基本准则。

（一）坚持中国共产党的领导

我国《宪法》序言记叙了 20 世纪中国发生的翻天覆地的伟大变革，肯定了中国共产党带领人民进行革命、建设、改革取得的伟大成果，确认了中国共产党的领导。此外，2018 年通过的《宪法修正案》第 36 条，把"中国共产党领导是中国特色社会主义最本质的特征"载入《宪法》"总纲"第 1 条，充实了有关国家根本制度的条款，进一步强化了现行宪法坚持中国共产党领导的原则和制度。

首先，把党的领导与社会主义制度内在统一起来，是对马克思主义政党建设理论的运用和创造性发展，也是对共产党执政规律和社会主义建设规律认识的深化。其次，从社会主义本质属性的高度确定党在国家中的领导地位，有利于把党的领导贯彻落实到国家政治生活和社会生活的各个领域，实现全党全国人民思想上、政治上、行动上一致，确保中国特色社会主义事业始终沿着正确轨道推进。最后，党领导人民制定宪法和法律，党领导人民执行宪法和法律，党领导人民捍卫宪法和法律尊严，党在宪法和法律范围内活动，同时宪法为坚持党的领导提供有力法律保障。

（二）人民主权

我国是工人阶级领导的、以工农联盟为基础的人民民主专政的社会主义国家，国家的一切权力属于人民。人民主权，即国家的主权属于人民，归人民所有。人民主权理论是十七八世纪启蒙思想家们倡导的，主要代表人物为法国的卢梭，其理论基础是自然权利说和社会契约论。美国《独立宣言》在历史上第一次将人民主权确定为基本政治原则，它宣布：为了保障生命自由和追求幸福的权利，"所以才在人们中间成立政府。而政府的正当权力，系得自被统治者的同意。如果遇有任何一种形式的政府是损害这些目的的，那么，人民就有权利来改变它或废除它，以建立新的政府"。法国《人权宣言》更加明确地肯定了这个原则，它宣布："国民是一切主权之源；任何个人或任何集团都不具有任何不是明确地从国民方面取得的权力。"

当今世界各国宪法，一般都以这种或那种形式规定了人民主权原则。如 1958 年《法国第五共和国宪法》第 3 条规定，"国家主权属于人民，由人民通过其代表和通过公民投票的方式行使国家主权"。我国《宪法》第 2 条也确认了人民主权原则，并规定了人民行使主权的形式："中华人民共和国的一切权力属于人民。人民行使国家权力的机关是全国人民代表大会和地方各级人民代表大会。人民依照法律规定，通过各种途径和形式，管理国家事务，管理经济和文化事业，管理社会事务。"

在我国，人民主权原则主要通过宪法规定得以实现。具体内容包括：（1）确认人民民主专政的国家性质，保障一切权力属于人民。（2）规定社会主义经济制度，奠定人民当家作主原则的经济基础。（3）规定社会主义政治制度，保障广大人民通过全国人民代表大会和地方各级人民代表大会，实现对国家权力的行使。（4）规定中华人民共和国武装力量属于人民，捍卫国家主权，防止内外敌对势力颠覆，保障人民当家作主的实现。（5）根据宪法和法律的规定，人民通过其他各种民主途径和形式，如民族区域自治、基层群众自治等管理国家事务，管理经济和文化事业，管理社会事务，保障各民族一律平等，将人民当家作主原则贯彻于国家和社会生活的各个领域。（6）规定广泛的公民基本权利及其保障措施，切实尊重和保障人权，保障人民当家作主原则的实现。

（三）法治

法治是相对于人治而言的，是指由宪法和法律规定的治国理政的价值、原则和方式。它以社会公平正义为价值取向，以民主政治为基础，以宪法法律至上为前提，以尊重和保障人权为核心，以确保权力正当运行为重点，是人类政治文明进步的重要标志。

在近代，法治首先是作为自由、平等、保护人权、反对特权的要求由欧洲启蒙时代的先进思想家提出的。法国《人权宣言》较集中地反映了这种要求，它宣称，"法律是公共意志的表现。所有公民都有权亲自或者通过其代表参与制定法律；法律对一切人，无论是进行保护或者惩罚，都应当是一样的。一切公民在法律的眼中一律平等，都可以平等地按照其能力，并且除他们的品德与才能的差别外不应当有其他差别，担任一切高官、公共职位或者职务"。在当代，法治原则具体地体现在各国的宪法规范和宪制实践中。

我国 1982 年《宪法》规定"国家维护社会主义的法制统一和尊严，一切法律、行政法规和地方性法规都不得同宪法相抵触"等，体现了法制原则。但"法制"与"法治"的含义不完全相同：前者主要是指一国现有的各项法律及其制度，后者意即"法的统治"，主要是指一种与"人治"相对应的治理社会的理论、原则、理念和方法。一般认为，法治有两项最基本的要求：一是要有制定的良好的法律，二是这种法律得到普遍的服从。1999 年通过的《宪法修正案》把"中华人民共和国实行依法治国，建设社会主义法治国家"载入《宪法》"总纲"第 5 条，使之成为一项宪法基本原则。

然而，毋庸讳言，由于封建专制的思想影响根深蒂固，民主与法治的理念和习惯方面都还存在许多问题，以致在某些领域、某些地区，以权代法、以言代法、以权压法的现象在一定时期内还极为盛行。即便是在提出并确立了"依法治国"这一方略的今天，现实生活中有法不依、执法不严、违法不究的现象还比较普遍和严重。因此，要切实贯彻宪法确认的法治原则，真正实施"依法治国"的方略，仍将是一项长期而艰巨的任务。这要求我们不仅要加强立法工作，提高立法质量，更要加强执法和司法队伍建设，深入开展普法教育，增强全民的法律意识，尤其要提高党和国家机关领导人的法制观念和依法办事的能力。

（四）尊重和保障人权

人权学说起源于 17—18 世纪的资产阶级启蒙思想家洛克、卢梭等人提出的天赋人权论。1776 年美国《独立宣言》提出："我们认为这些真理是不言而喻的：人人生而平等，他们都从他们的造物主那里被赋予了某些不可转让的权利，其中包括生命权、自由权和追求幸福的权利。"1789 年法国《人权宣言》宣告："在权利方面，人生来是而且始终是自由平等的"；"一切政治结合的目的都在于保护人的自然的和不可侵犯的权利；这些权利是自由、财产、安全以及反抗压迫"。美国宪法、法国宪法都确认了这些基本权利，后继的其他西方国家宪法也大多以不同的形式确认了这个原则。

实现人民当家作主、依法保障全体公民享有广泛人权是社会主义宪法的内在要求和本质特征。为了依法保障全体公民享有广泛真实的人权和基本自由，1982 年《宪法》不仅专列一章来规定公民的基本权利和义务，还于 2004 年通过《宪法修正案》，把"国家尊重和保障人权"载入宪法，使之成为一项重要的宪法基本原则。这是我国第一次将尊重和保障人权原则载入宪法。在财产权方面，《宪法》在第 12 条宣告"社会主义的公共财产神圣不可侵犯"，规定"国家保护社会主义的公共财产。禁止任何组织或者个人用任何手段侵占或者破坏国家的和集体的财产"。紧接着又在第 13 条明确规定："公民的合法的私有财产不受侵犯。国家依照法律规定保护公民的私有财产权和继承权。"作为发展中国家，生存权、发展权是最基本、最重要的人权，在人权实践中，我国始终把生存权和发展权放在首位。所有这些，都说明我国公民真正享有宪法规定的各项基本权利，从而使保障公民基本人权这一宪法原则得到了充分的体现。诚然，在我国，坚持宪法原则，继续促进人权的发展，努力达到社会主义所要求的充分实现人权的崇高目标，仍然是中国人民和政府的一项长期的历史任务。

（五）权力监督与制约原则

权力监督与制约原则是为确保人民的权力属于人民、避免权力滥用而设计各种制度和方法以规范和控制国家权力范围及其行使方式的原则。在西方国家，权力监督与制约原则一般被称为"分权原则""三权分立原则"。其理论基础出自近代分权学说。近代分权学说由英国的洛克首先倡导，而系统阐述分权学说的是法国的孟德斯鸠。孟德斯鸠把国家权力分为立法权、行政权和司法权三个部分，认为三权彼此相对独立，分别由议会、政府和法院行使，才能互相钳制，并协调前进。以权力制约权力，是近代各国宪法的重要原则和核心内容之一。法国《人权宣言》宣称："凡分权未确立、人权无保障的社会，无宪法。"根据美国宪法，立法权属于国会，行政权属于总统，司法权属于法院；而且各机构之间互相保持制约和平衡的关系。但在实际操作中，西方国家的分权常常成为不同利益集团之间的权力分配和制衡。

社会主义国家的宪法理论一般不把"三权分立"看作宪法的原则，而是普遍确认权力的统一和民主集中制原则。它在理论上确认国家权力的不可分割性，在实践中以人民的代表机关为统一行使国家权力的机关。马克思主义经典作家从人民民主的理论出发，在肯定"三权分立"的历史进步意义的基础上，对"三权分立"理论及其实践中的弊端进行了深刻批判。他们的理论和论述影响了社会主义国家权力监督和制约的实践。较之西方国家强调权力之间的分立制衡，我国权力监督与制约原则更注重权力分工与集中统一基础上的权力的相互监督；较之西方国家只注重国家机关之间的监督制约，我国权力监督与制约原则不仅强调国家机构内部的监督，也重视人民对国家机构活动的监督。

权力是一把双刃剑，在法治轨道上行使可以造福人民，在法律之外行使则必然祸国殃民。权力无论大小，只要不受制约和监督，都可能被滥用；只要权力不受制约，必然产生腐败；权力的腐败是对法治的最大破坏，是对人权的最大侵害，是对执政党权威的最大损害，所以，依法治国必然是要通过宪法、法律和各种制度在依法授权的同时对权力进行制约、监督。根据我国宪法的相关规定，权力监督与制约原则主要体现在以下三个方面：

1. 人民对国家权力的监督

其理论依据在于一切权力属于人民。《宪法》除了第2条"一切权力属于人民"，第3条"全国人民代表大会和地方各级人民代表大会都由民主选举产生，对人民负责，受人民监督"的一般性规定外，还就人大代表接受原选举单位和选民的监督做了具体规定。例如，第63条规定，全国人民代表大会有权罢免中华人民共和国主席、副主席；国务院总理、副总理、国务委员、各部部长、各委员会主任、审计长、秘书长……

2. 公民对国家机关和国家工作人员的监督

《宪法》第41条规定，"中华人民共和国公民对于任何国家机关和国家工作人员，有提出批评和建议的权利；对于任何国家机关和国家工作人员的违法失职行为，有向有关国家机关提出申诉、控告或者检举的权利"，从而明确了公民行使监督权的宪法依据。此外，《宪法》第35条对公民"言论、出版、集会、结社、游行、示威的自由"的规定以及其他对公民所享有的一系列基本权利和自由的规定，也为实现公民对国家机关和国家工作人员的监督提供了宪法保障。

3. 国家机关之间的监督与制约

由于国家机关的性质和层级不同，国家机关之间的监督也有不同的监督关系：一是不同工作性质和职能的国家机关之间的监督关系，如人民代表大会对由它产生的国家机关的监督。二是同一性质不同层级国家机关之间的监督关系，如《宪法》第132条规定，上级人民法院监督下级人民法院的审判工作。三是处理某一类型事务时国家机关之间的监督关系。如《宪法》第140条规定："人民法院、人民检察院和公安机关办理刑事案件，应当分工负责，互相配合，互相制约，以保证准确有效地执行法律。"

（六）民主集中制

民主集中制是我国宪法的一项基本原则，它主要体现在国家机关的组织与活动中。《宪法》第3条第1款规定："中华人民共和国的国家机构实行民主集中制的原则。"民主集中制的基本含义包括：（1）民主基础上的集中，我国的民主集中制离不开广泛的人民民主，这是民主集中制原则运行的前提。（2）集中指导下的民主，社会主义民主离不开集中，民主集中制的集中不是少数人的独断，而是用民主方式集中广大人民群众的智慧，为广大人民群众的根本利益服务。（3）民主基础上的集中和集中指导下的民主的有机结合和辩证统一。民主和集中相辅相成，不能强调一方面而忽视另一方面。

根据《宪法》规定，民主集中制原则的主要内容包括：（1）在国家机构和人民的关系上，国家权力来自人民，人民代表大会由民主选举产生，对人民负责，受人民监督。（2）在国家权力机关与其他国家机关的关系上，国家权力机关居于核心地位，其他国家机关都由它产生，对它负责，受它监督。（3）在中央国家机关和地方国家机关的关系上，遵循在中央的统一领导下，充分发挥地方的主动性与积极性的原则。（4）国家权力机关的运行高度重视运用民主机制。国家权力机关制定法律和作出决策，都经过广泛讨论，实行少数服从多数原则，集体中体现人民的意志和利益。

三、案（事）例述评

（一）全国首例状告公安机关非法查验身份证案

2006年5月23日上午9时51分，徐某乘坐东莞至埠阳的1436次列车到达湖北省麻城市，9时55分，徐某在出站口被麻城铁路公安处车站派出所的三名警察拦截，要求检查其居民身份证。徐某依照《居民身份证法》提出，警察应首先出示其执法证明后方可查验身份证，但遭警察拒绝，他们还对徐某推推搡搡，在大庭广众之下出言侮辱，之后还将徐某带至民警值班室，关门并限制其人身自由后以讯问的方式和他"谈话"。直到10时35分，徐某在抄录警察的警号后出示了自己的身份证才被放行。

5月26日，徐某一纸诉状将麻城铁路公安处告上法庭，湖北省黄冈市黄州区人民法院正式受理此案，并定于6月28日正式开庭。作为2003年《居民身份证法》出台后公安局被诉非法查验居民身份证的第一案，此案备受各界关注。麻城铁路公安处也派人前往黄州，多方争取与原告徐某进行接触。6月19日，徐某正式撤诉。① 至此，本案告一段落。

（二）案例评析

本案案情并不复杂，之所以吸引众人关注，一则警察是否有权力检查公民的居民身份证，如果有权这么做，履行法定程序又是否必需；二则徐某是否有权利拒绝警察的检查，如果警察没有履行法定程序就行使了公权力，徐某有没有办法来救济自己受到损害的利益。小小一张身份证，一端是国家权力，另一端是公民权利。如何协调这两者的关系，正

---

①　胡锦光主编：《行政法案例分析》，中国人民大学出版社2010年版，第6页。

是宪法所要解决的难题。

　　一个能带给人安全感的法治国家，无一例外是国家权力与公民权利有明确边界的国家。因为两种权力（权利）有着不同的运行规则，规则一旦被破坏，就可能给个人权益造成损害，国家权力也会失去公信力，最后的结果就是人们对国家机关缺乏信任、对个人生活缺乏安全感。

　　回到"身份证案"来说，警察检查居民身份证件（行为）是行使国家权力的行为，具体说是行政权力。行政权力行使的一般规则是"法无明文规定不可为""有法才有权"。行政机关及其工作人员必须在法律规定的范围内活动，非经法律授权不得行使行政权力，尤其涉及剥夺公民的权利和强制其承担义务时，必须要有法律的明确依据。而对于公民而言，像徐某，其行使权利、享受自由的规则是"法不禁止即自由"。换言之，凡法律没有明文禁止的即意味着有权行使，只有当法律明文禁止时，公民才不得为之。

　　"法无明文规定不可为""有法才有权"的行政权力运行规则，又称为依法行政原则，是宪法上法治原则在行政执法领域的内化。当行政权力认真遵守依法行政原则时，人民的权益才免于公权力的放任伤害。因为，依法行政的依据是人民所制定的法律，当行政机关依法律行使权力时，就意味着人民服从的是自己制定的法律而不是强加的人民之外的意志。换言之，自我管理和被迫服从他者的意志是完全不同的两种国家治理状态。

　　依法行政原则的内容包括合法行政、合理行政、程序正当、高效便民、诚实守信、权责统一六项内容。合法行政讲究行政机关执行公务时应当有法律依据，遵守法律规定。合理行政则要求行政机关的行为应当具备合理性、不滥用权力，决策判断时不考虑与事件无关的因素。程序正当是要求行政机关及其工作人员的行为必须符合法律规定的条件、步骤、方式、期限等程序性的规定，不得随意违反或舍弃。高效便民是指行政机关与其工作人员应当尽可能提高办事效率，方便群众，减轻人民的负担。诚实守信，是指行政机关一旦实施了有法律意义的行为，没有合法理由，就不能轻易废除它，因为会有更多人出于对行政机关的信任而产生很多后续的计划，行政机关一旦轻易改变原先的做法，他人的计划就会受到严重影响甚至出现重大损失。典型者如某人欲开办私立培训学校，向教育行政机关申领办学许可证，获得许可证后，便发布招生广告、广聘良师、添置教学设备器材、一切齐备后开班授课。但没过多久，在缺乏法定理由前提下，教育当局就撤销了其办学许可证，直接导致相关学生失学，教学设备闲置，聘请的教师无用武之地，主办者损失惨重。可见，政府守信是何等重要。权责统一则是监督行政机关依法行政的原则要求。行使权力的同时承担责任，有权必有责。一方面，行政机关应履行职责，维护公共利益；另一方面，行政机关也要为其违法行为承担相应的法律责任。

　　在上述"身份证案"中，《居民身份证法》固然赋予了警察查验身份证的权力，但应当严格遵守法律的规定，按照程序正当的要求，出示执法证件、表明身份，但事实上当事警察并没有按依法行政的要求履行法律义务，反而对维护法律尊严的徐某出言侮辱，在缺乏法定原因的情况下，甚至限制其人身自由，这就严重地侵犯了徐某的正当权益，由此，徐某之前拒绝违法查验的行为不仅不违法还是严格守法的体现，他的起诉也是监督行政机关依法行政，为其行为承担法律责任的具体方式。

四、问题思考

1. 如何理解宪法基本原则的含义？
2. 我国宪法的基本原则包括哪些？
3. 我国宪法中哪些方面体现了权力监督与制约原则的要求？
4. "法无明文规定不可为"是形容行政法领域中哪一项基本原则？

第五章 国家机关

第一节 权力机关

一、全国人民代表大会

人民代表大会是人民行使权力的机关，宪法保障人民代表大会制度的运行，因此，人民代表大会制度是宪法体系中的重要组成部分，具有根本性地位。全国人民代表大会和地方各级人民代表大会通过民主选举产生，是人民行使国家权力的机关，按照民主集中制的原则组成和运行。

《宪法》第2条规定："中华人民共和国的一切权力属于人民。人民行使国家权力的机关是全国人民代表大会和地方各级人民代表大会。"第57条规定，"中华人民共和国全国人民代表大会是最高国家权力机关。它的常设机关是全国人民代表大会常务委员会。"第58条规定："全国人民代表大会和全国人民代表大会常务委员会行使国家立法权。"上述规定表明了全国人民代表大会的性质及其在整个国家机关体系中所处的核心中坚位置。纵向而言，全国人大是由全国人民在普选基础上产生的代表组成，代表全国人民的意志和利益，行使国家立法权和决定国家的一切重大问题，在整个国家范围内行使最高国家权力，在国家权力体系中处于最高地位。全国人大通过宪法、法律和形成的决议，任何政党、任何组织和个人必须服从和遵守。横向观之，在中央一级国家机关中，其他中央国家机关都依附和从属于它，均由它产生，对它负责，受它监督。总之，没有任何其他国家机关能有超越其上或有与其平等的权力，没有高于其或与其平列的地位。

全国人民代表大会的职权十分广泛，《宪法》第62条规定了全国人大的16项职权，可以归纳为如下六个方面：

第一，制定、修改宪法和监督宪法实施。全国人民代表大会是最高国家权力机关，是代表全国人民行使国家立法权的机关，因此享有制宪权。《宪法》规定了其修改由全国人民代表大会常务委员会或者五分之一以上的全国人民代表大会代表提议，并由全国人民代表大会全体代表的三分之二以上的多数通过。全国人民代表大会曾于1975年、1978年和1982年三次全面地修改了宪法，并于1988年、1993年、1999年、2004年和2018年五次对《宪法》的若干条文进行了修改。全国人民代表大会监督宪法的实施包括：一是对各项法律、行政法规、监察法规、地方性法规、行政规章、军事法规是否符合宪法的原则和条文规定，进行审查监督；二是对其他一切国家机关、武装力量、各政党和各社会团体、各企事业组织以及所有公民的行为是否合宪进行监督。

第二，制定和修改基本法律。全国人民代表大会有权制定涉及整个国家生活中某一方面具有根本性的和全局性关系的法律，即我国的基本法律。这类法律包括民法、刑法、刑事诉讼法、民事诉讼法、全国人大组织法、国务院组织法、地方各级人大和地方各级人民政府组织法、人民法院组织法、人民检察院组织法、选举法、民族区域自治法、有关设立特别行政区管理制度的法律，等等。

第三，选举、决定和罢免中央国家机关的领导人。全国人民代表大会有权组织选举全国人大常务委员会委员长、副委员长、秘书长和委员；选举中华人民共和国主席、副主席、中央军事委员会主席、国家监察委员会主任、最高人民法院院长、最高人民检察院检察长；有权根据国家主席的提名决定国务院总理的人选；根据总理的提名决定副总理、国务委员、各部部长、各委员会主任、审计长和秘书长的人选；根据国家监察委员会主任的提请，任免国家监察委员会副主任、委员；根据中央军事委员会主席的提名决定中央军事委员会副主席和委员的人选。全国人民代表大会还有权依照法定程序对于以上人员予以罢免。罢免案必须由全国人大主席团交各代表团审议后提请全体会议表决；或者由主席团提议经大会全体会议决定，组织调查委员会，再由全国人大全体会议根据调查委员会的报告审议，经全体代表的过半数同意即获得通过。

第四，决定国家重大问题。全国人民代表大会有查和批准国民经济和社会发展计划以及计划执行情况的报告；审查和批准国家预算和预算执行情况的报告；批准省、自治区和直辖市的建置；决定特别行政区的设立及其制度；决定战争与和平问题等国家重大事项的权力。

第五，最高监督权。全国人民代表大会有权监督由其产生的其他国家机关的工作。主要表现在：全国人大常委会作为全国人大的常设机关，要对它负责并报告工作，全国人民代表大会可以改变或者撤销全国人大常务委员会不适当的决定；国务院、国家监察委员会、最高人民法院、最高人民检察院要向全国人民代表大会负责并报告工作；中央军事委员会主席也要对全国人大负责。

第六，其他应当由其行使的职权。《宪法》规定，全国人大有权行使"应当由最高国家权力机关行使的其他职权"。由于国家生活复杂多变，新的重大问题可能会不断出现。而这些涉及全局的重大问题只有全国人民代表大会有权处理。因此，宪法规定的本项职权就为全国人民代表大会处理这些新问题提供了宪法依据。

全国人民代表大会常务委员会是全国人民代表大会的常设机关，是全国人民代表大会闭会期间日常行使国家权力的机关，是最高权力机关的组成部分，也是行使国家立法权的机关。它隶属于全国人民代表大会，受全国人民代表大会的领导和监督，向全国人民代表大会负责并报告工作。全国人民代表大会有权撤销人民代表大会常务委员会的不适当的决定，有权罢免它的组成人员。根据《宪法》规定，全国人民代表大会常务委员会行使的职权有以下几个方面：解释宪法和法律、监督宪法的实施以及行使立法权，决定国家生活中某些重要问题，决定和任免最高国家机关领导人员，监督权，全国人民代表大会授予的其他职权。

二、地方各级人民代表大会

地方各级人民代表大会是指省、自治区、直辖市、自治州、市、县、市辖区、乡、民族乡、镇的人民代表大会。它们是本行政区域内的国家权力机关。在本行政区域内，同级人民政府、监察委员会、人民法院和人民检察院都由其产生，对它负责，受它监督。它们同全国人民代表大会一起构成我国国家权力机关体系。

地方各级人民代表大会由人民选举的代表组成。乡、民族乡、镇、县、不设区的市、市辖区的人民代表大会的代表由选民直接选举产生。省、自治区、直辖市、自治州、设区的市的人民代表大会的代表由下级人民代表大会选举产生。地方各级人民代表大会每届任期 5 年。

根据宪法和法律的规定，地方各级人民代表大会享有以下职权：

（1）保证国家统一意志和上级国家权力机关决议的贯彻，即在本行政区域内，保证宪法、法律、行政法规和上级人大及其常委会决议的遵守、执行，保证国家计划和国家预算的执行。

（2）选举和罢免，即选举本级人大常委会的组成人员；选举省长、副省长，自治区主席、副主席，市长、副市长，州长、副州长，县长、副县长，区长、副区长；选举本级监察委员会主任；选举本级人民法院院长和人民检察院检察长；选出的人民检察院检察长，须报经上一级人民检察院检察长提请该级人大常委会批准；选举上一级人民代表大会代表。

（3）地方各级人民代表大会有权罢免本级人民政府的组成人员。

（4）决定重大的地方国家事务。

（5）监督其他地方国家机关的工作。

（6）保护各种权利，即保护社会主义的全民所有的财产和劳动群众集体所有的财产，保护公民私人所有的合法财产，维护社会秩序，保障公民的人身权利、民主权利和其他权利；保护各种经济组织的合法权益；保障少数民族的权利；保障宪法和法律赋予妇女的男女平等、同工同酬和婚姻自由等各项权利。

除以上列举的职权外，省、自治区、直辖市的人民代表大会根据本行政区域的具体情况和实际需要，在不同宪法、法律、行政法规相抵触的前提下，可以制定和颁布地方性法规，报全国人大常委会和国务院备案。设区的市的人民代表大会根据本市的具体情况和实际需要，在不与宪法、法律、行政法规和本省、自治区的地方性法规相抵触的前提下，可以制定地方性法规，报省、自治区的人大常委会批准后施行。《地方各级人民代表大会和地方各级人民政府组织法》对乡、民族乡、镇的人民代表大会的职权也作了列举性规定。

县级以上地方各级人大常委会的职权，概括起来，分为以下几个方面：

（1）在本行政区域内，保证宪法、法律、行政法规和上级人大及其常委会决议的遵守和执行。

（2）领导或主持本级人民代表大会代表的选举，召集本级人民代表大会会议。

（3）讨论、决定本行政区域内的政治、经济、教育、科学、文化、卫生、环境和资源保护、民政、民族等工作的重大事项；根据本级人民政府的建议，决定对本行政区域内的国民经济和社会发展计划、预算的部分变更；决定授予地方的荣誉称号。

（4）在本级人民代表大会闭会期间，决定相关人选的任免。

（5）监督本级人民政府、监察委员会、人民法院和人民检察院的工作。

除以上所述的职权外，省、自治区、直辖市的人大常委会根据本行政区域的具体情况和实际需要，在不同宪法、法律、行政法规相抵触的前提下，可以制定和颁布地方性法规，报全国人大常委会和国务院备案。

设区的市的人大常委会根据本市的具体情况和实际需要，在不同宪法、法律、行政法规和本省、自治区的地方性法规相抵触的前提下，可以制定地方性法规，报省、自治区的人大常委会批准后施行。

三、案（事）例述评

（一）沈阳市人民代表大会否决沈阳市中级人民法院工作报告

2001年2月14日上午在沈阳市辽宁人民会堂，沈阳市第十二届人民代表大会第四次会议按预定程序进行大会表决，一项项议程顺利通过。当进行到对关于市中级人民法院工作报告决议表决时，电子屏幕上的投票结果却让人大吃一惊：人大代表应到会509人，实到474人，赞成218人，反对162人，弃权82人，未按表决器9人。赞成票没有过半，市中级人民法院报告未获得人大代表通过，这成为全国人民代表大会制度历史上的首例：法院报告未获人民代表大会通过。

沈阳市人代会召开前夕，沈阳市中级人民法院的两位副院长因涉嫌严重违法违纪被立案审查，更具戏剧性的是，沈阳市中级人民法院的原院长贾某祥在开幕的当天上午还坐在主席台上，下午就被纪委带走审查。法院2000年工作报告只好由副院长代作，沈阳市中级人民法院存在的司法腐败问题如此严重，这种情形下法院的报告岂能过关，"不通过"的投票结果反映了代表们对腐败的痛恨和惩治腐败的决心。①

（二）事例评析

沈阳市中级人民法院报告未获人民代表大会表决通过事件是我国宪法史上的重大事件，宪法学专家许崇德教授曾说："这是一个进步。"辽宁省社会科学院法学所副所长王策认为，这一事件说明人民代表大会能够切实履行职能，人民代表大会代表的民主意识正在不断增强，这将有利于促进我国民主和法制的建设。

沈阳市中级人民法院的报告"未获通过"已经是事实，能够再重新修改报告并重新审议吗？对此，沈阳市人民代表大会常委会研究认为，根据《地方各级人民代表大会和地方各级人民政府组织法》的有关规定，由市人大常委会审议市中级人民法院的工作报告在法理上是可以的，但从沈阳的实际情况出发，由人民代表大会审议更为合适。最终，2001年4月初，沈阳市召开市第十二届人大常委会第二十五次会议，作出了召开沈阳市第十二届人民代表大会第五次会议、听取审议中级法院的整改情况和2001年的工作安排

---

① 王勇：《宪法学原理与适用》，法律出版社2017年版，第294~296页。

的决定。依据《地方各级人民代表大会和地方各级人民政府组织法》，市法院根据第十二届人大四次会议代表提出的意见，进行认真整改，并向五次人民代表大会报告整改情况和2001年工作安排，符合"一府两院"年度工作报告须向同级人民代表大会报告，经人民代表大会审议通过的法律要求，如此，沈阳市人民代表大会在一年的时间里召开两次人民代表会议，后一次会议专门审议了沈阳市中级人民法院整改报告和工作安排。

从宪法实施的角度分析，沈阳市中级人民法院的报告"未获通过"事件反映了宪法实施机制尚不完善，宪法相关法立法存在着漏洞。在该事件中，各级人大对"一府两院"（政府、法院和检察院）的监督，依据的是《宪法》和《地方各级人民代表大会和地方各级人民政府组织法》，在事件发生当时，对于"一府两院"的报告未获通过如何处理，法律上没有明确的规定，缺乏宪法责任的相关规定和责任的追究机制。因为缺乏相关法律依据和处理安排，沈阳市中级人民法院的报告被代表否决后第二次召开人民代表大会进行二次表决通过，并无明显不当。从某种角度来说，二次表决通过，体现了人民代表大会的国家权力机关性质和法定的监督职能。但从另一方面来说，因为缺乏宪法责任的相关规定，报告不通过的事实，并不需要任何主体为此承担责任，这也令人大的不通过结果缺乏实质的震慑力，而停留于表面的否定，这不得不说对人大作为国家权力机关的最高权威，是一种冲击。全国人民代表大会及地方各级人民代表大会是我国宪法规定的国家权力机关，宪法的实施机制中的最重要环节就是全国人民代表大会及地方各级人民代表大会如何发挥其法定的监督和制约职能。不断完善相关宪法和法律规定，让人民代表大会监督从抽象监督走向更具可操作性、带来实质结果的刚性监督是未来避免类似人民代表大会和法院之间尴尬处境的路径方向。

四、问题思考

1. 如何理解我国宪法规定的国家权力机关的法律地位？
2. 我国宪法规定了哪些国家机关对人民代表大会负责、受人民代表大会监督？
3. 简述我国宪法规定的全国人民代表大会的职权。
4. 简述我国宪法规定的全国人民代表大会常务委员会的职权。
5. 简述我国宪法和法律规定的人民代表大会监督"一府一委两院"（政府、监察委、法院和检察院）的主要方式。

第二节　国 家 主 席

一、国家主席的产生和任期

根据《宪法》第79条的规定，国家主席、副主席由全国人民代表大会选举。有选举权和被选举权的年满45周岁的中华人民共和国公民可以被选举为国家主席、副主席。国家副主席协助主席工作。国家副主席受主席的委托，可以代行主席的部分职权。

国家主席、副主席每届任期同全国人民代表大会每届任期相同。国家主席、副主席行使职权到下届全国人民代表大会选出的主席、副主席就职为止。

二、国家主席的职权

国家主席的职权主要包括以下方面：

1. 公布法律，发布命令

法律在全国人民代表大会或全国人民代表大会常务委员会通过后，由国家主席公布施行。国家主席根据全国人民代表大会及其常务委员会的决定，发布特赦令、宣布进入紧急状态、发布动员令、宣布战争状态。

2. 任免权

国家主席向全国人民代表大会提名国务院总理的人选；根据全国人民代表大会决定的人选任免国务院总理、副总理、国务委员、各部部长、各委员会主任、审计长、秘书长；在全国人民代表大会闭会期间，根据国务院总理的提名和全国人民代表大会常务委员会决定的人选，任免部长、委员会主任、审计长、秘书长。

3. 外事权

国家主席代表中华人民共和国，进行国事活动，接受外国使节；根据全国人民代表大会常务委员会的决定，派遣和召回驻外全权代表，批准和废除同外国缔结的条约与重要协定。

4. 授予荣誉权

国家主席根据全国人民代表大会及其常务委员会的决定，授予国家的勋章和荣誉称号。

三、国家主席职位的补缺

根据《宪法》第 84 条的规定，国家主席缺位的时候，由副主席继任主席的职位。国家副主席缺位的时候，由全国人民代表大会补选。国家主席、副主席都缺位的时候，由全国人民代表大会补选；在补选以前，由全国人民代表大会常务委员会委员长暂时代理主席职位。

四、案（事）例述评

（一）国家主席行使授予荣誉权

2019 年 9 月，为了庆祝中华人民共和国成立 70 周年，隆重表彰为新中国建设和发展作出杰出贡献的功勋模范人物，弘扬民族精神和时代精神，根据第十三届全国人民代表大会常务委员会第十三次会议的决定，国家主席习近平授予下列人士国家勋章、国家荣誉称号[1]：

授予于敏、申纪兰（女）、孙家栋、李延年、张富清、袁隆平、黄旭华、屠呦呦（女）"共和国勋章"。

授予劳尔·卡斯特罗·鲁斯（古巴）、玛哈扎克里·诗琳通（女，泰国）、萨利姆·

---

[1] 《国家勋章和国家荣誉称号获得者名单》，载《人民日报》2019 年 9 月 18 日，第 7 版。

艾哈迈德·萨利姆（坦桑尼亚）、加林娜·维尼阿米诺夫娜·库利科娃（女，俄罗斯）、让—皮埃尔·拉法兰（法国）、伊莎白·柯鲁克（女，加拿大）"友谊勋章"。

授予叶培建、吴文俊、南仁东（满族）、顾方舟、程开甲"人民科学家"国家荣誉称号；

授予于漪（女）、卫兴华、高铭暄"人民教育家"国家荣誉称号；

授予王蒙、秦怡（女）、郭兰英（女）"人民艺术家"国家荣誉称号；

授予艾热提·马木提（维吾尔族）、申亮亮、麦贤得、张超"人民英雄"国家荣誉称号；

授予王文教、王有德（回族）、王启民、王继才、布茹玛汗·毛勒朵（女，柯尔克孜族）、朱彦夫、李保国、都贵玛（女，蒙古族）、高德荣（独龙族）"人民楷模"国家荣誉称号；

授予热地（藏族）"民族团结杰出贡献者"国家荣誉称号；

授予董建华"'一国两制'杰出贡献者"国家荣誉称号；

授予李道豫"外交工作杰出贡献者"国家荣誉称号；

授予樊锦诗（女）"文物保护杰出贡献者"国家荣誉称号。

（二）事例评析

授予荣誉权是国家主席根据全国人大常委会的决定，行使的职权。国家主席行使授予荣誉权的法律依据和程序分别规定在《宪法》和《中华人民共和国国家勋章和国家荣誉称号法》之中。

根据《宪法》第80条的规定，中华人民共和国主席根据全国人民代表大会的决定和全国人民代表大会常务委员会的决定，公布法律，任免国务院总理、副总理、国务委员、各部部长、各委员会主任、审计长、秘书长，授予国家的勋章和荣誉称号，发布特赦令，宣布进入紧急状态，宣布战争状态，发布动员令。

《中华人民共和国国家勋章和国家荣誉称号法》第5条、第7条、第8条、第9条分别对授予程序做了具体规定。第5条规定："全国人民代表大会常务委员会委员长会议根据各方面的建议，向全国人民代表大会常务委员会提出授予国家勋章、国家荣誉称号的议案。国务院、中央军事委员会可以向全国人民代表大会常务委员会提出授予国家勋章、国家荣誉称号的议案。"第6条规定："全国人民代表大会常务委员会决定授予国家勋章和国家荣誉称号。"第7条规定："中华人民共和国主席根据全国人民代表大会常务委员会的决定，向国家勋章和国家荣誉称号获得者授予国家勋章、国家荣誉称号奖章，签发证书。"第8条规定："中华人民共和国主席进行国事活动，可以直接授予外国政要、国际友人等人士'友谊勋章'。"

对于授予的具体时间，该法第9条规定："国家在国庆日或者其他重大节日、纪念日，举行颁授国家勋章、国家荣誉称号的仪式；必要时，也可以在其他时间举行颁授国家勋章、国家荣誉称号的仪式。"

五、问题思考

1. 简述国家主席职位拥有的职权。
2. 简述国家主席授予国家勋章、国家荣誉称号的法律依据。
3. 谈谈授予国家勋章、国家荣誉的条件与意义。

第三节 行 政 机 关

一、国务院——国家最高行政机关

（一）国务院的性质及地位

根据《宪法》第 85 条的规定，国务院是中央人民政府，是最高国家权力机关的执行机关，是最高国家行政机关。它的性质和地位具体表现在：第一，国务院对外是中华人民共和国政府，对内是中央人民政府。第二，国务院从属于全国人大，由全国人大产生，受它监督，对它负责。全国人大闭会期间，受全国人大常委会监督并对其负责。对全国人大及其常委会通过的法律和决议国务院要完全执行。第三，国务院在全国行政体系中处于最高地位，统领所属各部委及全国各级地方人民政府的行政工作，一切国家行政机关都必须服从它的决定和命令。

（二）国务院的组成及任期

国务院由总理、副总理若干人、国务委员若干人、各部部长、各委员会主任、审计长、秘书长组成。国务院总理根据国家主席的提名，由全国人民代表大会决定；副总理、国务委员、各部部长、各委员会主任、审计长和秘书长根据总理的提名，由全国人民代表大会决定。在全国人大闭会期间，根据总理的提名，由全国人大常委会决定部长、委员会主任、审计长和秘书长的任免。

国务院的任期与全国人民代表大会每届任期相同，即 5 年。总理、副总理、国务委员连续任职不得超过两届。

（三）国务院的领导体制

1. 总理负责制

总理负责制即行政首长负责制，是指国务院总理对其主持的国务院工作有完全的决定权并承担全部责任。具体内容包括：（1）由总理提名组织国务院。总理有向最高国家权力机关提出任免国务院组成人员议案的权力；（2）总理领导国务院工作，副总理、国务委员协助总理工作，国务院其他组成人员都是在总理领导下工作，向总理负责；（3）总理主持召开常务会议和全体会议，总理拥有最后决定权，并对决定的后果承担全部责任；（4）国务院发布的决定、命令和行政法规，向全国人民代表大会及其常委会提出的议案，任免国务院有关人员的决定，都得由总理签署。

国务院实行总理负责制是由国务院的性质和任务决定的。国务院的性质是行政机关，任务是执行国家权力机关的决定。权力机关采取合议制的形式，实行少数服从多数的原则，保证民主。而行政机关是执行权力机关的决定，则需要权力的高度集中，才能高效、及时和果断地处理各种繁杂的事务和突发事件。如果行政机关也采取少数服从多数的原则，势必因开会、讨论、表决而延误时日，影响国务。因此，国务院实行总理负责制符合现代社会对高效率的中央政府的要求。

2. 会议制度

国务院的会议分为国务院全体会议和国务院常务会议。国务院全体会议由国务院全体成员组成，国务院常务会议由总理、副总理、国务委员、秘书长组成。根据《国务院组织法》的规定，国务院工作中的重大问题，须经国务院常务会议或者国务院全体会议讨论决定。

（四）国务院的职权

根据《宪法》的规定，国务院有如下几个方面的职权：

第一，执行宪法和法律，执行全国人民代表大会及其常委会的决定。

第二，根据宪法和法律制定行政法规和行政措施，发布行政决定和命令；依照法律规定决定省、自治区、直辖市的范围内部分地区进入紧急状态。

第三，提出议案权，即向全国人民代表大会及其常委会会议提出议案；议案内容主要涉及五个方面：（1）国民经济和社会发展计划和计划执行情况；（2）国家预算和预算的执行情况；（3）必须由全国人大常委会批准和废除的同外国缔结的条约和重要协定；（4）国务院组成人员中必须由全国人大或全国人大常委会决定的人选；（5）在国务院职权范围内的其他必须由全国人大或全国人大常委会审议和决定的事项。

第四，对所属部、委和地方各级行政机关的领导权及管理权。国务院有权规定各部和各委员会的职责；规定中央和省、自治区、直辖市的国家行政机关职权的具体划分；统一领导各部、委和全国地方各级国家行政机关的工作；有权改变或者撤销各部、委和全国地方各级国家行政机关的工作；有权改变或者撤销各部、委发布的不适当的命令、指示和规章；有权改变或者撤销地方各级国家行政机关的不适当的决定和命令。

第五，组织、领导和管理全国各项行政工作。国务院负责编制和执行国民经济和社会发展计划及国家预算；批准省、自治区、直辖市的划分，批准自治州、县、自治县、市的建制和区域划分；决定省、自治区、直辖市的范围内部分地区进行紧急状态；审定行政编制，依法任免、培训、考核和奖惩行政人员；负责组织、领导和管理国家经济工作、城乡建设、生态文明家建设、教科文卫、体育、计划生育、民政、公安、司法行政、国防建设、民族事务、对外事务、侨务等行政事务。

第六，全国人民代表大会及其常委会授予的其他职权。

二、地方各级人民政府

根据《宪法》和现行《地方各级人民代表大会和地方各级人民政府组织法》，省、自治区、直辖市、自治州、县、自治县、市、市辖区、乡、民族乡、镇分别设立人民政府。

地方各级人民政府是地方各级人民代表大会的执行机关，是地方各级国家行政机关。

作为地方各级人民代表大会的执行机关，地方各级人民政府对本级人民代表大会负责并报告工作；县级以上的地方各级人民政府在本级人民代表大会闭会期间，对本级人民代表大会常务委员会负责并报告工作。

作为地方国家行政机关，地方各级人民政府对上一级国家行政机关负责并报告工作，接受和服从国务院的统一领导。

地方各级人民政府每届任期与本级人民代表大会每届任期相同，为5年。

县级以上的地方各级人民政府的职权，概括起来主要有以下几个方面：

（1）执行本级人民代表大会及其常务委员会的决议，以及上级国家行政机关的决定和执行国民经济和社会发展计划、预算。

（2）规定行政措施，发布决定和命令。

（3）领导所属各工作部门和下级人民政府的工作；管理本行政区域内的经济、教育、科学、文化、卫生、体育事业、环境和资源保护、城乡建设事业和财政、民政、公安、民族事务、司法行政、计划生育等行政工作；依照法律的规定任免、培训、考核和奖惩国家行政机关工作人员。

（4）保护社会主义全民所有的财产和劳动群众集体所有的财产，保护公民私人所有的合法财产，维护社会秩序，保障公民的人身权利、民主权利和其他权利；保护各种经济组织的合法权益；保障少数民族的权利和尊重少数民族的风俗习惯；帮助本行政区域内各少数民族聚居的地方依照宪法和法律实行区域自治，帮助各少数民族发展政治、经济和文化建设事业；保障宪法和法律赋予妇女的男女平等、同工同酬与婚姻自由等各项权利。

（5）改变或撤销所属各工作部门的不适当的命令、指示和下级人民政府的不适当的决定、命令。

（6）办理上级国家行政机关交办的其他事项。

除以上六个方面的职权外，省、自治区、直辖市的人民政府可以根据法律、行政法规和本省、自治区、直辖市的地方性法规，制定规章，报国务院和本级人民代表大会常务委员会备案。设区的市的人民政府，可以根据法律、行政法规和本省、自治区的地方性法规，制定规章，报国务院和省、自治区人民代表大会常务委员会、人民政府以及本级人民代表大会常务委员会备案。

三、案（事）例述评

（一）蔡某诉北京教育考试院取消考试成绩决定案

蔡某系北京市高等教育自学考试法学专业考生，其在2002年10月举行的考试中，报名参加8门课程的考试。同年10月19日上午10时，蔡某在北京市西城区电子电器职高考点第31考场参加马克思主义哲学学理课程考试时，因接听手机被监考员当场指为作弊行为，蔡某随即离开考场，监考员未能收缴其准考证副证。监考员在蔡某的答题卡和考场记录单上均注明蔡某有用手机作弊的违纪行为，同时填写了违纪考生登记表。西城区电子电器职高考点办公室及西城区自考办签署了"同意按作弊处理"的意见。违纪考生登记表中需要由考生本人填写的"违纪情况及认识"一栏空白。之后，蔡某在其他考点继续参加了其余 7 门课程的考试，监考员未再发现其有违纪行为。同年 12 月，北京市教育考试院根据西城区电子电器职高考点办公室及西城区自考办上报的情况，决定取消蔡某本期全部 8 门课程的考试成绩，对其所有试卷均未阅卷。同年 12 月中旬，在蔡某来领取考试成绩时，市教育考试院将上述决定口头通知了蔡某。蔡某不服，以超越行政职权为由，将北京市教育考试院起诉至法院。①

（二）案例评析

本案所涉及的核心问题是行政职权的合法配置与行政越权（超越职权）的判断。

作为公权力之一的行政权，拥有极大的调控能力与管理力量。我国宪法将行政权主要授予给行政机关，具体来说就是中央人民政府——国务院和地方各级人民政府来行使。为了追求效率，避免拖沓，行政机关的领导体制奉行首长负责制。权力高度集中、高效运行。如是，如果行政权不能得到合法有效的制约，其很容易对外无限扩张和发生滥用。行政职权就是对于行政权力的规范化，通过对行政职权的划定，行政权的行使被限定在一定的范围之内。所谓行政职权，是指行政主体依法享有的，对于某一行政领域或某个方面的行政事务实施行政管理活动的资格及其权能。行政机关行使行政权力以在行政职权范围之内为限。在其范围内行使，便为合法的职权；反之，超出职权范围而行使权力，则可能构成行政越权，即超越职权，为违法行使行政权力的样态。

至于本案，其问题主要涉及以下几个方面：

1. 北京市自考办是否拥有独立的行政职权

依照《高等教育自学考试暂行条例》第 8 条之规定，北京市高等教育自学考试委员会是本市高等教育自学考试的管理机构；其为非常设机构，市自考办为其日常办事机构，市自考办应当有权行使《高等教学自学考试暂行条例》授予北京市高等教育自学考试委员会的职权。

但经机构调整，市自考办在成为市考试院的内设机构之后，就不再具有独立的法人资格，所以，其不可能独立承担法律责任，也不具备行政诉讼中的被告资格。而市考试院是北京市教育委员会设立的专司组织教育考试的事业组织，既然市自考办是市考试院的内设机构，市考试院就应当对市自考办的行为负责而作为本案的被告。

2. 市考试院有无行政越权

在我国，行政越权是指行政主权超越职权范围而实施的行政行为。判断有无行政越权主要参考如下因素：（1）行政越权以行政主体的行政权限范围为衡量标准；（2）行政越权是一种作为形式的行政违法；（3）判断行政越权应以客观标准而不是主观标准来认定，即不论行政机关的行为动机、目的是否正当、合法，只要其行为在客观上超越权限，就构成行政越权。换言之，宪法法律预先规定好各个行政机关的职权范围，目的就是让各个行政机关各安其位，避免出现交叉"撞车"，权力行使不当。

在本案中，根据《高等教育自学考试暂行条例》第 37 条规定，对有作弊行为的考

---

① 参见胡锦光主编：《行政法案例分析》，中国人民大学出版社 2010 年版，第 14 页。

生，北京市高等教育自学考试委员会有权决定取消其考试成绩。但同时可资参照的是，当时的《教育法》第 79 条规定，在国家教育考试中作弊的，由教育行政部门宣布考试无效，尽管此后在 2015 年第二次修订《教育法》时，已将该条"宣布考试无效"的权力由教育行政部门下放授权给"组织考试的教育考试机构"，"可以取消其相关考试资格或者考试成绩"，亦即 2016 年 6 月 1 日起正式施行的《教育法》第 79 条规定，考生有作弊行为的，组织考试的教育考试机构可以取消其相关考试资格或者考试成绩。但在案件发生当年，只有国家的教育行政部门才能取消考生的考试成绩，而不是 14 年后的组织考试的教育考试机构。因此，尽管《高等教育自学考试暂行条例》规定（北京市）高等教育自学考试委员会有权取消考生的考试成绩，但当时有效的《教育法》则规定只有教育行政部门才能取消考生的考试成绩，而《教育法》是法律，《高等教育自学考试暂行条例》是行政法规，按照法律高于行政法规的法律适用原则，在《教育法》实施后，凡在国家教育考试中有作弊行为的考生，北京市高等教育自学考试委员会已经无权取消考生的考试成绩，取消考生考试成绩的权力应专属于教育行政部门。也就是说，北京市高等教育自学考试委员会已经失去了取消考生考试成绩的职权。因此，北京市教育考试院以自己的名义宣布取消蔡某 2002 年北京市高等教育自学考试成绩的做法不符合《教育法》（2009）第 79 条的规定，属于超越行政职权的行为。

四、问题思考

1. 简述我国宪法对国务院的领导体制。
2. 解释行政职权的含义。
3. 如何理解行政越权？
4. 简述国务院的职权。

第四节　军事机关

一、军事机关概述

军队是一个国家政权的重要组成部分，也是一个国家实现国家独立和政治稳定的重要保障，通过宪法将军队的领导和管理纳入法治框架，对促进国家独立和政治稳定目标的实现具有重大意义。在宪法层面上，领导国家武装力量的国家机关是军事机关。我国军事机关的组织和领导体制具有自己的特点。中共中央军事委员会是中国共产党在领导革命战争中逐步形成的最高军事领导机关。中共中央军事委员会既是国家的军事领导机关，同时也是中国共产党的军事领导机关，显示出中国特色社会主义制度的优越性。

（一）中央军事委员会的性质和地位

中央军事委员会是国家最高军事指挥机关，领导全国武装力量。现行《宪法》第 93 条第 1 款规定："中华人民共和国中央军事委员会领导国家武装力量。"中央军事委员会拥有对国家武装力量的决策和指挥等权力。

中央军事委员会是国家机构的组成部分，在国家机构体系中处于从属于最高国家权力机关的地位。现行《宪法》第29条第1款规定："中华人民共和国的武装力量属于人民。它的任务是巩固国防，抵抗侵略，保卫祖国，保卫人民的和平劳动，参加国家建设事业，努力为人民服务。"

（二）中央军事委员会的组成和任期

现行《宪法》第93条第2款规定，中央军事委员会由主席、副主席若干人、委员若干人组成。主席由全国人大选举产生。全国人大根据中央军事委员会主席的提名，决定中央军事委员会其他组成人员人选。在全国人大闭会期间，全国人大常委会根据中央军事委员会主席的提名，决定中央军事委员会其他组成人员的人选。全国人大有权罢免中央军事委员会主席和其他组成人员。

中央军事委员会每届任期同全国人民代表大会每届任期相同，即为5年。但现行《宪法》没有对包括中央军事委员会主席在内的中央军事委员会组成人员的任届作出限制。从法理上看，包括中央军事委员会主席在内的中央军事委员会组成人员可无限期连选连任。

（三）中央军事委员会的职责

现行《宪法》未明确规定中央军事委员会的职责。从现行宪法对中央军事委员会性质、地位及对我国武装力量任务的规定精神来看，中央军事委员会的主要职责应为领导和指挥全国武装力量，完成巩固国防、抵抗侵略、保卫祖国、保卫人民的和平劳动，参加国家建设事业和努力为人民服务的神圣使命。相关宪法性法律则明确了中央军事委员会的具体职权。《国防法》第15条规定："中央军事委员会领导全国武装力量，行使下列职权：（一）统一指挥全国武装力量；（二）决定军事战略和武装力量的作战方针；（三）领导和管理中国人民解放军、中国人民武装警察部队的建设，制定规划、计划并组织实施；（四）向全国人民代表大会或者全国人民代表大会常务委员会提出议案；（五）根据宪法和法律，制定军事法规，发布决定和命令；（六）决定中国人民解放军、中国人民武装警察部队的体制和编制，规定中央军事委员会机关部门、战区、军兵种和中国人民武装警察部队等单位的任务和职责；（七）依照法律、军事法规的规定，任免、培训、考核和奖惩武装力量成员；（八）决定武装力量的武器装备体制，制定武器装备发展规划、计划，协同国务院领导和管理国防科研生产；（九）会同国务院管理国防经费和国防资产；（十）领导和管理人民武装动员、预备役工作；（十一）组织开展国际军事交流与合作；（十二）法律规定的其他职权。"中央军事委员会统一领导边防、海防、空防和其他重大安全领域的防卫工作。

此外，中央军事委员会与其他国家机构协调合作，共同维护国家安全和利益。根据《国防法》规定，中央军事委员会与国务院建立协调机制，根据情况召开会议，协调解决有关国防事务的重大问题。国务院与中央军事委员会共同领导民兵的建设，征兵工作，边防、海防、空防和其他重大安全领域防卫的管理工作。国家国防动员领导机构、中央国家机关、中央军事委员会机关有关部门按照职责分工，组织国防动员准备和实施工作。

（四）中央军事委员会的领导体制

中央军事委员会是集体组成的国家机关，但其领导体制是首长负责制。现行《宪法》第 93 条第 3 款规定："中央军事委员会实行主席负责制。"中央军事委员会主席拥有中央军事委员会职权范围内所有事项的最后决策权。

根据现行《宪法》的规定，中央军事委员会主席负责制主要表现在以下三个方面：一是组织提名。中央军事委员会其他组成人员的人选，由中央军事委员会主席提名，全国人大决定。在全国人大闭会期间，由中央军事委员会主席提名，全国人大常委会决定。二是决定权。中央军事委员会领导国家武装力量，有关重大问题必须经中央军事委员会讨论决定，中央军事委员会主席领导中央军事委员会的工作。三是负责。中央军事委员会主席对全国人民代表大会和全国人民代表大会常务委员会负责，而不是全体中央军事委员会成员集体对全国人大和全国人大常委会负责。

二、案（事）例述评

（一）"中央军事委员会实行主席负责制"写入《中国共产党党章》①

党的十一届三中全会后，着眼于推进国家法制化进程，为国家长治久安提供制度基础，系统总结历史经验和教训，探索建立符合党情国情和时代要求的最高军事领导制度。1982 年 12 月五届全国人大五次会议通过并颁布的《中华人民共和国宪法》明确规定："中华人民共和国中央军事委员会领导全国武装力量；全国人民代表大会选举中央军事委员会主席，根据中央军事委员会主席的提名，决定中央军事委员会其他组成人员的人选；中央军事委员会实行主席负责制。"由此，正式确认了中央军事委员会主席负责制。

中央军事委员会实行主席负责制，基本内涵主要有三个方面，即全国武装力量由军委主席统一领导和指挥，国防和军队建设一切重大问题由军委主席决策和决定，中央军委全面工作由军委主席主持和负责。

党的十八大以来，以习近平同志为核心的党中央着眼实现中国梦强军梦，围绕维护和贯彻军委主席负责制提出一系列重大战略思想、重大理论观点、重大决策部署，从理论上、实践上、制度上不断丰富完善军委主席负责制。2012 年 11 月，习近平总书记在新一届中央军委第一次常务会议上，亲自主持审议修订《中央军事委员会工作规则》。2014 年 4 月，中央军委印发了《关于贯彻落实军委主席负责制建立和完善相关工作机制的意见》。2017 年 10 月 24 日，中国共产党第九次全国代表大会对《中国共产党党章》进行了部分修改，将中央军事委员会主席负责制写入了《中国共产党党章》。

（二）事例评析

中央军事委员会实行主席负责制，既是我国宪法规定的制度，也是坚持党对人民军队绝对领导的核心制度。党的十九大《中国共产党党章修正案》明确中央军事委员会实行

---

① 《党章修正案通过！明确中央军委实行主席负责制》，载《解放军报》2017 年 10 月 25 日。

主席负责制，是党中央作出的十分重要的政治决定，意义重大。①

第一，明确中央军事委员会实行主席负责制，是从制度上确保党对人民军队绝对领导的必然要求。党对人民军队绝对领导的根本原则和制度，其核心是军队最高领导权和指挥权属于党中央和中央军委。《中国共产党党章》是党的根本大法，是全党必须遵守的基本遵循。把中央军事委员会实行主席负责制写进《中国共产党党章》，是为了使《中国共产党党章》在这个重大问题上与《宪法》的规定保持一致，更重要的是进一步统一全党全军思想。第二，中央军事委员会实行主席负责制，是继承和弘扬我们党建军治军成功经验和优良传统的必然要求。党始终高度重视军队领导权问题。在革命、建设、改革的长期实践中，党逐步探索形成一整套确保党对人民军队绝对领导的制度，其中军委主席负责制处于最高层次，居于核心和统领地位，具有牵一发而动全身的决定性作用。第三，中央军事委员会实行主席负责制，是党推进依法治军的迫切要求。中央军事委员会主席负责制写入宪法、写入党章，明确了该制度既有宪法作为法理依据，更有党章提供纪律保障，是实现依法治军目的的必要途径。

三、问题思考

1. 简述中央军事委员会的地位。
2. 简述中央军事委员会的组成。
3. 简述中央军事委员会的职责。
4. 中央军事委员会实行主席负责制，主席的职权如何行使？

第五节　自治机关

一、民族自治机关概述

民族区域自治制度是在国家统一领导下，各少数民族聚居的地方实行区域自治，设立自治机关，行使自治权的制度。民族区域自治制度是我国的基本政治制度之一，是维护民族团结处理民族问题的重要制度保障。

民族自治机关是民族自治地方设立的，依法行使地方国家机关职权并同时行使自治权的一级地方政权机关。民族自治地方分为自治区、自治州、自治县三级。现行《宪法》第112条规定："民族自治地方的自治机关是自治区、自治州、自治县的人民代表大会和人民政府。"民族自治机关仅指民族自治地方的人民代表大会和人民政府，除此之外的其他的国家机关均不属于自治机关。

（一）民族自治机关的性质和地位

民族自治机关具有双重性质。一方面，自治机关作为地方国家机关，其产生、任期等与一般地方国家机关相同，行使宪法规定的地方国家机关的职权；另一方面，自治机关在

---

① 《十九大党章修正案学习问答》，党建读物出版社2017年版，第145页。

权限方面有其特殊性，依照《宪法》《民族区域自治法》和其他法律规定的权限行使自治权，在不违背宪法和法律的原则下有权采取特殊政策和灵活措施。

民族自治地方的自治机关是国家的一级地方政权机关。民族自治机关与其他地方国家机关一样，实行民主集中制原则。《民族区域自治法》第3条规定："民族自治地方设立自治机关，自治机关是国家的一级地方政权机关。民族自治地方的自治机关实行民主集中制的原则。"民族自治地方的人民政府实行自治区主席、自治州州长、自治县县长负责制。自治区主席、自治州州长、自治县县长分别主持本级人民政府工作。民族自治地方的人民政府对本级人民代表大会和上一级国家行政机关负责并报告工作。在本级人民代表大会闭会期间，对本级人大常委会负责并报告工作。

（二）民族自治机关的组成

民族自治机关的组成遵循《宪法》和《民族区域自治法》规定的原则和程序，在人员构成、组成形式等方面，与其他一般国家机关相比，既有共性，又有其特殊性。

民族自治机关作为国家机关，在组成上遵循国家机关的一般规定。各级民族自治地方的人民代表大会通过间接选举或直接选举的方式产生的代表组成。自治区、自治州的人民代表大会代表由下一级人民代表大会选出，自治县的人民代表大会由选民直接选出。自治区人民代表大会代表的名额由全国人大常委会依照选举法确定。自治州与自治县人民代表大会代表的名额由自治区人大常委会依照选举法确定，报全国人大常委会备案。自治区、自治州、自治县的人民代表大会成立常务委员会，作为本级人民代表大会的常设机关，对本级人民代表大会负责并报告工作。自治区、自治州的人民代表大会常务委员会由本级人民代表大会在代表中选举主任、副主任若干人、秘书长、委员若干人。自治县的人大常委会由本级人大在代表中选举主任、副主任若干人和委员若干人组成。自治区、自治州、自治县的人民政府是本级人民代表大会的执行机关，由本级人民代表大会产生，并对本级人民代表大会和上一级国家行政机关负责并报告工作。自治区主席、副主席，自治州州长、副州长，自治县县长、副县长的人选，由本级人民代表大会主席团或者代表联合提名，由本级人民代表大会选举产生。

为体现民族自治机关的自治性质，民族自治机关在组成上有显著的特殊性。第一，民族自治地方的人民代表大会由实行区域自治的民族以及居住在本区域内的其他民族公民按人口比例产生的代表组成；第二，民族自治地方的人民代表大会常务委员会中应当有实行区域自治的民族的公民担任主任或者副主任；第三，民族自治地方的人民政府的主席、州长、县长应当由实行区域自治的民族的公民担任；第四，民族自治地方的人民政府的其他组成人员以及自治机关所属工作部门的干部，要尽量配备实行区域自治的民族和其他少数民族人员。

（三）民族自治机关的职权

《宪法》和《民族区域自治法》赋予民族自治机关一般地方国家机关职权外，还赋予其民族自治权。民族自治机关依法自主管理本民族地方内部事务，行使民族自治权，是民族区域自治制度的基础，是落实少数民族当家作主目的的集中体现。自1954年新中国第一部《宪法》确认了民族区域自治制度以来，我国的民族自治机关的权限不断地扩大和发展，涉及政治、经济、文化与社会生活等各个方面，其内容可归纳为以下几个方面：

1. 制定自治条例和单行条例

制定自治条例和单行条例是民族自治地方的自治机关行使自治权的重要内容，是自治权在立法领域的集中体现。《宪法》第116条规定："民族自治地方的人民代表大会有权依照当地民族的政治、经济和文化的特点，制定自治条例和单行条例。"自治条例是指由民族自治地方的人民代表大会依照《宪法》和《民族区域自治法》的规定制定的关于民族自治地方的自治机关的组织、活动原则、自治机关的自治权以及自治地方其他有关重大事项的综合性的规范性文件。单行条例是指民族自治地方的人民代表大会依照当地民族的政治、经济和文化特点制定的关于某一方面具体事项的规范性文件。自治州、自治县的自治条例和单行条例，报省或者自治区的人民代表大会常务委员会批准后生效，并报全国人民代表大会常务委员会备案。

2. 对上级国家机关的决议、决定、命令和指示的变通执行和停止执行

对上级国家机关的决议、决定、命令和指示的变通执行和停止执行，即变通权，是自治权在立法方面的一个重要补充。《民族区域自治法》第20条规定："上级国家机关的决议、决定、命令和指示，如有不适合民族自治地方实际情况的，自治机关可以报经该上级国家机关批准，变通执行或者停止执行；该上级国家机关应当在收到报告之日起六十日内给予答复。"变通权不能任意行使。当综合分析当地民族的政治、经济与文化特点后认为不作变通的规定，当地民族的特殊利益有可能得不到有效保护时，才能经过法定程序进行变通。

3. 自主管理地方财政

民族自治地方的财政是国家财政的组成部分，民族自治机关有管理地方财政的自治权。《宪法》第117条规定："民族自治地方的自治机关有管理地方财政的自治权。凡是依照国家财政体制属于民族自治地方的财政收入，都应当由民族自治地方的自治机关自主地安排使用。"民族自治地方财政收入和财政支出的项目，由国务院按照优待民族自治地方的原则规定。民族自治地方按国家财政体制的规定，财政收入多于财政支出的，定额上缴上级财政，上缴数额可以几年不变；收入不敷支出的，由上级财政补助。民族自治地方的自治机关在执行财政预算过程中，自主安排使用收入的超收和支出的结余资金。民族自治地方的自治机关可以制定对本地方的各项开支标准、定员、定额的补充规定和具体办法。

4. 自主安排和管理地方经济建设事业

为保证少数民族地区的经济发展，《宪法》和《民族区域自治法》赋予了民族自治机关广泛的经济建设方面的自治权。《宪法》第118条规定："民族自治地方的自治机关在国家计划的指导下，自主地安排和管理地方性的经济建设事业。"根据《民族区域自治法》的规定，该经济建设管理权的内容主要包括：（1）在国家计划的指导下，根据本地方的特点和需要，制定经济建设的方针、政策和计划。（2）在坚持社会主义原则的前提下，根据法律规定和本地方经济发展的特点，合理调整生产关系和经济结构，努力发展社会主义市场经济。（3）依照法律规定，管理和保护地方的自然资源。根据国家的统一规划，对可以由被地方开发的自然资源，优先合理开发利用。（4）在国家计划的指导下，根据本地方的财力、物力和其他具体条件，自主地安排地方基本建设项目。（5）依照国

家规定,可以开展对外经济贸易活动,经国务院批准,可以开辟对外贸易口岸。

5. 自主管理本地方的教育、科学、文化、卫生、体育等公共事业

发展公共事业是民族自治地方发展经济的重要条件。《宪法》第 119 条规定:"民族自治地方的自治机关自主地管理本地方的教育、科学、文化、卫生、体育事业,保护和整理民族的文化遗产,发展和繁荣民族文化。"根据《民族区域自治法》规定,公共事业管理权具体包括:(1) 民族自治地方的自治机关根据国家的教育方针,依照法律规定决定本地方的教育规划、各级各类学校的设置、学制、办学形式、教学内容、教学用语和招生办法,自主地发展民族教育,培养各少数民族专业人才;(2) 自主地决定本地方的科学技术发展规划,普及科学技术知识;(3) 自主地发展具有民族形式和民族特点的民族文化事业;(4) 自主地决定本地方的医疗卫生事业的发展规划,发展现代医药和民族传统医药;(5) 自主地发展体育事业,开展民族传统体育活动。此外,自治机关积极开展和其他地方的教育、科学技术、文化艺术、卫生、体育等方面的国内和国际交流和协作。

6. 组织本地方的公安部队

公安部队是国家统一武装力量的组成部分,主要任务是维护本地方的社会治安。《宪法》第 120 条规定:"民族自治地方的自治机关依照国家的军事制度和当地的实际需要,经国务院批准,可以组织本地方维护社会治安的公安部队。"民族自治地方建立公安部队需满足以下三个条件:一是维护本地方的社会治安;二是符合国家的军事制度;三是经国务院批准。

7. 使用和发展当地通用的一种或几种语言文字

语言文字是实现民族团结和民族平等的重要内容,是少数民族享有的重要权利。《宪法》第 4 条规定:"各民族都有使用和发展自己的语言文字的自由,都有保持或者改革自己的风俗习惯的自由。"《民族区域自治法》第 21 条规定:"民族自治地方的自治机关在执行职务的时候,依照本民族自治地方自治条例的规定,使用当地通用的一种或者几种语言文字;同时使用几种通用的语言文字执行职务的,可以以实行区域自治的民族的语言文字为主。"

此外,为切实保障少数民族使用和发展本民族语言文字的自由,《法院组织法》《刑事诉讼法》《民事诉讼法》等法律规定,民族自治地方的人民法院和人民检察院应当使用当地通用的语言审理和检察案件。

8. 培养民族干部和专业技术人才

干部和人才是落实民族自治的基础和关键。根据《民族区域自治法》的规定,民族自治机关可采取各种措施培养当地的民族干部,以及各种专门技术人才,扶持民族自治地方发展民族传统事业和经济贸易,国家鼓励内地技术人员支援民族自治地方的建设。

二、案(事)例述评

(一)关于民族自治机关是否可以变通执行《选举法》的答复①

我国《宪法》第 115 条和第 176 条明确授权民族自治地方的人民代表大会可以依照

---

① 周伟:《宪法解释案例实证问题研究》,载《中国法学》2002 年第 2 期。

《宪法》《民族区域自治法》和其他法律规定的权限行使自治权，根据本地方实际情况贯彻执行国家的法律、政策。但在我国立法实践中，也有法律授权民族自治地方的人大常委会制定变通规定或者补充规定的情况。如 1991 年《收养法》第 31 条、1998 年 11 月 4 日修改的《收养法》第 32 条、1980 年《婚姻法》第 36 条。由此使得一些民族自治地方对民族自治地方人大常委会是否可以制定或补充规定存在不同的理解。

对此，1983 年 11 月 17 日全国人大常委会法制工作委员会曾在《关于民族自治地方的人大常委会是否可以依照有关法律规定，结合实际情况，制定〈选举法〉变通办法及其它单行条例的答复》中指出："宪法第 116 条规定，民族自治地方的人民代表大会有权依照当地民族的政治、经济和文化的特点，制定自治条例和单行条例。因此，对《选举法》的变通规定，应由民族自治地方的人民代表大会制定。民族自治地方的人大常委会可以对《婚姻法》和《民事诉讼法（试行）》制定变通或者补充规定，是在这两个法律中特别作了规定的。但《选举法》没有这方面的规定，因此不能仿照。"

（二）事例评析

1. 民族自治机关是否包括人大常委会？

民族自治机关指的是民族自治地方的人民代表大会和人民政府。《宪法》第 112 条规定："民族自治地方的自治机关是自治区、自治州、自治县的人民代表大会和人民政府。"《民族区域自治法》第 15 条规定："民族自治地方的自治机关是自治区、自治州、自治县的人民代表大会和人民政府。"从规范的语义解释，民族自治机关专指民族自治地方的人民代表大会和人民政府，其他的国家机关并不包含在内。

然而，民族自治地方的人大常委会，同样作为民族自治地方人民代表大会的常设机关，隶属于人大。在民族自治机关的理解上，是否应将民族自治地方的人大常委会纳入其中仍有争议。有观点指出，民族自治地方的人大常委会不但实际行使了《宪法》规定的其他地方人大常委会的对应职权，也参与行使乃至直接行使了民族自治地方的自治权，因此民族区域自治地方人大常委会应属于自治机关。①

从法律规范体系来看，民族自治地方的人大常委会确有解释成为自治机关的余地。《宪法》第 95 条规定："自治区、自治州、自治县设立自治机关。自治机关的组织和工作根据宪法第三章第五节、第六节规定的基本原则由法律规定。"《宪法》第三章第五节规定的是地方各级人民代表大会和地方各级人民政府，其中包含了地方人大常委会的相关组织和工作规定。《宪法》第六节规定的是民族自治地方的自治机关，其中不乏有关民族自治地方人大常委会的组织要求，如"自治区、自治州、自治县的人民代表大会常务委员会中应当有实行区域自治的民族的公民担任主任或者副主任"。《民族区域自治法》第 15 条、第 16 条、第 19 条等规定，都说明了民族自治地方的人大常委会存在参与甚至实际行使了民族自治的相关权力。

但从民族区域自治的制度精神来看，民族自治机关应做限制解释，不宜将人大常委会视为自治机关的组成部分。《民族区域自治法》序言部分明确指出："民族区域自治是在

---

① 朱应平：《民族区域自治地方人大常委会是自治机关》，载《人大研究》2015 年第 7 期。

国家统一领导下，各少数民族聚居的地方实行区域自治，设立自治机关，行使自治权。实行民族区域自治，体现了国家充分尊重和保障各少数民族管理本民族内部事务权利的精神，体现了国家坚持实行各民族平等、团结和共同繁荣的原则。"民族自治机关是保障各少数民族管理本民族内部事务权利的国家机关，需要更多的民族因素予以支持。由民族自治地方的人大作为自治机关，能利用人大制度优势保证民族自治地方的少数民族能够表达其意志，参与民族自治地方的各方面建设中，更能落实管理本民族内部事务权利的民族区域自治的制度精神。

2. 民族自治地方的人民代表大会和人民代表大会常务委员会的立法权限界分

民族自治地方的人民代表大会和人民代表大会常务委员会在立法权限上有显著区别。《立法法》第80条和第81条规定："省、自治区、直辖市的人民代表大会及其常务委员会根据本行政区域的具体情况和实际需要，在不同宪法、法律、行政法规相抵触的前提下，可以制定地方性法规。设区的市的人民代表大会及其常务委员会根据本市的具体情况和实际需要，在不同宪法、法律、行政法规和本省、自治区的地方性法规相抵触的前提下，可以对城乡建设与管理、生态文明建设、历史文化保护、基层治理等方面的事项制定地方性法规，法律对设区的市制定地方性法规的事项另有规定的，从其规定。"《民族区域自治法》第19条规定："民族自治地方的人民代表大会有权依照当地民族的政治、经济和文化的特点，制定自治条例和单行条例。自治区的自治条例和单行条例，报全国人民代表大会常务委员会批准后生效。自治州、自治县的自治条例和单行条例报省、自治区、直辖市的人民代表大会常务委员会批准后生效，并报全国人民代表大会常务委员会和国务院备案。"从法律规定上看，民族自治地方人大可以制定地方性法规、自治条例和单行条例，民族自治地方人大常委会可以制定的是地方性法规。

地方性法规的制定权和自治条例、单行条例的制定权的属性不同。前者属于一定级别的地方国家权力机关依法享有的权力，体现的是中央与一般地方之间的利益分配关系；前者属于民族自治机关实现自治目的而享有的权力，体现的是中央与民族自治地方之间的利益分配关系。

但是学界对两种立法权是否需要做明确区分存在争议。第一种观点主张，无须对两种立法权进行区分，认为作为民族区域自治权之一的民族区域自治立法权，本质上是国家赋予民族自治地方的一般地方所没有的一项"优惠照顾"权力，民族自治地方在不"变通规定"法律、行政法规的前提下，选择哪种立法，应当由民族自治地方自治机关自己决定，这种自己决定本身就体现了国家对民族自治地方的"优惠照顾"，也就体现了民族区域自治制度作为一项优惠照顾制度的本质。① 第二种观点主张按照立法者是否需要行使变通权对这两种立法权进行区分，认为这两种立法权的协调路径为，在立法的共同领域，需要变通的，由人大行使自治立法权，不需要变通的，由人大及其常委会行使地方性法规制

---

① 沈寿文：《民族区域自治立法权与一般地方立法权的关系——以"优惠照顾理论"范式为视角》，载《广西民族研究》2016年第3期。

定权。① 第三种观点主张，按照是否调整"本民族内部事务"对这两种立法权进行区分，认为只有那些属于聚居少数民族独有的政治、经济和文化事务才能成为自治立法的事项范围，而那些聚居少数民族与其他散居少数民族和汉族的共同事务则超出聚居少数民族"内部事务"之外，外溢为民族自治地方共同的地方事务，成为地方立法权涵括的事项范围。②

实际上，地方性法规的制定权体现的是我国《宪法》所规定的"遵循在中央的统一领导下，充分发挥地方的主动性、积极性的原则"，目的在于保证地方更有效管理本行政区域内的各项事务。自治条例、单行条例的制定权，体现了我国《宪法》规定的"各民族一律平等"原则，除促进地方治理外，还要保证民族区域自治制度的实施。因此，区分两者具有重要意义。

3. 民族自治地方的人民代表大会常委会是否有权进行变通立法？

既然地方性法规制定权和自治条例、单行条例制定权需要明确区分。那么民族自治地方自治权中的立法变通权，仅指制定自治条例、单行条例时可以变通立法，还是即便是在制定地方性法规时也能变通立法？

有观点指出，行使民族自治地方自治立法权的主体是民族自治地方的人大，而民族自治地方行使地方性法规制定权的主体是自治区和自治州的人大及其常委会。虽然民族自治地方人大常委会在自治立法中发挥着重要作用，但其不具有自治机关地位，不能行使自治立法权。③ 另有观点指出，民族自治地方的人大及其常委会根据《宪法》《民族区域自治法》和其他法律赋予的自治权，依照当地民族的政治、经济、文化特点，有权对法律、行政法规、地方性法规作变通或者补充规定。④

按照《宪法》《民族区域自治法》的规定，变通立法权的主体乃是自治机关，即民族自治地方的人大和政府。因此在本案例中，全国人大常委会法制工作委员会严格按照我国《宪法》第115条和第116条规定，认为民族自治地方的人民代表大会有权依照当地民族的政治、经济和文化的特点，制定自治条例和单行条例。对《选举法》的变通规定应由民族自治地方的人民代表大会制定。因自治机关并不包含民族自治地方人大常委会，因此本案例中民族自治地方的人大常委会本不可以对《婚姻法》和《民事诉讼法（试行）》制定变通或者补充规定，但由于《婚姻法》和《民事诉讼法（试行）》对民族自治地方的人大常委会进行了授权，因此民族自治地方的人大常委会便具有了制定变通或者补充规定的权限。

---

① 雷伟红：《论民族自治地方自治法规立法权与地方性法规立法权的协调》，载《中南民族大学学报（人文社会科学版）》2018年第4期。

② 潘红祥：《论民族自治地方自治立法权和地方立法权的科学界分》，载《法学评论》2019年第3期。

③ 冉艳辉：《论民族自治地方自治立法权与地方性法规制定权的合理配置与规范运用》，载《政治与法律》2020年第7期。

④ 《民族自治地方的人大及其常委会有哪些特殊权限？》，载中国人大网：http：//www.npc.gov.cn/zgrdw/npc/rdgl/rdzd/2000-11/02/content_8852.htm，2021年9月1日访问。

三、问题思考

1. 简述民族自治地方自治机关的地位。
2. 简述民族自治地方自治机关的职权。
3. 试述民族自治地方人民代表大会地方性法规制定权和自治条例、单行条例制定权的界限。

第六节　监察机关

一、监察委员会的性质和地位

我国《宪法》在第三章国家机构中专设第七节监察委员会，以5个条文对我国的监察机关的性质、地位、组成任期、工作机制、责任制度、权力行使等作出了根本性和原则性的规定。

《宪法》第123条规定，中华人民共和国各级监察委员会是国家的监察机关。这是对我国监察机关——监察委员会的性质和地位的规定。《宪法》第124条规定了监察委员会的组成和任期制度，中华人民共和国设立国家监察委员会和地方各级监察委员会。由主任、副主任若干人、委员若干人组成。监察委员会主任每届任期同本级人民代表大会每届任期相同。国家监察委员会主任连续任职不得超过两届。《宪法》第125条规定了监察委员会的工作机制，国家监察委员会领导地方各级监察委员会的工作，上级监察委员会领导下级监察委员会的工作。监察委员会的组织和职权由法律规定。具体内容主要由《宪法》的下位法，即《中华人民共和国监察法》（以下简称《监察法》）和《中华人民共和国监察法实施条例》来加以规定。

从权力负责制看，国家监察委员会对全国人民代表大会和全国人民代表大会常务委员会负责。地方各级监察委员会对产生它的国家权力机关和上一级监察委员会负责。

从权力行使看，监察委员会行使国家监察权，坚持独立与制约相结合。监察委员会依照法律规定独立行使监察权，不受行政机关、社会团体和个人的干涉。监察机关办理职务违法和职务犯罪案件，应当与审判机关、检察机关、执法部门互相配合、互相制约。

二、监察委员会的职责、监察范围和管辖

（一）监察委员会的职责

监察委员会依照《监察法》和有关法律规定履行监督、调查、处置职责。具体包括：（1）对公职人员开展廉政教育，对其依法履职、秉公用权、廉洁从政从业以及道德操守情况进行监督检查。（2）对涉嫌贪污贿赂、滥用职权、玩忽职守、权力寻租、利益输送、徇私舞弊以及浪费国家资财等职务违法和职务犯罪进行调查。（3）对违法的公职人员依法作出政务处分决定；对履行职责不力、失职失责的领导人员进行问责；对涉嫌职务犯罪的，将调查结果移送人民检察院依法审查、提起公诉；向监察对象所

在单位提出监察建议。

（二）监察委员会的监察范围和管辖

监察机关有权对下列公职人员和有关人员进行监察监督：（1）中国共产党机关、人民代表大会其常务委员会机关、人民政府、监察委员会、人民法院、人民检察院、中国人民政治协商会议各级委员会机关、民主党派机关和工商业联合会机关的公务员，以及参照《中华人民共和国公务员法》管理的人员；（2）法律、法规授权或者受国家机关依法委托管理公共事务的组织中从事公务的人员；（3）国有企业管理人员；（4）公办的教育、科研、文化、医疗卫生、体育等单位中从事管理的人员；（5）基层群众性自治组织中从事管理的人员；（6）其他依法履行公职的人员。

监察机关开展监督、调查、处置，按照管理权限与属地管辖相结合的原则，实行分级负责制。设区的市级以上监察委员会按照管理权限，依法管辖同级党委管理的公职人员涉嫌职务违法和职务犯罪案件。县级监察委员会和直辖市所辖区（县）监察委员会按照管理权限，依法管辖本辖区内公职人员涉嫌职务违法和职务犯罪案件。地方各级监察委员会按照派驻、派出的相关规定，可以依法管辖工作单位在本辖区内的有关公职人员涉嫌职务违法和职务犯罪案件。

监察机关调查公职人员涉嫌职务犯罪案件，可以依法对涉嫌行贿犯罪、介绍贿赂犯罪或者共同职务犯罪的涉案人员中的非公职人员一并管辖。非公职人员涉嫌利用影响力受贿罪的，按照其所利用的公职人员的管理权限确定管辖。

上级监察机关对于下一级监察机关管辖范围内的职务违法和职务犯罪案件，具有下列情形之一的，可以依法提级管辖：（1）在本辖区有重大影响的；（2）涉及多个下级监察机关管辖的监察对象，调查难度大的；（3）其他需要提级管辖的重大、复杂案件。地方各级监察机关所管辖的职务违法和职务犯罪案件，具有上述规定情形的，可以依法报请上一级监察机关管辖。

上级监察机关可以依法将其所管辖的案件指定下级监察机关管辖。

三、监察委员会的监察权限

（一）监督、调查权

监察机关行使监督、调查职权，有权依法向有关单位和个人了解情况，收集、调取证据。有关单位和个人应当如实提供。监察机关及其工作人员对于监督、调查过程中知悉的国家秘密、商业秘密、个人隐私，应当保密。任何单位和个人不得伪造、隐匿或者毁灭证据。

（二）要求说明、陈述权

对于可能发生职务违法的监察对象，监察机关按照管理权限，可以直接或者委托有关机关、人员进行谈话或者要求说明情况。

在调查过程中，对于涉嫌职务违法的被调查人，监察机关可以要求其就涉嫌违法行为作出陈述，必要时向被调查人出具书面通知。对于涉嫌贪污贿赂、失职渎职等职务犯罪的被调查人，监察机关可以进行讯问，要求其如实供述涉嫌犯罪的情况。

（三）询问权

在调查过程中，监察机关可以询问证人等人员。

（四）留置权

被调查人涉嫌贪污贿赂、失职渎职等严重职务违法或者职务犯罪，监察机关已经掌握其部分违法犯罪事实及证据，仍有重要问题需要进一步调查，并有下列情形之一的，经监察机关依批，可以将其留置在特定场所：（1）涉及案情重大、复杂的；（2）可能逃跑、自杀的；（3）可能串供或者伪造、隐匿、毁灭证据的；（4）可能有其他妨碍调查行为的。对于涉嫌行贿或者共同职务犯罪的涉案人员，监察机关可以依照前述规定采取留置措施。留置场所的设理和监督依照国家有关规定执行。

（五）查询、冻结权

监察机关调查涉嫌贪污贿赂、失职渎职等严重职务违法或者职务犯罪，根据工作需要，可以依照规定查询、冻结涉案单位和个人的存款、汇款、债券、股票、基金份额等财产。有关单位和个人应当配合。冻结的财产经查明与案件无关的，应当在查明后3日内解除冻结，予以退还。

（六）搜查权

监察机关可以对涉嫌职务犯罪的被调查人以及可能隐藏被调查人或者犯罪证据的人的身体、物品、住处和其他有关地方进行搜查。在搜查时，应当出示搜查证，并有被搜查人或者其家属等见证人在场。搜查女性身体，应当由女性工作人员进行。监察机关进行搜查时，可以根据工作需要提请公安机关配合，公安机关应当依法予以协助。

（七）调取、查封、扣押权

监察机关在调查过程中，可以调取、查封、扣押用以证明被调查人涉嫌违法犯罪的财物、文件和电子数据等信息。采取调取、查封、扣押措施，应当收集原物原件，会同持有人或者保管人、见证人，当面逐一拍照、登记、编号，开列清单，由在场人员当场核对、签名，并将清单副本交财物、文件的持有人或者保管人。

对于调取、查封、扣押的财物、文件，监察机关应当设立专用账户、专门场所，确定专门人员妥善保管，严格履行交接、调取手续，定期对账核实，不得毁损或者用于其他目的。对于价值不明物品应当及时鉴定，专门封存保管。

对于查封、扣押的财物、文件，经查明与案件无关的，应当在查明后3日内解除查封、扣押，予以退还。

（八）勘验检查、鉴定权

监察机关在调查过程中，可以直接或者指派、聘请具有专门知识、资格的人员在调查人员主持下进行勘验检查。勘验检查情况应当制作笔录，由参加勘验检查的人员和见证人签名或者盖章。

监察机关在调查过程中，对于案件中的专门性问题，可以指派、聘请有专门知识的人进行鉴定。鉴定人进行鉴定后，应当出具鉴定意见，并且签名。

（九）采取技术措施权

监察机关调查涉嫌重大贪污贿赂等职务犯罪，根据需要，经过严格的批准手续，可以采取调查措施，按照规定交有关机关执行。

批准决定应当明确采取技术调查措施的种类和适用对象，自签发之日起3个月以内有效。对于复杂、疑难案件，期限届满仍有必要继续采取技术调查措施的，经过批准，有效期可以延长，每次不得超过3个月。对于不需要继续采取技术调查措施的，应当及时解除。

（十）通缉和限制出境权

依法应当留置的被调查人如果在逃，监察机关可以决定在本行政区域内通缉，由公安机关发布通缉令，追捕归案。通缉范围超出本行政区域的，应当报请有权决定的上级监察机关决定。

监察机关为防止被调查人及相关人员逃匿境外，经省级以上监察机关批准，可以对被调查人及相关人员采取限制出境措施，由公安机关依法执行。对于不需要继续采取限制出境措施的，应当及时解除。

（十一）建议权

涉嫌职务犯罪的被调查人主动认罪认罚，有下列情形之一的，监察机关经领导人员集体研究，并报上一级监察机关批准，可以在移送人民检察院时提出从宽处罚的建议：（1）自动投案，真诚悔罪悔过的；（2）积极配合调查工作，如实供述监察机关还未掌握的违法犯罪行为的；（3）积极退赃，减少损失的；（4）具有重大立功表现或者案件涉及国家重大利益等情形的。

职务违法犯罪的涉案人员揭发有关被调查人职务违法犯罪行为，查证属实的，或者提供重要线索，有助于调查其他案件的，监察机关经领导人员集体研究，并报上一级监察机关批准，可以在移送人民检察院时提出从宽处罚的建议。

监察机关根据监督、调查结果，发现监察对象所在单位在廉政建设、权力制约、监督管理、制度执行以及履行职责等方面存在问题需要整改纠正的，依法提出监察建议。监察机关应当跟踪了解监察建议的采纳情况，指导、督促有关单位限期整改，推动监察建议落实到位。

四、案（事）例述评

（一）监察机关办理案件并提出监察建议

某县纪委监委对该县交通运输局财务股股长 A 某涉嫌贪污、挪用公款行为进行立案审查调查并采取留置措施。根据审查调查结果，县纪委监委依纪依法给予 A 某开除党籍处分和开除公职政务处分，将其涉嫌贪污、挪用公款犯罪问题移送人民检察院依法审查、提起公诉。人民法院最终依法对该案作出生效判决，以贪污罪、挪用公款罪数罪并罚，判处 A 某有期徒刑 5 年。

在调查过程中，该县纪委监委发现，A 某所在的县交通运输局在廉政风险防控方面存在漏洞，在财务工作上的廉政风险问题尤其突出，于是依法向县交通运输局有针对性地提出了关于加强该单位廉政建设的监察建议。

县交通运输局党政领导班子认真采纳了监察建议，立行立改，对症下药，制定整改方案，从改进财务审批流程、强化内部监督制约、明确不可为的"负面清单"等方面进一步建章立制、抓好落实，切实采取措施堵塞了管理监督漏洞，从根本上促进了本单位本系统公职人员秉公用权、廉洁从政从业。

（二）案例评析

《中华人民共和国监察法》第 45 条第 1 款第（5）项规定，监察机关根据监督、调查结果，依法对监察对象所在单位廉政建设和履行职责存在的问题等提出监察建议。进一步，《中华人民共和国监察法实施条例》第 36 条细化规定，监察机关根据监督、调查结果，发现监察对象所在单位在廉政建设、权力制约、监督管理、制度执行以及履行职责等方面存在问题需要整改纠正的，依法提出监察建议。上述条款是监察机关以提出监察建议方式作出处置的规定。

国家监察工作的一个重要原则，就是坚持标本兼治、综合治理，既要通过严厉惩治腐败，形成"不敢腐"的震慑；又要通过深化改革、健全法制，有效制约和监督权力，形成"不能腐"的体制机制。监察机关的监察对象聚焦于行使公权力的公职人员，但是不能机械地理解为监察工作与监察对象所在单位的公权力就毫不相干。减少腐败存量、遏制腐败增量是调查工作的重要目标，但是不能只注重案件调查环节，忽视通过调查发现的制度性、机制性问题。监察机关在具体的监督、调查过程中，能直观、清楚地发现监察对象所在单位廉政建设、权力监督方面存在的漏洞和薄弱环节。当监察机关发现这些问题时，既有权力又有义务向这些单位提出监察建议，推动整改问题、完善制度，这样才能以治标促进治本，发挥标本兼治的综合效应。亦即以办案促进整改、以监督促进治理，在查清问题的同时，剖析问题发生的原因，发现问题，通过提出监察建议，促进完善制度，提高治理效能。

监察建议不同于一般的工作建议。本案例中，县纪委监委根据审查调查结果，针对 A 某所在县交通运输局存在的廉政建设方面的问题，立足于该局承担的职责和实际工作，有针对性地提出了监察建议。这一监察建议是具有法律效力的，相对人无正当理由必须履行监察建议要求其履行的义务，否则，就要承担相应的法律责任。《监察法》第62条也对此作出了明确规定：有关单位无正当理由拒不采纳监察建议的，由其主管部门、上级机关责令改正，对单位给予通报批评；对负有责任的领导人员和直接责任人员依法给予处理。监察机关不干涉监察对象所在单位的日常工作，监察建议一般不涉及监察对象所在单位主责主业的正常运转，提出监察建议的目的是做好监督、调查的"后一半"工作，强化对公权力运行的监督制约。相关单位接到建议后，应当"亡羊补牢"，深刻总结经验教训，积极完善制度、强化监管、堵塞漏洞，从根本上消除腐败滋生蔓延的土壤，避免公职人员因为相同的问题"前腐后继"，甚至出现塌方式、系统性腐败。

五、问题思考

1. 简述我国行使国家监察权的国家机关的性质。
2. 简述我国宪法规定的监察机关的领导体制。
3. 试述监察建议与工作建议的区别。
4. 简述监察委员会的监察权限。

第七节 审 判 机 关

一、人民法院的性质和任务

《宪法》第128条规定："中华人民共和国人民法院是国家的审判机关。"该条文确立了人民法院是我国的国家审判机关，是我国国家机构的重要组成部分。此条文的含义有三：（1）人民法院是审判机关，而不是其他性质的国家机关。人们通常所称的司法机关，在我国实际包含人民法院、人民检察院、公安机关的刑事侦查部门和司法行政机关的刑罚执行部门。（2）各级人民法院都是国家的审判机关，而不是地方的审判机关。也就是说，地方各级人民法院是国家设在地方的国家审判机关，而不是地方设立的审判机关。（3）人民法院的法定职责是审理刑事案件、民商事案件、行政案件和法律规定的其他案件，并依法作出裁判。此外，人民法院还负责生效裁判和特定刑罚的执行。

根据宪法和法律规定，各级人民法院由本级人民代表大会产生，享有独立的宪法地位，同时接受本级人民代表大会及其常务委员会的监督。

人民法院的任务由宪法和法律规定，主要包括：通过审判刑事案件，惩罚犯罪，保障人权，维护国家安全和社会稳定；通过审判民商事案件，化解社会矛盾纠纷，实现定分止争，平等保护当事人合法权益；通过审判行政案件，监督行政机关依法行政，促进法治政府建设，保护行政相对人合法权益；通过审判申请再审、申诉案件和国家赔偿案件，加强对审判工作的监督，为相关当事人提供司法救济，进而维护国家法制的统一和尊严，维护宪法法律权威，保障宪法法律实施。

二、人民法院的组织体系和基本职权

（一）组织体系

人民法院的组织体系由法律规定，人民法院依照《人民法院组织法》的规定设立，《人民法院组织法》没有规定的，根据全国人民代表大会常务委员会的决定设立。人民法院的组织体系包括最高人民法院、地方各级人民法院、专门人民法院以及应司法改革而生的跨行政区划法院、互联网法院、金融法院、知识产权法院等。

出于司法改革需要，根据全国人大常委会决定和《人民法院组织法》规定，最高人民法院可以设立巡回法庭，审理最高人民法院依法确定的案件。及至2021年，最高人民法院已经设立了六个巡回法庭。巡回法庭作为最高人民法院的派出审判机构，巡回法庭的判决和裁定即最高人民法院的判决和裁定。最高人民法院设立巡回法庭，是我国司法体制的重大改革，对于方便群众诉讼，维护法律统一适用，加强对下级法院审判工作的指导和监督，促进司法公正，具有重要意义。

地方各级人民法院包括高级人民法院、中级人民法院、基层人民法院。高级人民法院包括省、自治区和直辖市高级人民法院。中级人民法院包括省、自治区直辖市的中级人民法院、在直辖市设立的中级人民法院，自治州中级人民法院，以及在省、自治区内按地区设立的中级人民法院。另外，知识产权法院、金融法院属于中级人民法院级别。基层人民法院包括县、自治县人民法院，不设区的市人民法院，以及市辖区人民法院。基层人民法院根据地区、人口和案件情况，可以设立若干人民法庭。人民法庭是基层人民法院的组成部分，其判断和裁定即基层人民法院的判决和裁定。

专门人民法院包括军事法院、海事法院、知识产权法院、金融法院等。随着司法体制改革不断推进，专门人民法院设置也不断拓展，新的专门人民法院应运而生。

（二）基本职权

根据《人民法院组织法》的规定，人民法院拥有依法审判刑事案件、民商事案件、行政案件和法律规定的其他案件等职权。

最高人民法院的职权包括：（1）审判案件权。最高人民法院有权审理以下案件：法律规定由其管辖和其认为应当由自己管辖的第一审案件；对高级人民法院判决和裁定提起上诉、抗诉的案件；按照全国人大常委会的规定提起的上诉、抗诉案件；按照审判监督程序提起的再审案件；高级人民法院报请核准的死刑案件；高级人民法院报请复核的在法定性以下量刑的案件等。（2）制定司法解释和发布指导性案例权。（3）审判监督权。最高人民法院监督地方各级人民法院和专门人民法院的审判工作。（4）法律规定的其他职权。

高级人民法院的职权包括：（1）审判案件权。高级人民法院有权审理以下案件：法律规定由其管辖的第一审案件；下级人民法院报请审理的第一审案件；最高人民法院指定管辖的第一审案件；对中级人民法院判决和裁定提起上诉、抗诉的案件；对海事法院、知识产权法院判决和裁定提起上诉、抗诉的案件；按照审判监督程序提起的再审案件；中级人民法院报请复核的死刑案件等。（2）审判监督权。高级人民法院监督下级人民法院的审判工作。（3）法律规定的其他职权。

中级人民法院的职权包括：（1）审判案件权。中级人民法院有权审理以下案件：法律规定由其管辖的第一审案件；基层人民法院报请审理的第一审案件；上级人民法院指定管辖的第一审案件；对基层人民法院判决和裁定提起上诉、抗诉的案件；按照审判监督程序提起的再审案件。（2）审判监督权。中级人民法院监督下级人民法院的审判工作。（3）法律规定的其他职权。

基层人民法院的职权包括：（1）审判案件权。基层人民法院有权审理法律规定由其管辖的第一审案件和上级人民法院指定管辖的第一审案件。（2）业务指导权。基层人民法院对人民调解委员会对调解工作进行业务指导。（3）法律规定的其他职权。

三、人民法院的审判工作原则

根据《宪法》和《人民法院组织法》的规定，人民法院的审判工作原则主要有依法独立行使审判权、平等适用法律、司法公正、司法民主、公开审判、司法责任制、使用本民族语言文字进行诉讼和当事人有权获得辩护等原则。

1. 依法独立行使审判权原则

根据《宪法》第 131 条规定，人民法院依照法律规定独立行使审判权，不受行政机关、社会团体和个人的干涉。人民法院依照法律规定独立行使审判权，是指人民法院等独任法官、合议庭或者审判委员会等审判组织审判案件时，既要坚持"让审理者裁判，由裁判者负责"的司法责任制，又要代表人民法院，以人民法院的名义行使审判权。对于特定案件的审判，还要依法坚持由合议庭、专业法官会议、审判委员会等集体讨论决策，集中法院等智慧，以保证法律统一适用，实现案件公正裁判。为了防止人民法院之外的机关和个人干预人民法院依法独立行使审判权，国家建立了领导干部干预司法活动、插手具体案件处理的记录、通报和责任追究制度，以确保人民法院依法独立行使审判权原则落到实处。

2. 平等适用法律原则

人民法院审判案件，对于一切公民，不分民族、种族、性别、职业、社会出身、宗教信仰、教育程度、财产状况、居住期限等，在适用法律上一律平等，不允许任何组织和个人有超越法律等特权，禁止任何形式的歧视。

3. 司法公正原则

公正是法治的生命线，更是审判工作的生命线。人民法院审理案件，以事实为根据，以法律为准绳，坚持实体公正和程序公正相统一，依法保护各个主体的诉讼权利和其他合法权益，尊重和保障人权。

4. 司法民主原则

司法民主本质上是指保障人民参与司法的权利。包括：让公民担任人民陪审员参与审理案件，保障人民群众对审判活动的知情权和监督权，司法裁判要符合人民群众的公平正义观念，要让人民群众有更多的获得感和安全感。

5. 公开审判原则

公开审判是人民法院在审理案件时，除涉及国家秘密、个人隐私、商业秘密等情形或者涉及未成年人等特殊利益保护外，一律公开进行。

6. 司法责任制原则

人民法院实行司法责任制，建立健全权责统一的司法权力运行机制。根据最高人民法院发布的《关于完善人民法院司法责任制的若干意见》和《关于进一步全面落实司法责任制的实施意见》这两项文件的规定，法官在审判工作中独立行使职权，承担责任，故意违反法律规定的，或者因重大过失导致裁判错误并造成严重后果的，依法应当承担违法审判责任且终身追责。

7. 使用本民族语言文字进行诉讼原则

为了保障民族公民在诉讼中更好地维护自己合法和正当的权益，《宪法》第 139 条规定："各民族公民都有用本民族语言文字进行诉讼的权利。人民法院和人民检察院对于不通晓当地通用的语言文字的诉讼参与人，应当为他们翻译。在少数民族聚居或者多民族共同居住的地区，应当用当地通用的语言进行审理；起诉书、判决书、布告和其他文书应当根据实际需要使用当地通用的一种或者几种文字。"

8. 当事人有权获得辩护原则

辩护权是重要的人权。根据《宪法》和《刑事诉讼法》的规定，被告人有权获得辩护，人民法院有义务保证被告人获得辩护。人民法院有义务保证被告人获得辩护。犯罪嫌疑人、被告人除自己行使辩护权意外，还可以委托律师、人民团体或犯罪嫌疑人、被告人所在单位推荐的人，以及犯罪嫌疑人、被告人的监护人，亲友 1~2 人作为辩护人。人民法院认为必要的时候，可以指定承担法律援助任务的律师为其辩护。

四、案（事）例述评

（一）徐某宝诉修水县畜牧水产局行政管理案①

2017 年 7 月 12 日，修水县畜牧水产局执法大队在对古市镇生猪市场检查时，查获到徐某宝从大桥镇生猪定点屠宰场贩运猪肉产品到古市镇市场批发销售，涉嫌跨区域销售生猪产品。

修水县畜牧水产局经过立案审判、询问、现场勘验程序后扣押了徐某宝的猪肉产品，附有《查封（扣押）物品通知书》，清单显示，徐某宝的猪肉有 185.7 公斤，并向徐某宝下达了《行政处罚告知书》，告知其处罚决定和徐某宝享有的陈述、申辩、听证的权利。

2017 年 7 月 18 日，修水县畜牧水产局向徐某宝出具了《行政处罚决定书》，认为徐某宝销售的猪肉产品涉嫌跨区域经营，依据《修水县畜牧水产局生猪定点屠宰管理实施细则》第 16 条，限其立即停止跨区域销售行为，所扣押的猪肉产品作没收处理，处理变

---

① 案例内容整理自江西省永修县人民法院行政判决书〔2017〕赣 0425 行初 10 号。

现的货款已及时上缴政府非税账户，并告知了徐某宝救济途径。徐某宝对修水县畜牧水产局的行政处罚不服，遂将修水县畜牧水产局作为被告诉至永修县人民法院。

（二）案例评析

1. 行政诉讼制度的宪法依据

本案系人民法院通过行政诉讼监督行政机关依法行政的一起裁判案例。人民法院在行政诉讼中借由审查被告（行政机关）的行政行为的合法性来起到保护原告（公民、法人或其他组织）合法权益、实质性解决行政纠纷和监督行政机关依法行政的作用。其宪法上的规范依据可从两方面得以说明：

一是，2004 年《宪法修正案》第 24 条将"国家尊重和保障人权"作为宪法基本权利体系的概括条款，为包括公民、法人或其他组织的诉权在内的宪法未列举权利提供了规范依据。该条从宪法解释角度可以解读为："对于那些宪法没有作出明示性规定但却非常重要的人权，同样也必须给予尊重和保障。"进而，在法学理论上，"主观公权利首先表现为公民在实体法上的请求权，是公民在实体法上相对于国家的法地位；这种实体请求权投射于行政诉讼中就是行政诉权"。[①] 诉权虽然未被我国宪法确认，但早已被国际人权公约所普遍确立，属于应受宪法保障的基本权利的重要类型。从义务角度可以得出：宪法中人权保障规范对应国家的保护义务，"即国家为了保护公民的基本权利不受行政机关侵犯，并为权利救济提供法律途径，需要建立行政诉讼制度来实现"。[②] 综上所述，行政诉讼制度乃是宪法为实现"人权的司法保障"所建立的法律制度。其在《行政诉讼法》上的规范落实乃第 3 条之内容：人民法院应当保障公民、法人和其他组织的起诉权利，对应当受理的行政案件依法受理。法院适用行政诉讼程序来保障人权，有其宪法和法律上的正当性和规范性依据。

二是，《宪法》第 5 条的"法治国家条款"。既然"依法治国的关键是依法行政"，作为合法性守护者的法院对行政权力行为进行合法性审查遂成为宪法的要求。正是有了"一切国家机关和武装力量、各政党和各社会团体、各企业事业组织都必须遵守宪法和法律。一切违反宪法和法律的行为，必须予以追究"，才有了人民法院依照法律规定独立行使审判权，不受行政机关、社会团体和个人的干涉。法官在审理案件过程中，以事实为根据，以法律为准绳，正确适用法律，审判刑事案件、民商事案件、行政案件等。

2. 人民法院在行政诉讼中适用法律的要求

本案中原被告双方争议的焦点之一是修水县畜牧水产局依据《修水县畜牧水产局生猪定点屠宰管理实施细则》第 16 条对原告徐某宝作出限其停止跨区域销售行为并扣押及没收其猪肉产品的行为是否合法。

首先，在事实问题上，被告主张原告存在跨区域销售猪肉产品的违法行为。依据修水县畜牧水产局给原告下达的《行政处罚书》中所载明的处罚依据，分别是《生猪屠宰管

---

① 翟国强：《行政诉讼制度功能展开的宪法基础重思》，载《中外法学》2022 年第 4 期。
② 翟国强：《行政诉讼制度功能展开的宪法基础重思》，载《中外法学》2022 年第 4 期。

理条例》第2条和《生猪屠宰管理条例实施办法》第44条。引述条文如下：

《生猪屠宰管理条例》第2条规定："国家实行生猪定点屠宰、集中检疫制度。除农村地区个人自宰自食的不实行定点屠宰外，任何单位和个人未经定点不得从事生猪屠宰活动。在边远和交通不便的农村地区，可以设置仅限于向本地市场供应生猪产品的小型生猪屠宰场点，具体管理办法由省、自治区、直辖市制定。"

《生猪屠宰管理条例实施办法》第44条规定："依据《条例》设置的生猪定点屠宰厂（场）能够保证供应的地区，不得设立小型生猪屠宰场点，小型生猪屠宰场点生产的生猪产品，仅限供应本地市场。"

上述规定虽限制跨区域经营，但对跨区域经营行为并未规定处罚细则。那么根据《行政处罚法》第12条第3款（法律、行政法规对为违法行为未作出行政处罚规定，地方性法规为实施法律、行政法规，可以补充设定行政处罚）和《行政处罚法》第16条（除法律、法规、规章外，其他规范性文件不得设定行政处罚），可以判断，即使原告徐某宝的行为构成跨区域销售的违法行为，修水县畜牧水产局也只能对其作出停止违法行为的政令，但不得对其作出行政处罚，因为"行政法规对违法行为未作出行政处罚规定"的，只有地方性法规可以补充设定行政处罚，那么在没有地方性法规对跨区域销售猪肉产品这一违法行为作出补充处罚规定的前提下，修水县畜牧水产局对徐某宝的行政处罚，就是缺乏法律依据的。

其次，修水县畜牧水产局发现，地方性法规并未对跨区域销售猪肉违法行为作出行政处罚的补充规定，如果贸然作出行政处罚，会产生缺乏处罚依据的问题。于是修水县畜牧水产局搬出了另一份规范性文件，即《修水县畜牧水产局生猪定点屠宰管理实施细则》。在这份"实施细则"中，修水县畜牧水产局设定了行政处罚。《修水县畜牧水产局生猪定点屠宰管理实施细则》第16条有两处涉及行政处罚。第1款规定"严禁生猪产品跨区域经营，违者由县畜禽屠宰监督管理执法大队对直接责任人进行查处，没收生猪产品，并按规定处以罚款"；第2款规定"对发现有三次或三次以上情形，属屠商者将暂停其进场调肉资格，属屠宰企业者将给予停止整顿直至上报市主管部门取消其屠宰资格等处罚"。似乎，有了《修水县畜牧水产局生猪定点屠宰管理实施细则》这份文件，修水县畜牧水产局就解决了处罚缺乏依据的问题。

最后，人民法院审理行政案件的依据是法律和法规。修水县畜牧水产局依据《修水县畜牧水产局生猪定点屠宰管理实施细则》这份文件，对徐某宝作出扣押没收的行政处罚，貌似解决了处罚缺乏依据的问题，但根据我国法律的规定，这份文件是无效的。我国《行政诉讼法》第63条规定："人民法院审理行政案件，以法律和行政法规、地方性法规为依据。地方性法规适用于本行政区域内发生的行政案件。人民法院审理民族自治地方的行政案件，并以该民族自治地方的自治条例和单行条例为依据。人民法院审理行政案件，参照规章。"所以，人民法院审查政府行为的合法性，主要依据的是法律、行政法规和地方性法规；至于《修水县畜牧水产局生猪定点屠宰管理实施细则》，它只是一份行政规范性文件。对于行政规范性文件的效力，《行政诉讼法》第64条规定："人民法院在审理行政案件中，经审查认为本法第五十三条规定的规范性文件不合法的，不作为认定行政行为合法的依据，并向制定机关提出处理建议。"那么《修水县畜牧水产局生猪定点屠宰管理实施细则》合法与否？文件合法，是一个综合概念，它不仅包含文件内容应合法，还同时包括制定程序合法、制定权限合法。其中有任一处不符规定，则文件本身便违法。《行政处罚法》第 16 条规定：除法律、法规、规章外，其他规范性文件不得设定行政处罚。因此，作为规范性文件的《修水县畜牧水产局生猪定点屠宰管理实施细则》，其第 16 条设定行政处罚，便与《行政处罚法》第 16 条相抵触，构成违法。再回到《行政诉讼法》第 64 条"规范性文件不合法的，不作为认定行政行为合法的依据"。至此，受案法院审查认为，修水县畜牧水产局依据《修水县畜牧水产局生猪定点屠宰管理实施细则》第 16 条对原告徐某宝作出扣押及没收其猪肉产品的行为，不合法。

审理本案的永修县人民法院依据《行政诉讼法》第 70 条第 2 项之规定，撤销了被告修水县畜牧水产局对原告徐某宝作出的《行政处罚决定书》。

五、问题思考

1. 我国宪法对国家审判机关的规定是什么？
2. 我国最高人民法院享有的职权包括哪些？
3. 人民法院审理行政案件，审查行政机关行政行为合法与否的依据的是什么？
4. 人民法院在审理行政案件，适用法律过程中，发现行政规范性文件与上位法相抵触时，应如何处理？

第八节　法律监督机关

一、人民检察院的性质和任务

（一）性质

人民检察院是国家的法律监督机关，是我国国家机构的重要组成部分。《宪法》第 134 条规定："中华人民共和国人民检察院是国家的法律监督机关。"这一规定的含义有三：（1）人民检察院是法律监督机关，是专门行使检察权的检察机关。（2）人民检察院是国家的法律监督机关。即人民检察院代表国家行使检察权，以国家的名义进行法律监督，以保障法律统一正确实施。（3）人民检察院通过行使检察权进行法律监督，区别于其他形式的监督。法律监督是指人民检察院通过检察活动，依法对有关机关和人员的行为是否合法进行监督。

根据宪法和有关法律规定，各级人民检察院由同级人民代表大会产生，并接受同级人民代表大会及其常务委员会的监督。人民代表大会及其常务委员会对人民检察院的监督主要体现在：

（1）作为国家的法律监督机关，各级检察机关检察长由本级人民代表大会选举产生。各级检察机关对本级人民代表大会负责并报告工作，接受其监督。

（2）全国人民代表大会有权罢免最高人民检察院检察长，县级以上地方各级人民代表大会有权罢免由它选出的人民检察院检察长，并须报经上一级人民检察院检察长提请该级人民代表大会常务委员会批准。

（3）人民检察院实行双重领导体制。地方各级人民检察院接受上级人民检察院的领导，对上级人民检察院负责，同时对本级人民代表大会及其常务委员会负责并报告工作。《宪法》第132条规定：“最高人民检察院是最高检察机关。最高人民检察院领导地方各级人民检察院和专门人民检察院的工作，上级人民检察院领导下级人民检察院的工作。”第133条规定：“最高人民检察院对全国人民代表大会和全国人民代表大会常务委员会负责。地方各级人民检察院对产生它的国家权力机关和上级人民检察院负责。”

（二）任务

人民检察院是国家的法律监督机关，依法行使检察权。人民检察院的主要职责是维护宪法和法律权威，保障宪法和法律实施，保护宪法和法律赋予公民的基本权利等。具体而言，人民检察院通过行使检察权，追诉犯罪，保障人权，维护国家安全和社会秩序，保障法律正确实施，维护社会公平正义，维护国家法制统一、尊严、权威。

二、人民检察院的组织体系和基本职权

（一）组织体系

1. 人民检察院的产生

根据《宪法》和《人民检察院组织法》的规定，最高人民检察院检察长由全国人民代表大会选举和罢免；副检察长、检察委员会委员和检察员，由检察长提请全国人大常委会任免。地方各级人民检察院检察长的任免，须报上一级人民检察院检察长提请本级人民代表大会常务委员会批准。省、自治区、直辖市人民检察院分院检察长、副检察长、检察委员会委员和检察员，由省、自治区、直辖市人民检察院检察长提请本级人民代表大会常务委员会任免。在新疆生产建设兵团设立的人民检察院的检察官任免，依照全国人大常委会的有关规定。专门人民检察院的检察官任免，也由全国人大常委会规定。

2. 人民检察院的组织

根据《人民检察院组织法》第3条的规定，人民检察院依照宪法、法律和全国人大常委会的决定设置。人民检察院的组织体系包括最高人民检察院、地方各级人民检察院以及军事检察院等专门人民检察院。

地方各级人民检察院包括省级人民检察院、设区的市级人民检察院、基层人民检察院。其中，省级人民检察院包括省、自治区、直辖市人民检察院；市级人民检察院包括省、自治区、直辖市人民检察院分院，自治州人民检察院，省、自治区下辖市人民检察院；基层人民检察院包括县、自治县、不设区的市、市辖区人民检察院。新疆生产建设兵团各级人民检察院的设立和案件管辖范围，依照全国人大常委会的有关规定。经全国人大常委会决定，可以设立跨行政区划人民检察院，办理跨地区案件。

最高人民检察院领导地方各级人民检察院和专门人民检察院的工作，上级人民检察院领导下级人民检察院的工作。人民检察院检察长任期与产生它的人民代表大会每届任期相同。全国人民代表大会常务委员会和省、自治区、直辖市人民代表大会常务委员会根据本级人民检察院检察长的建议，可以撤换下级人民检察院检察长、副检察长和检察委员会委员。

（二）基本职权

人民检察院"依照法律规定对有关刑事案件行使侦查权"。除此之外，还行使下列职权：对刑事案件进行审查，批准或者决定是否逮捕犯罪嫌疑人；对刑事案件进行审查，决定是否提起公诉，对决定提起公诉的案件支持公诉；依照法律规定提起公益诉讼；对诉讼活动实行法律监督；对判决、裁定等生效法律文书的执行工作实行法律监督；对监狱、看守所的执法活动实行法律监督；法律规定的其他职权。依照法律有关规定，最高人民检察院是国家最高检察机关，其可以行使下列职权：对最高人民法院的死刑复核活动实行监督；对报请核准追诉的案件进行审查，决定是否追诉；对属于检察工作中具体应用法律问题进行解释；发布指导性案例供全国检察机关办案参考；法律规定的其他职权。

上级人民检察院对下级人民检察院行使下列职权：认为下级人民检察院的决定错误的，指令下级人民检察院纠正，或者依法撤销、变更；可以对下级人民检察院管辖的案件指定管辖；可以办理下级人民检察院管辖的案件；可以统一调用辖区的检察人员办理案件。

三、人民检察院的检察工作原则

1. 依法独立行使检察权原则

《宪法》第136条规定："人民检察院依照法律规定独立行使检察权，不受行政机关、社会团体和个人的干涉。"检察权独立不是检察官个人独立，而是指人民检察院独立行使检察权，但不得排除上级人民检察院的领导和本级人民代表大会及其常务委员会的监督。

2. 平等适用法律原则

人民检察院在办理案件过程中，坚持在适用法律上人人平等，不允许有任何特权和歧视。

3. 司法公正原则

人民检察院坚持司法公正，以事实为根据，以法律为准绳，遵守法定程序，尊重和保障人权。人民检察院在行使检察权的过程中必须坚持实事求是，重事实、重证据，不轻信口供，严禁刑讯逼供。

4. 司法民主原则

该原则也称"专门工作与群众路线相结合原则"。人民检察院坚持司法民主，人民群众对检察工作依法享有知情权、参与权和监督权。人民检察院办理案件，必须坚持执法为民的宗旨，必须深入调查研究，准确地查明案件事实，正确适用法律，惩罚犯罪，保护人民。

5. 检务公开原则

人民检察院坚持检务公开，但法律规定不宜公开的除外。

6. 司法责任制原则

人民检察院实行司法责任制，建立健全权责统一的司法权力运行机制。2015年9月，最高人民检察院下发《关于完善人民检察院司法责任制的若干意见》，规定检察人员应当对其履行检察职责的行为承担司法责任，在职责范围内对办案质量终身负责。司法责任包括故意违反法律法规责任、重大过失责任和监督管理责任。

7. 使用本民族语言文字进行诉讼原则

人民检察院对于不通晓当地通用的语言文字的当事人，应当为他们翻译。在少数民族聚居区或多民族共同居住的地区，人民检察院应当使用当地通用的语言进行讯问，起诉书、布告和其他文件应当根据实际需要使用当地通用的一种或几种文字。

四、案（事）例述评

（一）法律净化绿茵场　最高检将"黑哨"定性为商业贿赂

2002年2月25日，最高人民检察院向各级检察机关专门下发通知，要求依法正确处理足球"黑哨"腐败问题。

通知指出，足球"黑哨"问题是当前的一个社会热点问题，这一问题既有严重的社会危害性，又具有敏感性，各级人民检察院尤其是相关地方人民检察院对此必须予以高度重视，要从维护社会稳定和依法治国的高度认识和处理相关问题。

通知指出，对于一般的违反行业规章的行为，应由行业主管部门依照行业管理规章对有关人员进行处罚；触犯刑律的，应由行业主管部门移交司法机关依法追究刑事责任。对相关人员的处理，要体现处罚少数、教育多数的精神，严格掌握政策。

通知要求，对于有关单位和个人对"黑哨"问题的举报，检察机关应当依法受理，同时将处理结果通知举报人。对于行业主管部门移送的涉嫌犯罪案件，如果属于检察机关管辖的，应当依法立案侦查；对于不属于检察机关管辖的，应当依法移送主管机关处理。

通知指出，根据目前我国足球行业管理体制现状和《体育法》等有关规定，对于足球裁判的受贿行为，可以依照《刑法》第163条的规定，以公司、企业人员受贿罪依法批捕、提起公诉；对于国家工作人员涉嫌贿赂犯罪的案件，应当依法立案侦查、提起公诉，追究刑事责任；对于其他相关的犯罪行为，应根据案件的具体情况，确定适用刑法问题。

通知要求，各地对于处理"黑哨"问题过程中遇到的重要情况和适用法律中的疑难问题，要及时层报最高人民检察院，对于需要作出司法解释的，最高人民检察院将会同有关部门及时作出司法解释；对于需要作出立法解释的，将提请全国人大常委会作出立法解释。①

---

① 《最高人民检察院已于2月25日发出通知要求：依法严肃处理足球"黑哨"腐败问题》，载《检察日报》2002年3月15日。

（二）事例评析

我国《宪法》第137条规定："最高人民检察院是最高检察机关。"我国检察机关是法律监督机关，最高人民检察院作为最高的法律监督机关，可以出台司法解释，监督全国各地法律实施情况。最高人民检察院针对足球场上愈演愈烈的吹"黑哨"、踢假球现象，将"黑哨"定性为公司、企业人员受贿罪（通俗称之为商业贿赂罪），打击吹"黑哨"行为，遏止踢假球现象，起到了净化绿茵场的作用。裁判是球场上的"法官"，"黑哨"行为不仅损害裁判职业廉洁性、违背裁判的职责，还执法违法、对诚信基础造成破坏，对广大球迷造成伤害，损害的法益是非常广泛的。"黑哨"裁判利用手中的裁判权力进行谋利，是一种典型的权钱交易行为。"黑哨"是中国足球场上长期以来存在的一个顽疾，它损害了体育比赛公平竞争的精神，玷污了足球场的真实比赛，让众多的球迷和观众"欣赏"虚假的比赛。"黑哨"问题成为关注度很高的话题，在社会各方的要求下，最高人民检察院专门为此作出司法解释，将"黑哨"行为比照公司、企业人员受贿罪定罪处罚，为司法介入"黑哨"扫清了障碍。[1]

五、问题思考

1. 谈谈为什么要设立法律监督机关。
2. 谈谈人民检察院的宪法地位。
3. 简述人民检察院的领导体制。
4. 简述人民检察院的检察工作原则。

---

[1]　尹长海、义瑛、刘昕：《宪法教学与实例分析》，湖南人民出版社2015年版，第197页。

第六章 公民基本权利与义务

第一节 平 等 权

一、平等权概述

(一) 平等权的含义和特征

从语义上讲，平等是表明一定社会的个人或群体同其他对象之间相互关系的概念，以两个或两个以上的可比对象为前提。从规范上讲，平等是指在利益方面或无利益方面都没有差别，但并不意味着绝对平等，而是禁止根据不合理的理由进行差别对待。宪法上对平等权的确认最核心的规定是法律面前人人平等的条款，换言之，也称为禁止法律上的区别对待。这里所说的法律，包括立法机构、行政机构和司法机构制定的具有普遍法律效力的规则，即法律、行政法规、规章和其他规范性文件。

法律面前人人平等，主要是指国家不得因人的自然的（种族、肤色、性别、民族）、社会的（财产、语言、宗教、社会出身）或其他方面（党派或其他见解、其他身份）等任何情况，在法律上对他们进行区分而给以差别待遇，确定其不同的权利与义务。任何人不得享有特权或者受到不合理的有利的或不利的待遇。

平等是和歧视相对的。平等首先要求宪法即根本法加以确认，其次在立法上做到在每个有关的方面，相同的人受到相同对待，不同的人受到不同的对待，并遵循正当的立法程序。由于"事物的力量总是倾向于摧毁平等的，所以立法的力量就应该总是倾向于维持平等"。再次，法律规范在运用过程中要确保平等。一般而言，违反宪法平等原则主要表现为三种形式：其一，法律的表述可能歧视了不同类别的公民，这是明显的歧视；其二，法律虽然在表面上平等，但对不同类别的公民隐含着歧视目的或歧视效果；其三，法律内容本身没有问题，但在实施与适用过程中出现了歧视现象，构成了"事实歧视"。

国家的主要职责之一，是确保其国民平等地享有人格尊严和其他基本权利，这决定了法律上的平等地位和平等对待中那个涉及分配的方面——对社会利益的公正分配——首先产生于一种应该保障每个人之自由和人格完整的法律的普遍意义。在一个法律共同体中，只要一个人的自由必须用对另一个人的压抑的代价而得到，就没有人是自由的。对权利的平等分配仅仅来源于承认所有人为自由和平等成员的相互性。如果不能平等地尊重每个个体，平等事实上就不存在了。

平等既是一项宪法原则，规范一切国家权力，为公民权利保障提供根本标尺，平等更是一项宪法权利，平等权是我国宪法规定的基本权利体系中的重要组成部分，是权利主体参与社会生活的前提与条件。平等权可从不同视角加以理解，从自然法的观点看，平等权是先于国家的人类每个个体生而具有的权利，任何统治者都无权剥夺公民的平等权；从实际保障看，平等权是通过宪法和法律确认的权利，是可以在现实中向国家和社会主张的、实际运行的权利。实在法意义上的平等权是指公民依法平等地享有权利，不受任何差别对待，要求国家给予同等保护的权利与原则。这一概念的内涵包括以下几个方面：

（1）平等权的性质具有双重性，即作为主观权利与客观秩序的规范性质。平等权为公民向国家要求平等地位，消除各种不平等现象提供了法律基础。

（2）从公民与国家关系看，公民有权要求国家平等的保护，不因公民性别、年龄、职业、出身等原因给予差别对待；国家有义务无差别地保护每一个公民的平等地位。特别是国家有关机关适用法律时给予公民的保护或惩罚是平等的，不得因某些特定人的个人因素给予特殊保护，而对其他公民不予保护。平等权的宪法规定划定了国家机关活动的合理界限，是国家机关活动的基本出发点。

（3）平等权要求公民平等地行使权利，平等地履行义务，反对一切超越宪法和法律的特权。权利与义务一致性的原则是平等权价值内涵的必然体现，平等权观念、原则和规范要求权利与义务价值的并重。国家一方面平等地保护公民的法定权利，同时平等地要求公民履行基本权利形成与运行的指导性规则。我国《宪法》第 5 条规定："任何组织或者个人都不得有超越宪法和法律的特权。"这一条实际上确定了平等权适用的广泛的范围，即平等权的价值不允许特权现象的存在，凡是存在特权的领域就不存在平等权原则。

（4）平等权概念意味着它是实现基本权利的方法或手段。平等权是基本权利体系的一种，同时也是实现政治权利、经济权利、社会权利与文化权利的手段，为这些权利的实现提供了基础与环境。宪法上规定的基本权利是平等原则的体现，是平等权在不同社会领域中的具体化，如平等选举权、租税平等、男女平等、民族平等、教育机会平等。因此，平等权概念是多样化的、综合性的概念，反映了国家权力与公民权利的相互关系。

（二）平等权的宪法地位

平等权作为公民的基本权利，构成宪法权利的基础，是一种综合性的权利。在基本权利体系中具有极其重要的地位。

首先，平等权是公民享有的基本权利，是人类不可缺少的，与生命权、自由权具有同等价值的权利。没有平等，自由便不能存在。不仅早期的资产阶级启蒙思想家主张，而且宪法文件中的平等权也被解释为它是人与生俱来的重要权利。

其次，作为一项基本权利，平等权的存在形式有其特点。平等权不像其他基本权利那样具有特定而具体的内容，其权利性主要体现在与其他基本权利的相互关系中，具体通过政治平等权、经济平等权、文化平等权与社会平等权体现了权利的价值。但这一点并不否定平等权的权利性，它只是反映权利存在的不同形式而已。相对于一般权利的独自行使加以显现而言，平等权的实现和体现往往要通过权利主体和社会其他成员的比较性交往才能体现出来。

最后，平等权既是基本权利，又是宪法原则。在平等权的理论中，如何判断平等权的性质是十分重要的问题。围绕平等权性质，学术界主要有权利说、原则说、权利原则二重说、资格权利原则三重说等，其中，认为平等权既是原则，又是权利的观点较好地反映了平等权的属性。因为，如果把平等权只理解为一项宪法原则，不赋予其权利属性，有可能导致平等权的价值无法在现实中实现。而只强调平等权的权利性，忽视其原则性则可能导致平等权统领宪法权力和权利这一全面功能的缺失，损害宪法的根本精神，影响宪法对国家权力的制约功能和对其他基本权利的保障功能。

（三）平等权的意义

平等权是宪法规定的公民基本权利，同时也是法治国家必须遵循的宪法原则。宪法确认和保障平等权有利于实现"一切权力属于人民"的宪法原则，保护公民的宪法地位与合法权益；有助于公民平等地行使权利与平等地履行义务，反对特权与官僚主义，消除腐败现象；有助于协调国家权力与公民权利的相互关系，使两者处于平衡状态，以强化政权的合宪性和服务性。充分实现宪法平等权是建立社会主义法治国家的必然要求和体现，使人权得到充分保障的重要标志。

（四）形式平等与实质平等

1. 形式平等

平等可以分为形式上的平等与实质上的平等。形式平等是指国家承认所有的人在法律上一律平等，在法律权利和义务上给以相同的对待，禁止差别待遇的歧视对待。这种平等在宪法学上又被称为"机会的平等"或"机会均等"，是近代宪法所确立的重要宪法原理。它要求社会应当为每个成员追求自己的利益、自我发展和自我完善，提供平等的机会，即人人都享有平等的机会，亦即机会平等。根据此原理，人作为具体的人在种族、门第、性别、天赋、能力等方面必然存在差别，但作为抽象的人，即作为独立、自由的人格主体的人，在法律地位上是一律平等的。形式的平等主张有利于打破封建等级和门第观念，对于发展个人潜能，解放人和促进每个人拥有同样的全面发展的机会，获得从事社会各种职业的资格具有不可估量的作用。但是，形式上的平等存在其局限性，这种局限性主要体现在应用于现实社会生活中时，可能导致实质上的不平等，从而与旨在反对不合理的差别的形式平等的宗旨相违背。因此，有必要在形式平等基础上，进一步丰富平等的基本要求以实现更具实质意义上的平等。一般而言，对于精神（良心、信仰、研究等）、文化活动的自由、人身自由与人格尊严、政治权利等要坚持形式上的平等原则，而对于社会经济权利的保障除要坚持形式上的平等原则外还要引入实质平等原则。

2. 实质平等

实质平等是指国家对形式上的平等可能导致的事实上的不平等进行修正和补足的原理，指的是针对具体情况和实际需要，对特定的人群在经济上、社会上、文化上等方面与其他人群存在着的事实上的差异，根据理性的、合理的正当决定，采取某些适当的、合理的、必要的区别对待的方式和措施，对作为各个人的人格发展所必需的前提条件进行的实质意义上的平等保障，从而在实质上为公民提供平等发展的条件，缩小仅仅由于形式平等造成的差距，其目的是使强者与弱者之间恢复法律内在的所期待的对等关系。因此，实质上的平等在宪法学上又被称为"条件的平等"。

由于实质的平等只是为社会共同体的每个主体提供了相同的发展条件，基于每个主体自身的主观努力、先天禀赋和外在因素的作用不同，同样条件也会导致不同结果。因此，实质平等不等于结果的平等。对结果平等的追求尽管也有其一定的合理性，但由于它从根本上否定了人与人之间的必然区别和自由这一同样重要的价值，其后果是扼杀人类创造力的绝对平均主义，反过来又导致了更大的不平等。所以，平等与自由之间需要保持必要的张力，使每个人获得大致相同的社会待遇的同时，鼓励有能力的人更多地为人类发展同时也为自我实现提供良好的制度保障。

（五）平等与差别对待

1. 平等与差别对待的关系

如前所述，法律面前平等在本质上是权利与义务平等，禁止任何不合理的差别对待。在法律关系上人们的地位是平等的，社会身份、职业、出身等原因不应成为任何受到不平等待遇的理由。有的学者认为，法的平等是一种价值判断，价值判断的内容取决于平等待遇对象的生活关系、人际关系，它是宪法价值判断的具体反映。差别从广义上讲是价值中立的概念，使一部分人赋予特权，使另一部分人处于不利的地位。平等权禁止的差别是不合理的差别，允许有合理的差别。平等权的相对性要求禁止不合理的差别，而合理的差别具有合宪性。如宪法对全国人大代表的言论免责权作了特殊规定，这一权利是人民代表基于其取得的代表资格而享有的，不具有代表资格的公民不能享有。在这里，平等权的价值表现在人民代表在言论免责权行使方面的平等，公民之间权利方面的某些特殊规定是一种合理的差别，不能认为是一种特权。如果不承认现实生活中存在的合理的差别，仅仅以平等理念处理各种宪法问题，有可能导致平均主义，混淆平等与自由的界限。基于性别、年龄及个人生活环境的差异，在法律或公共政策中有可能出现一些差别，对此应做具体分析，区分合理的差别与不合理的差别。当出现某种差别时，需要判断是否具有宪法上的正当理由。

从一般意义上讲，判断差别正当性的基本原则是：是否符合作为宪法核心价值的人的尊严原则；确定差别措施的目的是否符合公共利益；采取的手段与目的之间是否有合理的联系等。要保障平等，首要的是政府对待公民应坚持不歧视原则，消除各种缺乏合理性的差别对待现象。社会生活中的不平等现象并不都是歧视。一般意义上，构成歧视应满足如下条件：一是存在着区别待遇，二是此种区别具有不良的效果，三是该区别的理由是被禁的。符合合理性原则的差别是正当的，否则属于宪法上禁止的差别。

2. 平等与差别对待的主要表现

在中国，立法上的平等主要针对的是国家制定的对公民的法律权利义务具有普遍约束力的规范性文件，强调国家权力在为公民设定权利义务时，也应当受到宪法平等权的拘束，充分体现宪法规定的法律面前人人平等的原则，为国家的执法和司法行为提供宪法上的保障。立法上的平等，并不排斥国家可以根据公民自然的、社会的和事实上存在着的差异，为了保障和实现实质上的平等而进行的必要的、合理的区别对待。

这些合理差别包括：

第一，根据特定国家职位的特殊要求，对公民行使某些权利，在宪法和法律上所采取的合理的、适当的和必要的差别。例如，《宪法》第34条规定年满18周岁的公民享有选举权与被选举权，第74条规定全国人大代表的身份保障权。

第二，根据人的生理自然差异存在着与他人的不平等，在宪法和法律上所采取的合理差别。例如《宪法》第54条规定公民在年老、疾病或者丧失劳动能力的情况下，有从国家和社会获得物质帮助的权利。《刑法》和《未成年人保护法》对未成年人犯罪与成年人犯罪在法律上所作的合理差别规定是根据人的生理身体差异可能导致的与他人的不平等而作的合理差别。《残疾人保障法》规定国家和社会对残疾人权利给以的保障与对非残疾人在法律上所作的合理差别。

第三，根据民族、性别等原因造成的人们事实上存在的不平等，在法律上所采取的合理差别规定。例如，《选举法》对少数民族公民参加当地人大代表和全国人大代表，作了区别于非少数民族公民参加人大代表的规定。《妇女权益保障法》对妇女的政治权利、文化教育权益、劳动权益、财产权益、人身权益和婚姻家庭权益作出的规定。

第四，根据特定职业需要对任职资格所采取的合理限制。例如，《法官法》《检察官法》《警察法》《公务员法暂行条例》《律师法》《医师法》《教师法》等法律，对担任某些国家机关的公职或者职业，在年龄、文化程度、专业技术资格等方面所采取的限制。

第五，根据经济上的能力以及所得的差异所采取的纳税负担上的合理差别。如我国《个人所得税法》第3条规定实行超额累进税率方法，在一定程度上加重了高收入的公民的纳税义务，但只要在合理范围内，也是合理的差别。

第六，对拥有公权力或从事特定职业的权利主体的某些权利的限制和义务的加重。如为保障公众的知情权而对公职人员和公众人物隐私权和名誉权的合理限制。再如，对一定级别以上的公职人员的财产状况要求公职人员定期申报和公开，这也是一种义务的合理加重。

二、中国宪法下的平等权

（一）平等权在我国宪法中的体现

我国宪法关于平等权的规范十分丰富，如法律面前人人平等、人格平等、男女平等、民族平等、政治平等、经济平等、社会平等、家庭平等、宗教平等等等。由于法律面前人人平等、人格平等是最一般意义上且是最具有原则意义的平等内容，前文已述，这里主要阐释以下几种平等类型：

1. 民族平等

民族平等是指在各民族的关系上，各民族不分大小一律平等，共同构成中华民族。中国是统一的多民族国家。除汉族外，全国有55个少数民族。在中国历史上，各族人民共同创造了中华文化，各民族之间形成了血肉不可分离的联系，共同创造了中华民族悠久的历史文化。《宪法》第4条在国家基本制度中，单独规定了民族平等权。其中第1款明确规定："中华人民共和国各民族一律平等。国家保障各少数民族的合法的权利和利益，维护和发展各民族的平等团结互助和谐关系。禁止对任何民族的歧视和压迫，禁止破坏民族团结和制造民族分裂的行为。"

民族平等强调各民族在国家统一的大家庭内的团结与合作。既要反对大汉族主义，也要反对地方民族主义和民族分裂主义，维护中华民族的大团结。在各少数民族聚居的地方实行区域自治，设立自治机关，行使自治权。充分尊重和保障各少数民族管理本民族内部事务的权利，从而实现各民族的平等、团结和共同繁荣。

民族平等还包括民族语言平等，亦即国家应当创造条件，尊重和保障各少数民族充分地使用本民族语言进行生产、生活和了解国家事务的自由。《宪法》第 139 条规定："各民族公民都有使用本民族语言文字进行诉讼的权利。人民法院和人民检察院对于不通晓当地通用语言文字的诉讼参与人，应当为他们翻译。在少数民族聚居或者多民族共同居住的地方，应当用当地通用的语言进行审理：起诉书、判决书、布告和其他文书应当根据实际需要使用当地通用的一种或者几种文字。"

2. 男女平等

《宪法》第 48 条规定："中华人民共和国妇女在政治的、经济的、文化的、社会的和家庭的生活等各方面享有同男子平等的权利。国家保护妇女的权利和利益，实行男女同工同酬，培养和选拔妇女干部。"这一规定表明，男女平等在宪法基本权利中独立于其他基本权利，也不同于旨在强调社会及法律地位平等的平等权利，而主要是指人的性别平等。

男女平等权是一项与平等权既有联系又不完全相同的基本权利。男女在生理上虽有不同，但人格尊严没有任何差异。这决定了国家、社会、企事业组织和个人，都不得因自然人的性别状况来确定区别对待的标准。因此，《宪法》在第 33 条规定平等权后，第 48 条将男女平等作为一项独立的基本权利予以规定。

男女平等包括妇女享有与男子平等的政治权利、文化教育权利、劳动权益、财产权益、人身权益和婚姻家庭权益。保障妇女与男子享有各种平等的权益，既是全社会的共同责任，更是国家机关、社会团体、企业事业单位、城乡基层群众性自治组织等的神圣职责。政府必须不断采取有效措施，为妇女依法行使平等权利提供必要的条件，确保妇女在各方面享有与男子平等的权利。

男女平等还必须关注历史和现实中妇女的弱势地位，在实质平等上采取合理差别的法律手段，通过对妇女某些权益的特别保护实现与男子真正的平等。由于中国传统习俗中存在着重男轻女、男尊女卑的陋习，妇女在某些社会关系和社会生活中与男子不平等的现象仍然存在，妇女受歧视和受虐待的情况并未完全消除。为了消除和缩小这些事实上存在着的不平等，法律对妇女合法权益的保障作出了特殊规定，以实现男女实质上的平等。《中华人民共和国妇女权益保障法》第 2 条规定："男女平等是国家的基本国策。妇女在政治的、经济的、文化的、社会的和家庭的生活等各方面享有同男子平等的权利。国家采取必要措施，促进男女平等，消除对妇女一切形式的歧视，禁止排斥、限制妇女依法享有和行使各项权益。国家保护妇女依法享有的特殊权益。"第 47 条规定："用人单位应当根据妇女的特点，依法保护妇女在工作和劳动时的安全、健康以及休息的权利。妇女在经期、孕期、产期、哺乳期受特殊保护。" 在当下，真正从就业、家庭等方面消除对妇女的歧视是国家和社会最需努力的领域，也是最难的领域。

3. 社会平等

社会平等是指国家在机会与社会条件方面，对其公民应当平等对待，设定法律权利义务应当一视同仁，禁止差别对待。国家可以根据个人的实际负担能力和经济情况，在承认公民个人由于自然的、社会的和事实上差异的前提下合理区别对待，并采取法律上的措施，逐步缩小这种差异，从而实现实质上的平等。

从宪法基本权利的行使来看，国家只有在创造了保障公民享有社会权利的情况下，才能够实现自由、平等的权利。2004 年《宪法修正案》规定，"国家建立健全同经济发展水平相适应的社会保障制度"。从社会平等来看，人人有权享受社会保障，包括社会保险。这决定了中国境内的居民，无论其居住在城镇还是农村，凡共同生活的家庭成员人均收入低于当地居民最低生活保障标准的，均享有从当地人民政府获得基本生活物质帮助的权利；同时享有参加旨在保障公民健康的医疗保险和社会保障的权利。近几年来，随着国家不断加大对农村社会发展的投入，农民的一些社会权利得到了前所未有的保障，当然，这种保障还在不断完善之中。

4. 经济平等

经济平等是指国家对包括个人在内的各类经济主体，在法律上一视同仁，相同对待，保障其相同的法律权利与义务，不得作出歧视性的规定，从而实现在经济活动中的平等。经济平等是平等的重要内容，也是公民实现其他宪法基本权利的物质基础与保障，更是社会经济健康和可持续发展的保障。

我国《宪法》规定，非公有制经济、公有制经济和国有经济都是社会主义市场经济的组成部分。《宪法》第 11 条规定："在法律规定范围内的个体经济、私营经济等非公有制经济，是社会主义市场经济的重要组成部分。""国家保护个体经济、私营经济等非公有制经济的合法的权利和利益。国家鼓励、支持和引导非公有制经济的发展，并对非公有制经济依法实行监督和管理。" 这表明，非公有制经济与国有经济具有相同的法律地位与性质。依照经济平等原则，它们应当享有同样的经济权利与义务，不得由于经济主体在所有制方面的差异，而受到国家的歧视对待。

三、案（事）例述评

（一）《刑法修正案》将男性纳入猥亵罪的保护对象

2015 年 8 月 29 日十二届全国人大常委会第十六次会议表决通过了《刑法修正案》（九）。这次刑法修改是自 2011 年《刑法修正案》（八）颁布之后的又一次大规模修正，通过的修正案数量达到 52 条。而这次刑法修改的背景在于：2014 年 10 月十八届四中全会研究并审议通过了《关于全面推进依法治国的若干重大问题》决定，文件指出我国正处于社会主义初级阶段，法治建设还存在许多不适应、不符合的问题。在刑法领域，随着社会形势的发展，我国要逐渐减少死刑的适用，伴随我国反腐败斗争不断深入，《刑法》

的相关规定需要补充和完善，为惩处贪污腐败提供法律支持；同时，我国网络犯罪不断增多，暴力恐怖案件也时有发生，反恐反暴成为必须面对的问题；老人、妇女、儿童的权利保护也是人权关怀的必然要求；《刑法》的原有规定相对粗疏，实践中出现的一些新情况、新问题需要制定更为明确的规定来解决。[①] 如是，《刑法修正案》（九）的出台，不仅适应了社会不断发展和我国刑事政策调整的需要，同时也弥补了《刑法》自身存在的缺陷。

此次刑法修改，从内容上看，涉及减少适用死刑罪名、严惩恐怖主义犯罪、加强人身权利保护、维护信息网络安全、加大惩处腐败力度、惩治失信背信行为和切实加强社会治理七大方面。其中涉及人身权利保护方面，《刑法修正案》（九）将原《刑法》第237条修改为"以暴力、胁迫或者其他方法强制猥亵他人或者侮辱妇女的，处五年以下有期徒刑或者拘役"。即强制猥亵的对象由原来的"妇女"修改为"他人"，至此，男性也被纳入猥亵罪的被侵害和受保护对象。外界对该项修改解读为——推进了我国男女平等保护的进程，人身权利得到了更充分的保护。

（二）事例评析

我国《宪法》第33条规定，中华人民共和国公民在法律面前一律平等；《宪法》第37条规定，中华人民共和国公民的人身自由不受侵犯；《宪法》第38条规定，禁止用任何方法对公民进行侮辱、诽谤和诬告陷害；《宪法》第48条规定，中华人民共和国妇女在政治的、经济的、文化的、社会的和家庭的生活等各方面享有同男子平等的权利。以上引述的《宪法》条文，当中的"公民"既包括女性也包括男性，即在宪法上国家平等保护男性和女性公民。而《宪法》第48条对男女平等的特别强调，则出于我国历史和国情的考虑，即长期受封建意识影响，女性的平等权利长久以来都受到压制，直至中华人民共和国成立之后，女性享有同男性平等的权利才成为社会的共识。鉴于历史上女性所遭受的不平等对待，《宪法》第48条从女性角度对男女平等作出了特别强调，以此来弥补和改变长期形成的男女两性在多个方面的不平等状况。

尽管从历史和现实来看，女性获得平等对待的权利容易遭到忽视，但并不意味着在任何方面，男性都处于强势地位——在性犯罪领域，传统观念认为只有女性才是性侵害的受害者，而男性不可能成为性侵害的受害者，即使认可男性也会遭受性侵害，传统的社会心理也认为这种侵害并不严重，不值得运用刑法来加以惩治。这种传统观点反映到刑事立法上，就是在《刑法修正案》（九）通过之前，我国《刑法》中的强奸罪、强制猥亵、侮辱妇女罪、猥亵儿童罪几个罪名中强奸罪和强制猥亵、侮辱妇女罪的受害对象都只能是女性，排除了男性也可能成为受害对象；猥亵儿童罪既包括女童，也包括男童，但如果对未满14周岁的男童实施性侵害，则只能以猥亵儿童罪论处，对未满14周岁的女童实施性侵害，则可以强奸罪论处，并从重处罚。现实生活中，男性被性侵害的事件并不罕见，"被

[①] 参见周光权：《〈刑法修正案（九）〉（草案）的若干争议问题》，载《法学杂志》2015年第5期。

侮辱"和"强奸"的对象完全可能是男性。这种刑法上的性别刻板偏见，可以通过下表加以体现。

修改前的《刑法》罪名	受　害　对　象			
强奸罪	成年女性✓	成年男性	女童✓（从重处罚）	男童
强制猥亵、侮辱妇女罪	成年女性✓	成年男性	女童	
猥亵儿童罪			女童✓（从重处罚）	男童✓（从重处罚）
修改后的《刑法》罪名	受　害　对　象			
强奸罪	成年女性✓	成年男性	女童✓（从重处罚）	男童
强制猥亵罪	成年女性✓	成年男性✓	女童✓（从重处罚）	男童✓（从重处罚）
侮辱罪	成年女性✓	成年男性✓	女童	男童

从上表对比可以看出，刑法修改之前，强奸罪、强制猥亵、侮辱妇女罪的保护对象只限于女性（包括女童），排除了男童。尽管强制猥亵罪既保护女童也保护男童，并且猥亵儿童（不分男女）从重处罚。但针对男童的奸淫行为，无法以强奸罪论处只能按猥亵儿童罪从重论处。尤其针对成年男性实施的性侵害——奸淫行为，既不能纳入强奸罪加以惩治，也无法以强制猥亵妇女罪入罪，作为性质相同的性侵害行为，刑法对于成年男性和男童的保护相较于成年女性和女童，明显存在法律空白。这不仅有悖于实际，也有悖于刑法适用平等的原则，而刑法上的平等原则来自宪法上平等原则。尽管宪法肯定"合理的差别对待"，但"差别对待"必须具备"合理性"。"合理性"标准是审查区别对待是否具有宪法上正当性的标准或依据。判断某种区别对待是否具备合理性的标准有多种多样，但无论哪种标准，都须接受宪法上比例原则的检验，即首先不平等对待行为期待实现的目标是否为宪法所认可的价值；其次，区别对待的行为必须有助于实现其所追求的宪法价值目标；最后，在多种实现目标的手段中，选择对权利侵害最小的手段，追求的利益与损害的利益之间应符合比例。[1] 目前来看，刑法在面对同样性质的性侵害犯罪时，以性别差异设定不同标准，排除了成年男性和男童作为强奸罪的保护对象，确实有违比例原则和《宪法》第 37、38、48 条确立的男女平等内容。

好在《刑法修正案》（九）的颁布，为进一步贯彻宪法上平等权，不分男女平等保护公民的生命权和健康权迈进了一步。修改后的《刑法》，将"强制猥亵、侮辱妇女罪、猥亵儿童罪"变更为"强制猥亵、侮辱罪"，将"以暴力、胁迫或者其他方法强制猥亵妇女或者侮辱妇女的"修改为"以暴力、胁迫或者其他方法强制猥亵他人或者侮辱妇女的"。猥亵罪的对象由"妇女"扩张到"他人"。换言之，成年男性，现在也被纳入强制猥亵罪的保护对象。这一变化，更顺应当前社会实际，也契合了宪法上的平等原则，可看作刑法回应宪法平等保护要求的一个进展。修改后的《刑法》，弥补了此前的法律空白，为受猥

---

[1]　参见陈征：《我国宪法中的平等权》，载《中共中央党校学报》2010 年第 5 期。

亵的成年受害男性提供了刑法的有有力保护，对未来可能发生的针对男性的性侵害起到了吓阻效用，也部分修正了对性犯罪的保守认识，确立了新的社会共识。但美中不足的是，强奸罪、侮辱罪的保护对象，至今仍排除男性，从世界刑法发展潮流和宪法上男女平等、尊重和保护人权的原则出发，我国有必要借鉴国外立法考量，重新定义强奸罪的受害者，将被害人扩张至男性，从而在刑法中落实宪法平等原则，维护宪法权威。

四、问题思考

1. 《刑法》第 237 条【强制猥亵、侮辱罪】规定："以暴力、胁迫或者其他方法强制猥亵他人或者侮辱妇女的，处五年以下有期徒刑或者拘役……"其中"他人"是否包括男性，还是单指女性？

2. 强奸罪的受害对象有哪些？

3. 《刑法》中哪些条款体现了《宪法》中的男女平等权？

第二节　生　命　权

一、生命权概述

（一）生命权的含义及内容

生命权，又称生命健康权，它是狭义的生命权和健康权的合称。狭义上的生命权是指维持生命存在的权利，即活着的权利；健康权是指对于一个活着的人来说，有权维持自身各器官正常运转的权利。两者结合在一起即为广义的生命权（生命健康权），一般是指国家有义务尊重公民的生命和身体完整，不得伤害和妄加杀戮。

自近代社会以来，生命权就与自由权、财产权一道成为人们普遍公认的自然权利。生命权作为宪法权利最早规定在 1776 年美国《独立宣言》之中，《独立宣言》主张：生而平等，享有生命权、自由权和追求幸福的权利。从基本权利的发展历史来看，生命权被明文规定在宪法中或受宪法保护始于第二次世界大战之后。鉴于"二战"中生命权遭到残酷践踏的惨痛历史教训，人们开始要求国家和社会尊重生命、切实保障生命权——开始有国家规定生命权保护的宪法依据，将保护生命权作为国家义务。德国《基本法》第 2 条第 2 款规定："任何人享有生命权与身体不受侵犯的权利，人身自由不可侵犯。"日本《宪法》第 13 条规定："一切国民作为个人受到尊重。生命、自由与追求幸福的权利在不违反公共福利的范围内，在立法及其国政中得到最大限度的保障。"

我国宪法没有明文规定生命权，生命权是否属于公民基本权利尚不明确，但这并不影响生命权获得宪法保障，没有生命权的价值就不会有其他基本权利和整个宪制体制，生命权在整个宪法价值体系中处于基础和核心地位，这是毋庸置疑的事实。此外，我们还可以通过宪法解释学的方法来为生命权提供宪法依据。一是规定人身自由的宪法条款。几乎所有的成文宪法国家都规定了人身自由，人身自由与生命权有着非常密切的关系，生命权是人身自由的基础，如果没有生命权，公民不可能行使人身自由。二是《宪法》第 38 条关于公民人格尊严的规定可以理解为保护生命权的宪法根据。有学者提出生命与尊严和价值是密不可分的，生命权是有尊严的人类存在和发展的根源，构成了一切基本权利的基础。三是通过解释"宪法上没有列举的权利"条款如"国家尊重和保障人权"条款作为根据。

生命权的内容指的是生命权的保护领域，即生命权保护应当包括哪些领域，哪些具体权利构成生命权的权利体系。在一般意义上生命权的内容包括：（1）防御权。生命权的本质是对一切侵害生命价值的行为的防御。国家既不能创造生命，也不能对已经存在的生命价值作出不合理的否定。（2）享受生命的权利。生命权的对象是生命，每个社会主体都平等地享有生命的价值，其主体地位受宪法保护。（3）生命保护请求权。当生命权受到侵害时，受害者有权向国家提出保护的请求，得到必要的救济。为了保护生命权，各国通过宪法和法律为生命价值的实现建立行之有效的制度。但这种请求权并不是绝对的，国家对生命权只提供必要的保护，以体现国家对生命价值的尊重。例如，国家应积极制定政策或法律来规范器官移植，使生命受到威胁的患者得到及时的治疗，但并不意味着患者可以要求国家向其提供移植所需的器官。（4）生命权的不可转让性与不可处分性。生命权是个人尊严和一切权利的出发点，故生命权具有专属性，只属于特定的个人。有论者认为，自杀行为既不是法律上的权利，也不是法律自由，即法律无法对自杀作出合法与否的评价和规范，换言之，自杀处于法外空间。理由在于，如果一方面承认人有自杀的权利，那么法律是否要惩罚救助自杀者的干预者——因为他妨碍了他人行使自杀的权利？另一方面，如果人没有自杀的权利，那么法律是否要处罚自杀未遂者？因此，对于自杀行为，视其为"法律空白"，以自外于法律的立场来评价恐怕更为稳妥。

（二）生命权的主体

生命权的主体只能是自然人，法人不能成为生命权的主体。这里的"自然人"包括本国人、外国人和无国籍人，所有人都享有不可侵犯的生命权。因此，生命权首先是人的权利，并不仅是国民的权利。目前围绕生命权主体产生争论的问题主要是胎儿的生命权认定和生命权终止标准的确定。

胎儿是否属于生命权主体，在理论界和实务界仍有争论。一种观点认为，胎儿的生命是需要保护的，但孕妇的自我决定权应优先于胎儿的生命利益。按照这种观点，是否堕胎的决定权是妇女的自然权利，由妇女自我决定。另一种观点认为，胎儿的生命与人的生命具有同等价值，应给予同等保护。上述两种观点各有其合理性，但并没有完全解决此一难题。

至于生命权终止的确定标准，也有不同观点，传统观点持"心脏停止跳动说"，即当自然人的心脏完全停止跳动就视为生命终止了。但鉴于现今医疗技术的进步，在生命维持系统的帮助下，可以人为保持心脏持续跳动和呼吸循环，于是又有论者提出了"脑死亡说"，即自然人的全脑功能包括脑干功能不可逆的终止，即视之为生命终止。赞成该说的人士认为"脑死亡标准"可以更科学地判定人的死亡——因为大脑是人的思维载体，脑死亡后作为人的本质特征的意识和自我意识已经丧失，有意义的生命个体不复存在，在判断死亡上，脑死亡更符合生命所处的状态；也有利于器官移植，此外将"脑死亡标准"确定为生命终止标准还有助于减轻社会和家庭的负担。目前我国确定死亡的标准在法律上采取的是综合标准，即自发呼吸停止、心脏停止、瞳孔反射机能停止的"三停止说"。

(三) 生命权的法律保障

生命权是公民享有其他权利和自由的前提和基础。生命不存在，就不能成为基本权利的主体；人的生命一旦丧失，身体的活动能力就不复存在，也就无法从事任何活动；健康若受到损害，人的活动能力以及实现其他权利和自由的可能性就会大大降低。所以，人的生命和健康是无价的，生命健康权更应当得到法律的全面保障。

生命权的法律保障体现在两方面：(1) 由宪法明确规定公民享有生命权 (我国《宪法》未明文规定)；(2) 出于对生命权的保护，各国对死刑采取了或限制或废除的态度。

健康权与生命权一样，在我国《宪法》中并无明确规定，但从《国家赔偿法》保护人身权的规定来看，健康权应当是一项与生命权息息相关的权利，不容随意侵犯。我国《国家赔偿法》规定，国家机关及其工作人员违法行使职权造成公民身体伤害的，国家支付医疗费，以及赔偿因误工减少的收入；造成部分或全部丧失劳动能力的，支付医疗费和残疾赔偿金。

(四) 生命权的限制

生命权是人最宝贵的权利，在一般情况下国家权力不能以任何理由进行限制，因为生命权的限制意味着对生命权的剥夺，使被剥夺的主体失去了行使其他权利的基础。但现实中生命权的价值也是有相对性的，在必要时也会受到一定的限制，当然这种限制只能限定在不得以和必要的限度内。对生命权的限制首先是死刑制度，即限制生命权的死刑制度是否符合宪法保护的生命权价值。

死刑制度是否合宪，目前主要有两种观点：一种观点认为，死刑制度合乎宪法，理由是：生命权是相对的基本权利，根据宪法限制基本权利的条款可以加以限制；一些国家的宪法中也明文规定了死刑制度存在的依据；从一个国家的国民感情和国家的现实情况看，死刑制度的存在有其合理性。另一种观点认为，从宪法角度看死刑制度是违宪的，主张废除死刑制度。其主要理由是：生命权是绝对的基本权利，限制生命权的死刑制度是违宪的；死刑制度侵害了生命权的本质内容；死刑的威慑力缺乏充分的证明；即使死刑制度具有威慑力，但以此作为保留死刑的根据并不符合轻刑化的现代刑法思想；如出现冤案则已执行死刑的生命无法恢复等。目前主流的意见主张，从国家存在与发展目标上尊重生命权价值，不应把生命权视为国家达到某种目的的手段。即使以某种特殊理由保留死刑制度的国家也有必要在价值体系上确立生命权的意义，对死刑制度存在的范围作出严格的限制，尽可能缩小死刑的范围。[1]

二、案 (事) 例述评

(一) 同居者拒不签字致孕妇及胎儿死亡事件

2007 年 11 月 21 日下午 4 时许，孕妇李某云在其同居者肖某军的陪同下来到北京朝阳

---

① 胡锦光、韩大元：《中国宪法》，法律出版社 2016 年版，第 238 页。

医院西区医院就诊，医生诊断李某云病情非常危险，必须马上进行剖宫产手术。但是，肖某军认为李某云只是感冒，拒绝在医院的剖宫产手术通知单上签字。当时有几十名医生和护士反复劝告，医院的许多病人和家属以及随后赶到的"110"警察都来相劝，但所有的劝说都毫无效果，肖某军坚持不签字，甚至在手术通知单上写道："坚持用药治疗，坚持不做剖腹手术，后果自负。"医院上报北京市卫生系统的各级领导，得到的指示是：如果家属不签字，不得进行手术。几名主治医生只好采用急救药物和心脏按压等措施进行抢救。晚上 7 点 20 分，22 岁的李某云被宣告抢救无效死亡，连带腹中的胎儿也一并死亡。[①]

（二）事例评析

该起因同居者拒绝签字导致产妇胎儿死亡的事件经媒体报道后，在社会上引起轩然大波，引发了无数讨论，不少人都在痛骂肖某军的愚昧无知，同时多数意见认为《医疗机构管理条例》第 33 条关于实施手术须征得患者家属同意并签字的规定存在缺陷，也有相当一部分人认为医院在此事件中严格依法办事，没有责任。有论者认为，这场产妇和胎儿双双死亡的悲剧之所以发生，其主要原因在于医院及其上级卫生行政部门机械地理解和解释法律法规，未能以生命权至上理念来理解医疗法规所致。

1. 手术签字制度设置的目的

代表救治医院的常务副院长和医院的法律顾问均表示，医生救治过程中没有违法行为，医院没有责任。根据我国《医疗机构管理条例》第 33 条的规定，是否实施手术的决定权和相应的责任在患者家属，而不是医院。《医疗机构管理条例》（1994 年）第 33 条规定："医疗机构施行手术、特殊检查或者特殊治疗时，必须征得患者同意，并应当取得其家属或者关系人同意并签字；无法取得患者意见时，应当取得家属或者关系人同意并签字；无法取得患者意见又无家属或者关系人在场，或者遇到其他特殊情况时，经治医师应当提出医疗处置方案，在取得医疗机构负责人或者被授权负责人员的批准后实施。"手术签字制度设置的目的，是让患者和家属知道手术存在风险，理清医患双方的责任，减少不必要的医疗纠纷。所以，手术签字制度本质上是知情告知制度，保护的是患者和家属对病情和治疗方案的知情权，与谁有权决定实施手术无关。签字同意只是表明医生的告知义务已经履行、患者的知情权利得到实现，并不能得出患者家属可以脱离患者本人和医生独立决定是否实施手术。是否实施手术是医疗专业上的问题，应该由医生根据患者的情况独立地决定，任何人，除非患者本人明确坚决反对，否则不能影响医生的决定。

2. 遵守和适用法律应当准确理解和解释法律

任何法律、具体的法律规定以及合同协议在能够恰当地适用或执行之前都需要解释。[②] 所谓解释，就是阐明法律的意义。法律何以需要解释？主要原因有二：（1）法律是抽象的规定，当某一具体事件发生时，该事件究竟与何种法律规定相当，并不总是那么明显，法律适用机关通过解释法律来探究法律的意义，了解其适用范围，从而确定某一抽

---

① 袁正兵、吕卫红：《丈夫拒签手术，产妇胎儿双亡》，载《检察日报》2007 年 11 月 23 日，第 1 版。

② 参见 ［德］魏德士：《法理学》，丁小春、吴越译，法律出版社 2003 年版，第 323 页。

象法律，应适用某一具体事件。（2）因为法律是一般的原则，其内容常常固定，表达文字亦力求简洁，所以很难将各种复杂情况概括无遗漏，而社会生活事实又千变万化，无从预料，以固定的法则和有效的条文来适应无穷无尽的事实，当然不免挂一漏万，因此，只有善用解释，阐明法律的含义，才能正确适用法律。

不仅国家机关在执行和适用法律时必须理解和解释法律，包括医院在内的企事业组织和公民个人在遵守和适用法律时也首先要理解和解释法律。换言之，遵守和执行法律的过程就是理解和解释法律的过程。因此，在这起事件中，作为涉事医院，其在遵守和适用《医疗机构管理条例》时也必须正确理解和解释该条例的相关条款。

3. 如何准确解释《医疗机构管理条例》及其相关条款

既然遵守和适用法律必须解释法律，那么适用者应当如何解释法律呢？解释法律的方法主要有六种：文义解释、体系解释、历史解释、比较解释、目的解释、合宪解释。①

首先，在这起事件中，医院本应遵守和适用全国人大常委会1998年通过的《执业医师法》，而不是遵守和适用国务院1994年颁布的《医疗机构管理条例》。因为，《立法法》规定，"法律的效力高于行政法规"。《执业医师法》第24条规定："对急危患者，医师应当采取紧急措施进行诊治；不得拒绝急救处置。"显然，对于李某云这样的急危患者，医院应当采取包括剖腹手术在内的紧急措施对其进行救治。《执业医师法》并没有规定采取手术治疗措施必须征得家属同意且签字，只是在第26条第2款中规定："医师进行实验性临床医疗，应当经医院批准并征得患者本人或者其家属同意。"显然，此处并不属于实验性临床医疗。因此，在这起事件中，医院要求肖某军签字的做法实属多余，肖某军不签字，医院就不采取手术治疗，是违背《执业医师法》的。

其次，即便依据《医疗机构管理条例》来处理这起事件，在家属拒绝签字的情况下，医院也完全可以实施剖腹手术。尽管《医疗机构管理条例》第33条规定了医院实施手术必须征得患者同意并取得其家属同意并签字，无法取得患者意见时应当取得家属同意并签字，但同时还规定："无法取得患者意见又无家属或者关系人在场，或者遇到其他特殊情况时，经治医师应当提出医疗处置方案，在取得医疗机构负责人或者被授权负责人员的批准后实施。"可以说，这一规定体现了病人的生命权高于家属的同意治疗权的精神。尽管此事件不属于"无法取得患者意见又无家属或者关系人在场"的情形，但鉴于肖某军拒绝签字救治这一违背常理极不正常的情形，可以判断属于《医疗机构管理条例》规定的"其他特殊情况"，这是医院完全可以依照《医疗机构管理条例》的规定，由治疗医师提出医疗处置方案，在取得医疗机构负责人或者被授权负责人的批准后实施。医院认为肖某军不签字就不能实施手术，显然没有正确解释《医疗机构管理条例》第33条的规定。

此外，纵览《医疗机构管理条例》的其他条文，其第31条明确规定："医疗机构对危重病人应当立即抢救。对限于设备或者技术条件不能诊治的病人，应当及时转诊。"从体系解释的角度来看，显然，医院对李某云这样不马上做手术就有生命危险的危重病人应当立即抢救，抢救措施就包括剖腹手术。换言之，对于危重病人的抢救手术，《医疗机构管理条例》并没有规定必须征得家属同意并签字的程序，这同样体现了病人的生命权高

----

① 杨仁寿：《法学方法论》，中国政法大学出版社1999年版，第101页下。

于家属的同意治疗权的精神理念。结合第 31 条来理解，第 33 条所规定的需要征得患者同意并取得家属同意且签字的手术只是一般情况下的手术，并不包括对危重病人立即实施的抢救手术。可见，在此事件中，医院本应当依照《医疗机构管理条例》第 31 条而非第 33 条来处理，即不必征得家属肖某军同意签字，便直接实施手术进行抢救。退一步说，医院担心没有家属签字同意而实施手术，一旦出了医疗事故，医院将承担完全的责任。这种担心其实是不必要的。医院没有将《医疗机构管理条例》的相关条款放至整个医疗法律体系中参照和解释。2002 年国务院公布的《医疗事故处理条例》第 33 条明确规定："有下列情形之一的，不属于医疗事故：（一）在紧急情况下为抢救垂危患者生命而采取紧急医学措施造成不良后果的……"

医院在遵守和适用法律法规时，不仅要恰当地对有关法律条款进行文义解释，而且要运用体系解释的方法来理解和解释有关法律条款。也就是说，遵守和使用法律时不能孤立地对某个具体条文进行解释，而要站在整部法律乃至整个法律体系的角度来考虑，要与其他条文结合起来理解。① 正如一位德国学者所说："通常只有了解法律规范在规范群、法典、部分领域或者整个法律秩序中的地位，才能对规范内容进行切合实际的理解。这里适用一个原则：没有一个法律规范是独立存在的。它们必须作为整个法律秩序的部分要素来理解。"②

最后，遵守和适用法律，除了应当恰当地进行文义解释和体系解释外，还应当展开目的解释和合宪解释，以准确把握法律条款的含义。任何一部法律法规都有其立法宗旨、制定目的，适法者在理解、遵守和使用法律时必须考虑并尊重立法目的，充分反映立法目的。"法律解释不是拘泥于文字，而是要实现其意义和目的。"③ 这一事件中，医院在遵守和适用《医疗机构管理条例》时理应考虑并尊重条例的制定目的。《医疗机构管理条例》第 1 条明确规定："为了加强对医疗机构的管理，促进医疗卫生事业的发展，保障公民健康，制定本条例。"同时，第 3 条也明确规定："医疗机构以救死扶伤，防病治病，为公民的健康服务为宗旨。"于此，保障公民健康、救死扶伤是《医疗机构管理条例》的制定目的，也是医院存在的目的。④ 医院在遵守和适用《医疗机构管理条例》第 33 条时，就不得违背保障公民健康、救死扶伤这一立法宗旨目的。反之，如果家属拒绝签字，即使患者有极大可能死亡，医院也不实施手术——这种做法，毫无疑问明显违背了《医疗机构管理条例》的制定目的，是错误地理解和解释了该条例的规定。除了目的解释外，人们在遵守和适用普通法律法规时理应考虑宪法，根据宪法的条文和精神来理解和解释相关条款。这就是"合宪解释"。⑤ 合宪解释是法律解释的基本方法，它是指"在多数可能的

---

① 上官丕亮：《家属拒绝签字致孕妇死亡事件》，载韩大元主编：《中国宪法事例研究（三）》，法律出版社 2009 年版，第 13 页。

② ［德］魏德士：《法理学》，丁小春、吴越译，法律出版社 2003 年版，第 329 页。

③ ［德］魏德士：《法理学》，丁小春、吴越译，法律出版社 2003 年版，第 387 页。

④ 上官丕亮：《家属拒绝签字致孕妇死亡事件》，载韩大元主编：《中国宪法事例研究（三）》，法律出版社 2009 年版，第 15 页。

⑤ 上官丕亮：《家属拒绝签字致孕妇死亡事件》，载韩大元主编：《中国宪法事例研究（三）》，法律出版社 2009 年版，第 15 页。

解释中，应始终优先选用最能符合宪法原则者"。① 我国现行《宪法》明确规定，宪法是"国家的根本法，具有最高法律效力"（序言）、"一切法律、行政法规和地方性法规都不得同宪法相抵触"（第5条第3款），"一切国家机关和武装力量、各政党和各社会团体、各企业事业组织都必须遵守宪法和法律"。（第5条第4款）。在此事件中，作为医院在遵守和使用法律法规时也必须以宪法为根本的活动准则，根据宪法的基本精神来理解和解释法律法规，而不得与宪法基本精神相抵触。那么，什么是我国宪法的基本精神和原则？至少保障人权，自2004年《宪法修正案》明确将"国家尊重和保障人权"写入宪法后，便已成为我国宪法的基本精神之一。生命权作为最基本的人权，必须首先予以尊重和保障。在本事件中，医院本应以保障病人人权、保障公民健康、救死扶伤的精神来理解和适用《医疗机构管理条例》的相关条款而非机械僵硬地适用条例第33条有关患者家属签字同意的规定，医院的做法不仅违背了合宪解释的要求，也最终造成了李某云及其腹中胎儿的死亡。

综上所述，《医疗机构管理条例》的规定本身并没有明显的缺陷或不合理之处，它的相关规定体现了病人的生命权高于家属的同意权的精神，它并没有阻碍医院采取手术积极救治李某云，相反其要求"医疗机构对危重病人应当立即抢救"，并保护医院免于不必要的责任——在紧急情况下为抢救垂危患者生命而采取紧急医学措施造成不良后果的，不属于医疗事故。尽管条例中有不明确、不具体之处，但也可以通过法律解释来加以解决，前提是法律解释的方法应当准确，应以生命权至上的理念来理解医疗法规。如此，方可避免类似李某云这样的生命悲剧重演。

三、问题思考

1. 在"同居者拒不签字致孕妇及胎儿死亡"这起事件中，同居者肖某军是否需要承担相应的法律责任？

2. 家属不签字，医院就不实施手术，最终孕妇李某云及其腹中胎儿一并死亡，在这起事件中，医院是否需要承担相应的法律责任？

3. 医院在解释和适用《医疗机构管理条例》时，存在哪些错误做法？

4. 如何理解死刑的保留与公民生命权的保障的关系？

5. 如果经过宣判而等待执行的死刑犯，因身患重疾而生命垂危，国家是否有救治的义务？

第三节　政治权利

政治权利是指公民依据宪法和法律的规定，参与国家政治生活的一切权利的总称。

借由政治权利，人民得以保障和监督国家及其代理人的行为符合民主本质要求，从而避免权力被滥用。人类历史证明，独裁政治的肆虐，源自大多数人放弃了他们的政治权利并把权力交给某个"大人物"行使……因此，在反独裁的意义上，政治权利也被称为参

---

① ［德］卡尔·拉伦茨：《法学方法论》，陈爱娥译，商务印书馆2003年版，第217页。

政权、监督权、民主权。它主要有两种形式：其一，公民参与国家、社会组织与管理的活动，以行使选举权与被选举权为基础；其二，公民在国家政治生活中自由地发表意见，表达意愿。通常表现为言论、出版、结社、集会、游行、示威自由，简称为政治自由。由此，政治权利概念可分为广义与狭义。狭义的政治权利仅指选举权与被选举权，广义的政治权利不仅包括前者还包括表达意见的自由。

政治权利与政治自由的侧重点与运行方式有所不同，政治权利侧重于公民具体参与国家权力分配与组织的活动，而政治自由则侧重于公民参与政治生活与表达意见的自由。从公民与国家的相互关系看，参与政治生活与表达意见的自由是内在统一的，是一种交叉型的权利形式。政治自由作为表达自由的一种形态，前面的内容中已进行了叙述，这里不再赘述，仅就狭义的政治权利来展开。

一、选举权与被选举权

（一）选举权与被选举权概述

1. 选举权与被选举权的概念

所谓选举权，是指有选举权的公民依法选举代议机关代表和特定国家公职人员的权利。被选举权则是指选民依法被选举为代议机关代表和特定国家公职人员的权利。现行《宪法》第 34 条是选举权（被选举权）的《宪法》依据："中华人民共和国年满十八周岁的公民，不分民族、种族、性别、职业、家庭出身、宗教信仰、教育程度、财产状况、居住期限，都有选举权和被选举权；但是依照法律被剥夺政治权利的人除外。"现行《宪法》扩大了享有选举权的主体范围，凡具有中国国籍的成年人都有选举权和被选举权，依法被剥夺选举权的除外。这一扩大变化，是"文化大革命"后恢复和坚持统一战线的基本方针——团结一切可以团结的力量，所带来的结果。

2. 选举权的特征

选举权和被选举权的特征：（1）享有选举权与被选举权必须具备法定资格，即宪法和法律赋予公民选举权与被选举权。（2）选举权与被选举权行使对象包括两方面：①选举或被选举为代表机关的代表；②选举或被选举为特定国家机关的公职人员，即法律规定由选举产生的公职人员，包括立法机关、司法机关、监察机关及其特定范围内的行政机关工作人员。（3）选举权与被选举权的行使方式是法定的，通常采取投票或表决的形式。具体行使方式由选举法规定。

3. 选举权的保障内容

选举权与被选举权的保障，主要体现为两点：一是要保障公民选举自由的实现，即选民的选举自由不受侵犯；二是要保障选民享有平等的选举权；三是保障选民的罢免权。

首先，保障选民的选举自由，要求国家一方面对此负有消极义务，即不得以积极的作为侵犯到公民选举自由的实现，对于拥有选民资格的合法选民，国家不得拒绝、剥夺其行使选举权；另一方面，对于选举自由遭受侵犯的选民，国家须应其请求而进行积极的权利救济，以保障公民选举权的实现。

其次，保障公民享有平等的选举权，表现为：第一，公民拥有平等的选举权资格，公民的选举权资格不受其他歧视性的限制。一国宪法所规定的享有选举权的主体首先以具有该国国籍，即具有公民资格为条件；此外，考虑每个公民的选举行为所承担的社会责任价值，有些国家的法律会规定选举权资格的获得受到年龄、心智、是否受过刑事处分等条件的实质限制，因此没有达到法定年龄者、精神病患者在患病期间以及依法剥夺政治权利的人，其选举权受限。第二，公民拥有相同的投票权。即"一人一票"。其含义是指每个公民在每一次选举中拥有一个投票权，不得同时参加两个或者以上地方的选举。第三，公民所拥有的投票权具有相同的投票价值，"每票等值"，即每个选民所投票的价值、法律效力及对决策的影响力是相同的。

最后，罢免代表是公民选举权的自然延伸和补充，所以，选举权的内容还包括罢免权。我国《宪法》第 77 条规定："全国人民代表大会代表受原选举单位的监督。原选举单位有权依照法律规定的程序罢免本单位选出的代表。"第 102 条第 2 款规定："地方各级人民代表大会代表的选举单位和选民有权依照法律规定的程序罢免由他们选出的代表。"这在法律上保障了公民罢免权的实现。

4. 选举权的限制

现行《宪法》对选举权的限制只有一处，即"依照法律被剥夺政治权利的人除外"。被剥夺政治权利是指剥夺公民参加国家管理的各项政治权利。根据《刑法》（2017）第 54 条的规定，剥夺政治权利是剥夺下列权利：（1）选举权和被选举权；（2）言论、出版、集会、结社、游行、示威自由的权利；（3）担任国家机关职务的权利；（4）担任国有公司、企业、事业单位和人民团体领导职务的权利。

依照本条规定，正在接受侦查、起诉、审判的未决犯，或虽已被判刑但没有附加剥夺政治权利的已决犯，应当享有选举权与被选举权。全国人大常委会于 1983 年颁布的《关于县级以下人民代表大会代表直接选举的若干规定》，对被判处有期徒刑、拘役、管制而没有附加剥夺政治权利的；被羁押、正在受侦查、起诉、审判，人民检察院或者人民法院没有决定停止行使选举权利的；正在取保候审或者被监视居住的；正在受拘留处罚的这几种情形都准予行使选举权。其中对于精神病患者，规定为不行使选举权与被选举权，危害国家安全犯罪案件以及严重刑事犯罪案件的犯罪嫌疑人或被告人，规定为停止行使选举权与被选举权。这两者在法律上都享有选举权，前者（精神病患者）由于其理智不健全而无法表达自己的真实意愿，因此，在选举中不被列为选民；而后者为了避免有碍侦查审理情形出现，经人民法院或人民检察院决定可以停止其行使选举权与被选举权。所以，这两者都属于具有选举权与被选举权的资格，而在程序上无法实现，与"依照法律被剥夺政治权利的人"是完全不同的。

（二）案（事）例述评

1. 王某立等诉北京民族饭店侵犯选举权案

王某立等人原是北京民族饭店的职工，后因单位实行人员精简，他们与北京民族饭店解除了劳动合同关系。1998 年，北京市所属各区县进行人民代表大会代表换届选举工作，因北京民族饭店工作人员的失误，王某立等人的选民证未能及时发放到他们手中，致使他们因无选民证而未能在选举中投票。王某立等人于 1998 年 12 月 17 日到北京民族饭店反映情况，声明因未发选民证致使自己的选举权被剥夺，要求北京民族饭店赔偿损失，否则将诉诸法律，但被饭店拒绝。1998 年 12 月，王某立等人到北京市西城区人民法院提起诉讼，以北京民族饭店为被告，认为被告侵犯了原告的选举权，要求判令被告依法承担法律责任，并赔偿经济损失费 200 万元。1999 年 1 月 21 日，西城区人民法院审查后认为：原告王某立等 16 人关于被告北京民族饭店对其未能参加选举承担法律责任并赔偿经济损失的请求，依法不属于法院受案范围。因此，法院作出不予受理的裁定。王某立等人不服，向北京市第一中级人民法院上诉。二审法院经审查后认定，原审法院不予受理的裁定正确，于 1999 年 5 月 10 日，作出了驳回上诉、维持原裁定。

2. 案例评析

在本案中，法院首先需要判断原告是否享有选举权，有无剥夺选举权和停止行使的情形，以及选举权是否遭到侵犯，进而分析当选举权遭到侵犯时，应当采取何种方式救济。

（1）原告享有选举权。选举权是我国公民参加国家管理的一项最基本的手段，也是公民行使国家权力的基本形式。在广义的政治权利中，选举权是最基本的一项政治权利。但并非所有人都享有选举权，对此，我国《宪法》《选举法》等法律都作出了具体规定。行使选举权的法律要件包括：首先，必须是中国公民，即具有中华人民共和国国籍；其次，必须年满 18 周岁；最后，未被依法剥夺政治权利。同时，经选举委员会确认的精神病患者、无民事行为能力人，以及经人民法院或人民检察院决定停止选举权的犯罪嫌疑人。

本案的原告王某立等人曾是北京民族饭店的员工，满足宪法规定的公民享有选举权的条件，也不存在剥夺或停止行使选举权的情形，因此，原告符合宪法和法律规定的享有选举权的条件要求，有权参加北京市西城区人民代表大会代表的换届选举活动。

（2）北京民族饭店是否侵犯了原告的选举权？虽然王某立等人依法享有选举权，但事实上他们并没有行使选举权，究其原因是由于北京民族饭店工作人员的疏忽没有及时发给他们选民证。那么，北京民族饭店是否侵犯了原告的选举权？对此，有两种不同意见。

以北京市高级人民法院为代表的一方意见认为，北京民族饭店没有侵犯王某立等人的选举权。理由有：第一，北京民族饭店不构成《刑法》上破坏选举罪，因为破坏选举罪是指"在选举各级人民代表大会代表和国家机关领导人员时，以暴力、威胁、欺骗、贿赂、伪造选举文件、虚报选举票数等手段破坏选举或者妨害选民和代表自由行使选举权和被选举权"的行为。北京民族饭店的行为显然不构成破坏选举罪。第二，北京民族饭店作为企业是在协助选举委员会工作，不可能侵犯公民的选举权。工作单位可以作为划分选区的依据，但工作单位没有法定的义务保证本单位职工的选举权得到实现。工作单位向职工发放选民证、通知参选致使协助选举委员会工作，是代理选举委员会行使职权，单位本身和选民在法律上没有直接的联系。所以，单位不可能侵犯公民的选举权。第三，我国《选举法》《刑法》中相关规定都只规定了个人是侵犯公民选举权的主体，不包括法人。

另一种意见认为，选举权作为公民一项基本政治权利，是公民参政议政的重要途径。权利和义务是相对应的，宪法虽然没有规定选举权的义务主体，也就意味着公民选举权的义务主体没有特殊要求，选举权的义务主体具有广泛性。在本案中，北京民族饭店工作人员的行为直接导致原告选举权的丧失，被告的行为构成了对原告选举权的侵犯，应当承担责任。

综上所述，从实际效果来看，原告的选举权确因被告的行为而丧失了；同时，从权利义务相对性出发，无论是单位还是个人，都是宪法上选举权的义务主体，但是，宪法之下的具体法律并没有对单位（北京民族饭店）规定保障选举权实现的义务，并且被告不及时发放选民证的行为也不构成其他已经立法的侵犯选举权的行为。因此，请求法院判令北京民族饭店承担侵犯选举权的责任，缺乏法律依据。

（3）北京市两级法院对王某立等人诉北京民族饭店侵犯选举权一案，不予受理是否正确？根据我国法律的规定，对选举权的救济主要有两方面：一是依据《刑法》惩处破坏选举的犯罪行为，二是通过民事诉讼特别程序处理选民资格案件。就本案来说，前述已经阐明北京民族饭店不构成破坏选举罪，而本案同样也不符合选民资格案件的受理条件。依据《民事诉讼法》的规定，人民法院受理选民资格案件应具备的条件包括：一是起诉人向人民法院提起诉讼，前提是公民不服选举委员会对选民资格的申诉所作的处理决定，换言之，向选举委员会申诉是前置程序，不得未经申诉便径行向法院起诉。二是对选举委员会提起诉讼，应在选举日的5日之前。三是只能向选区所在地基层人民法院起诉。从本案来看，首先，本案原告王某立等人已经被纳入选民名单，王某立等人、北京民族饭店、选举委员会三方对此都没有争议，因此不属于选民资格的争议；其次，王某立等人没有首先向选举委员会申诉，也就不存在选举委员会对选民资格问题的申诉决定；最后，当事人起诉时已经过了选举投票日。鉴于《民事诉讼法》规定的选民资格案件并不决定公民有无选举权，也不裁判剥夺或者恢复公民的选举权，它仅仅只是公民对选举委员会关于选民资格的判断决定不服，向人民法院提起诉讼的案件。因为王某立等人的起诉不符合选民资格案件的受理条件，因此北京市两级法院对王某立等人诉北京民族饭店侵犯选举权纠纷，不予受理是正确的。

（4）现行法律对选举权的救济存在不足。根据我国法律现有规定，只有选民资格案件可以进入民事诉讼，这显然是不够的。公民的选举权是一项完整的权利，既包括选举权、被选举权，还包括提名和确定候选人的权利，监督和罢免代表的权利。传统观点将选举权片面理解为投票权，仅设置选民资格的救济程序，这是远远不够的。而对于本案涉及的选举权纠纷，法律法规未作规定，导致公民无法通过法律途径维护自身的政治权利。对此，有学者建议，基于选举权的政治权利属性，应当放弃现有的民事诉讼途径，以选举法为基本法律依托建立统一的公法诉讼救济方式，扩大选举权的救济范围，使公民的政治权利能够获得实现。[①]

（三）问题思考

1. 简述选举权的特征。

[①]　本部分内容系参考王守田、沈国琴：《宪法学教学案例研析》，"37 中国王某立等16名员工诉北京民族饭店侵犯选举权案"（齐小力撰稿），中国人民公安大学出版社2013年版，第165~168页；董和平、秦前红：《宪法案例》，中国人民大学出版社2006年版，第205~210页。

2. 简述选举权的保障内容。

3. 简述我国宪法对公民选举权的限制内容。

4. 在王某立等诉北京民族饭店侵犯选举权一案中，王某立等人能否适用《民事诉讼法》对选民资格案件规定的特别程序，救济自身被侵犯的选举权利？

二、监督权

（一）监督权概述

1. 监督权的概念与基本特征

监督权，是指公民监督国家机关及其工作人员活动的权利。监督权是宪法规定的公民基本政治权利之一。监督权具有以下基本特征：

（1）监督权是人民主权原则的具体表现。在我国，人民当家做主，人民有权通过监督权经常性地监督国家机关及其工作人员的活动，以保证国家权力的合法性。

（2）监督权的客体是国家机关及其工作人员的活动。监督的内容主要包括遵守国家法律、法规的情况。

（3）监督权的综合性。根据宪法规定，监督权由不同形式的具体的监督权组成，不同形式的监督权之间存在着内在联系。公民根据监督权客体的实际情况，自行选择适宜的方式。

2. 监督权的基本内容

我国《宪法》第 41 条第 1 款规定："中华人民共和国公民对于任何国家机关和国家工作人员，有提出批评和建议的权利；对于任何国家机关和国家工作人员的违法失职行为，有向有关国家机关提出申诉、控告或者检举的权利，但是不得捏造或者歪曲事实进行诬告陷害。"根据这一规定，监督权的内容具体包括：

（1）批评、建议权。公民在政治生活和社会生活中，有权对国家机关及其工作人员的缺点、错误提出批评意见。公民也有权向国家机关及其工作人员提出合理化建议。在我国，公民行使批评权和建议权的途径是多种多样的，可以通过新闻媒体、来信来访、座谈会、讨论会等多种形式来行使这项权利。批评、建议权的行使对于防止官僚主义、提高工作效率有着重要意义。

（2）申诉权。当自己的合法权益受到侵犯时，公民有权向各级国家机关申述理由并要求重新处理。申诉权分为诉讼上的申诉权与非诉申诉权。前者是指当事人或其他公民认为人民法院已经发生法律效力的判决、裁定或调解书确有错误时，依法向司法机关提出申请要求重新审查处理的权利。非诉申诉权是指公民对行政机关的决定不服，向其上级机关提出申请，要求重新处理的权利。

（3）控告、检举权。控告权是指公民对国家机关及其工作人员的违法失职行为，有向有关机关进行揭发和指控的权利。检举权是指公民对于违法失职的国家机关及其工作人员，有向有关机关揭发事实，请求依法处理的权利。控告权与检举权同为监督权，但它们也有着区别：（1）控告人是受国家机关及其工作人员的违法失职行为不法侵害的人，而检举人一般与事件无直接关系；（2）控告是为了保护自己的权益而要求有关机关依法处理，而检举一般是出于正义感和维护公共利益的目的，对违法失职行为进行检举。

3. 监督权的效力与界限

监督权作为公民的政治权利，对国家机关及其工作人员活动产生直接约束力，即具有一般的效力。同时，监督权中的申诉、控告、检举权，在法学意义上具有一定的对抗性。对此，《宪法》第 41 条作出了相关规定，一是公民"有向有关国家机关提出申诉、控告或者检举的权利，但是不得捏造或者歪曲事实进行诬告陷害"。该规定明确地揭示了申诉、控告和检举权利的内在界限。二是"对于公民的申诉、控告或者检举，有关国家机关必须查清事实，负责处理。任何人不得压制和打击报复"。这便强调了国家权力基于上述基本权利而发生的诸种相应的义务。

（二）案（事）例述评

1. 河南省郑州市人大常委会否决市政府专项工作报告事例

2006 年 10 月 24 日，郑州市十二届人大常委会第二十四次会议上，郑州市政府有关负责人作了《关于解决城乡弱势群体看病难、看病贵问题代表议案办理情况的汇报》，出人意料地是该报告经表决未获通过。郑州市人大常委会有关负责人说："这个结果，并不是对市政府卫生工作的否定。市政府在这方面工作还是下了功夫，做得也是不错的，但老百姓对解决看病难、看病贵问题充满了期待，期待政府能够把职责范围内的工作做得更好些！"有的委员认为，《关于解决城乡弱势群体看病难、看病贵问题代表议案办理情况的汇报》的规定比较笼统、原则、对存在问题分析不够透彻，改进措施不够具体，如对市儿童意愿、市妇幼保健院迟迟不能搬迁等问题，只字未提。该汇报不实在，太虚了。①

2. 事例评析

人民代表大会监督政府是宪法赋予的权力。2007 年 7 月 1 日施行的《中华人民共和国各级人民代表大会常务委员会监督法》（以下简称《监督法》）第二章专门规定了各级人大常委会听取和审议人民政府、人民法院和人民检察院的专项工作报告的内容。从相关规定内容出发，对该事件展开如下理解分析：

（1）我国《宪法》和《监督法》对人大常委会否决政府专项工作报告有详细的法律规定。我国《宪法》第 110 条规定："地方各级人民政府对本级人民代表大会负责并报告工作。县级以上的地方各级人民政府在本级人民代表大会闭会期间，对本级人民代表大会常务委员会负责并报告工作。"《地方各级人民代表大会和地方各级人民政府组织法》也有相应的规定。

2007 年实施的《监督法》第二章专门规定了各级人大常委会听取和审议人民政府、人民法院和人民检察院的专项工作报告的内容，其中第 8 条第 1 款规定："各级人民代表大会常务委员会每年选择若干关系改革发展稳定大局和群众切身利益、社会普遍关注的重大问题，有计划地安排听取和审议本级人民政府、人民法院和人民检察院的专项工作报告。"《监督法》第 9 条规定了如何听取和审议专项工作报告的议题；第 10 条和第 11 条

---

① 参见翟云兰、赵国勤：《郑州市人大常委会首次否决专项工作报告》，载《检察日报》2006 年 12 月 4 日。

规定常务委员会听取和审议专项工作报告前，可以通过视察或者专题调查研究的方式对听取的内容做精心的准备，并将各方面对该项工作的意见汇总，交给被听取工作报告的单位；第 12 条规定了被听取工作报告的单位对工作报告如何修改和提交。每个环节规定得都很周密，避免听取和审议工作报告走过场。

（2）政府的专项工作报告被否决，政府应当根据人大常委会的意见进行处理并向人大常委会报告。根据《监督法》第 14 条第 1 款的规定，常务委员会组成人员对专项工作报告的审议意见交由本级人民政府、人民法院或者人民检察院研究处理。人民政府、人民法院或者人民检察院应当将研究处理情况由其办事机构送交本级人民代表大会有关专门委员会或者常务委员会有关工作机构征求意见后，向常务委员会提出书面报告。常务委员会认为必要时，可以对专项工作报告作出决议；本级人民政府、人民法院或者人民检察院应当在决议规定的期限内，将执行决议的情况向常务委员会报告。

在本事例中，专项工作报告未获通过，其后续情况是，郑州市政府对此高度重视，于 11 月 1 日召开了多部门参加的专题会议，就解决城乡弱势群体看病难、看病贵问题，进行认真研究，制定改进措施，包括加大财政投入，更加突出医疗机构的公益性质，解决东部医疗机构缺乏的问题，推行新的药品集中招标采购模式等，待这些措施落实后，市政府向市人大常委会汇报该议案重新办理情况。

（3）有关法律并未规定工作报告未通过是否应当承担相应的责任。听取和审议工作报告是人大监督政府的有效形式，政府通过专项工作报告等形式向人大述职，自觉接受人大监督，工作报告没有通过，政府相关领导是否应该承担相应的责任，《监督法》并没有规定。

有学者认为，在必要的时候也可以依法启动质询、特定问题调查乃至撤职、罢免等更为严厉的监督手段，即把听取和审议工作报告与引咎辞职制度结合起来，切实保证取得监督效果。在听取和审议工作报告时引进问责制度，有利于增强人大监督的刚性和权威性。这些建议都很有道理，工作报告没有通过，是工作失误，如果不和相关领导所承担的责任联系起来，怎么能唤起政府对人大监督工作的重视？有些地方规定了人大常委会对政府的专项工作报告两次不通过的，其主管领导或将被免职，也值得参考和借鉴。①

（三）问题思考

1. 简述监督权的概念。
2. 简述监督权的基本特征。
3. 简述监督权的权利内容。
4. 简述宪法对监督权内在界限的规定。
5. 通过郑州市人大常委会否决市政府专项工作报告一事，各级人大常委会否决同级市政府的专项工作报告是否有法律依据？

---

① 本部分内容系参考王守田、沈国琴：《宪法学教学案例研析》，"43 中国郑州人大常委会否决市政府专项工作报告事例"（齐小力撰稿），中国人民公安大学出版社 2013 年版，第 189~191 页。

第四节 人身人格权

人身权利是公民作为权利主体，应当享有的最基本、最核心的个人权利，其与个人的人身利益直接相关。自近代以来，人身权利一直被作为基本权利来加以讨论，同时也是基本权利中最早受到人们关注、认可和重视的。人身权利的范围十分广泛，只要与公民人身相关且无直接经济内容的个人权利都属于人身权利，如生命权①、身体健康权、人身自由、住宅安全、通信自由与通信秘密、人格权等。② 其中人格权又可细分为狭义人格权和广义人格权，前者主要包括名誉权、姓名权、肖像权、隐私权等；后者不仅包括狭义人格权的内容，还概指公民理应享有的受到社会和他人的最起码尊重的权利；对于这项权利（广义人格权），国内学界称之为人格尊严，社会上更为通俗的说法是"以人为本"，国际范围内流行的概念则是"人性尊严"。例如德国《基本法》第 1 条规定："人的尊严不受侵犯，保护、尊重人的尊严是国家机关应尽的义务。"欧盟《基本权利宪章》第 1 条规定："人性尊严不可侵犯，必须受到必要保护和尊重。"上述内容都旨在表达人格尊严具有自然权利的属性，是每个人生来就有的权利。

一、人身自由不受侵犯

（一）人身自由概述

1. 人身自由的概念

人身自由，又称身体自由，是指公民的人身不受非法侵犯的自由。人身自由是公民参加国家政治活动、社会生活的基础，是保护个人免于国家任意干预其自由的权利，是以人身保障为核心的权利体系。我国《宪法》第 37 条规定："中华人民共和国公民的人身自由不受侵犯。任何公民，非经人民检察院批准或者决定或者人民法院决定，并由公安机关执行，不受逮捕。禁止非法拘禁和以其他方法非法剥夺或者限制公民的人身自由，禁止非法搜查公民的身体。"《宪法》的这一规定确立了公民人身自由的宪法地位，遂成为我国基本权利体系的基石。

2. 人身自由的价值

（1）人身自由是体现公民宪法地位的重要标志。人身自由制度的完善是社会文明与进步的结果，反映了人类自我完善的过程。

（2）人身自由是人类自身生存所必需的权利。在现代宪法体制中，自由可以分为人身自由、精神自由与经济自由等；享有精神自由与经济自由的前提是人身的独立与自由，如果公民的人身自由得不到保障，其他权利与自由的行使则会失去基础。在这个意义上，

---

① 鉴于生命权是公民享受其他一切权利的前提，生命权一旦失去，其他一切权利都将丧失行使的可能性，因此本书在内容排列上将生命权单列出来，放在其他具体权利之前叙述，以体现生命权的前提性、唯一性。

② 王勇：《宪法学原理与适用》，法律出版社 2017 年版，第 142 页。

人身自由是基本权利体系的基础与核心。

（3）人身自由的保障直接关系到社会的稳定与发展。人身自由本身体现了人的价值，构成公民与国家之间保持协调的重要因素，是维护社会稳定的基础。人身自由能否得到尊重，其自由的实现程度直接影响社会生活的安定。①

3. 人身自由的具体内容

我国《宪法》第 37 条规定："中华人民共和国公民的人身自由不受侵犯。任何公民，非经人民检察院批准或者决定或者人民法院决定，并由公安机关执行，不受逮捕。禁止非法拘禁和以其他方法非法剥夺或者限制公民的人身自由，禁止非法搜查公民的身体。"

《宪法》第 37 条是我国宪法对公民人身自由的确认，依据我国宪法，我国公民享有的人身自由至少包括以下三个方面的保障②：一是，来自法律保留的保障。法律保留是指关于公民基本权利的限制性立法事项，必须由立法机关通过法律予以规定。行政机关、司法机关不得制定限制公民基本权利的法律法规，同时立法机关不得将该项立法权予以转授给其他国家机关。我国《立法法》第 11 条规定了只能制定法律的立法事项；同时第 12 条规定："本法第十一条规定的事项尚未制定法律的，全国人民代表大会及其常务委员会有权作出决定，授权国务院可以根据实际需要，对其中的部分事项先制定行政法规，但是有关犯罪和刑罚、对公民政治权利的剥夺和限制人身自由的强制措施和处罚、司法制度等事项除外。"因此，对公民人身自由的处罚或者强制措施属于公民基本权利，其立法权只能归属于全国人大。换言之，对公民人身自由的限制和剥夺必须遵循法律保留的宪法精神。

二是，来自正当程序的保障。主要包括以下三方面内容：其一，公民非经法律程序，不受逮捕。其中法律程序主要是指人民法院决定，或者人民检察院决定或批准并由公安机关执行的合法程序。其二，不得以非法拘禁或其他方式非法限制或剥夺公民的人身自由。非法拘禁是一种严重侵犯公民人身自由的行为，我国《刑法》第 238 条规定了非法拘禁罪的具体内容："非法拘禁他人或者以其他方法非法剥夺他人人身自由的，处三年以下有期徒刑、拘役、管制或者剥夺政治权利。具有殴打、侮辱情节的，从重处罚。"其三，非经法律程序，禁止任何组织或个人对公民进行非法搜查，此处的非法搜查是指对他人身体非法进行搜查的行为。而搜查公民身体必须符合下述两类规定：一方面，基于正当性理由对公民进行搜查，如查找犯罪嫌疑人或搜集犯罪证据；另一方面，符合法律规定的正当程序。如出示搜查证、其他见证人在场、制作笔录并由相关人人员签名或盖章等。

三是，来自其他权利的保障。我国公民享有广泛的人身自由权利，当公民的人身自由受到国家机关的限制，为防止公权力的恣意行使，公民还享有知情权及救济权利。此处的知情权主要指公法上的知情权，即被限制或剥夺人身自由的公民理应享有的被告知限制、剥夺人身自由的事项、理由的权利。我国《刑事诉讼法》在各阶段都对司法机关的告知义务予以明确规定。例如，我国《刑事诉讼法》第 34 条第 2 款规定："侦查机关在第一次讯问犯罪嫌疑人或者对犯罪嫌疑人采取强制措施的时候，应当告知犯罪嫌疑人有权委托辩护人。人民检察院自收到移送审查起诉的案件材料之日起三日以内，应当告知犯罪嫌疑人有权委托

---

① 参见胡锦光、韩大元：《中国宪法》，法律出版社 2016 年版，第 228 页。

② 参见王勇：《宪法学原理与适用》，法律出版社 2017 年版，第 140~141 页。

辩护人。人民法院自受理案件之日起三日以内，应当告知被告人有权委托辩护人。"此外，公民在刑事诉讼过程中还享有获得辩护、尽早接受审讯以及获得国家赔偿等权利。

（二）案（事）例述评

1. 安元鼎设"黑监狱"非法关押上访者事件

2010年9月24日，《南方都市报》刊发了《安元鼎：北京截访"黑监狱"调查》一文。据该报道，北京安元鼎公司成立于2004年6月15日，初时经营范围十分庞杂，很快，投资人发现，企业要想发展，就必须专注于某一个可以赚钱的行当。于是2005年，该公司将主营业务调整为"安全防范技术咨询服务"。2008年5月，安元鼎成立了一个新部门：护送部。新部门的职责很明确，即负责为各地政府消除令其头疼的烦事，即帮地方政府押送上访人员。从此，安元鼎开始走上一条与其他保安公司不同的道路。护送部的主要业务，即接受各地政府驻京办的委托。该公司还制定了格式化的《委托书》和《特保护送服务合同》。在北京将各地上访访民稳住、接到某地"安顿"，然后将访民强行带回原籍。由于访民并不愿意被送回原籍，在这一过程中，访民经常会对保安行为有所反抗，由此极易招致保安的殴打。除此之外，更重要的事实是，安元鼎公司为了"安顿"这些访民，设置了为数众多的"黑监狱"，不仅在事实上构成了非法拘禁，而且在拘禁访民期间实施的暴力、胁迫、辱骂等恶行举不胜举。

经报道披露后，2010年9月24日，安元鼎保安公司被北京警方查封。该公司董事长和总经理也被警方传讯，随后被警方刑事拘留。安元鼎公司因涉嫌"非法拘禁和非法经营"两项罪名被立案侦查。

2. 事例评析

我国《宪法》第37条规定："中华人民共和国公民的人身自由不受侵犯。任何公民，非经人民检察院批准或者决定或者人民法院决定，并由公安机关执行，不受逮捕。禁止非法拘禁和以其他方法非法剥夺或者限制公民的人身自由，禁止非法搜查公民的身体。"《宪法》对公民人身自由的这一规定，本意并非针对普通公民，而是针对拥有权力的国家机关。因为公民、法人或其他组织对公民实施非法拘禁或非法搜查身体、住宅可以适用《刑法》来定罪量刑，不必动用宪法来加以管束。但由国家机关，尤其立法机关和行政机关以立法或强制手段实施的限制人身自由则是一个更为复杂、更难纠正、危害也更大的行为，对此，宪法上的人身自由不受侵犯的规范——它的适用意义才体现出来，即以宪法规范来管束监督由国家权力针对普通公民实施的限制人身自由的措施。具体到安元鼎一案：

首先，安元鼎私设"黑监狱"监押上访群众，毫无疑问是严重侵害公民人身自由的行为，已经构成了刑事犯罪。

其次，安元鼎之所以能有恃无恐地开设"黑监狱"监押访民，并在拘禁和押送过程中，多次实施暴力、胁迫、辱骂、故意伤害、猥亵妇女、敲诈勒索等恶劣行径，地方政府和国家相关部门的默许纵容——这一点不可不查。须知，安元鼎作为一家安保公司，它所具备的基本功能只能是为服务对象提供安全保护服务，而绝无限制人身自由的权力，更无殴打、侮辱、故意伤害他人等权力。但安元鼎确实作出了上述十分恶劣的犯罪行径，并且在安元鼎存在的几年间，有众多访民通过各种渠道控诉安元鼎非法拘禁、故意伤害、敲诈勒索等罪行，均石沉大海、了无声息。若说，地方政府和国家相关部门对安元鼎的所作所为毫不知情，恐难以确信。尽管地方政府可以抛出与安元鼎签订的委托合同——委托安元鼎将访民"护送"回原籍，以"甩锅"给安元鼎。但细究一下，如果访民不愿意回原籍，安元鼎将如何"护送"他们回原籍？地方政府以合同形式"甩锅"给安元鼎，对安元鼎的所作所为装作不知情；安元鼎也以委托合同作为合法外衣，掩饰其实施的一切犯罪行为。双方对彼此的目的和行为都心知肚明。正因为其中牵涉地方政府和国家相关部门，这些公权力机关对安元鼎非法拘禁行为的默许纵容，才有了宪法上人身自由不受侵犯规范的适用空间。换言之，地方政府和国家相关部门对安元鼎的委托和默许纵容行为已经构成宪法上对公民人身自由的严重侵犯，理应适用宪法规范。

最后，民主和法治不健全是安元鼎"黑监狱"的生长土壤，要根除类似事件，归根结底还是要完善民主、健全法制。受地方政府委托，安元鼎设"黑监狱"并押送访民回原籍此类事件，至少反映出几个方面的内容：其一，民主制还不完善，信访是公民的一项民主权利，但这项权利的行使还有诸多障碍，权利带来的效果也不耀眼，信访这项权利之于公民，要成为公民维权和鞭策政府的有力武器，仍需要不断发展完善民主制度。其二，法治不健全。上访的访民中，尤其是越级上访、赴京上访，有相当比例属于涉法涉诉的上访类型，换言之，如果司法裁判不能给予公民公平公正的裁判，无法通过正当的司法途径解决生活纠纷，当事人便可能成为访民，寻求政治上的救济。法治不健全不仅加重了当事人的维权成本，还会调高整个国家的治理成本。其三，人权保障有欠缺。公民的表达自由和救济权利受到较多限制，行使困难或成本高。其四，清官情结犹在。公民意识仍只存在少部分公民当中，部分公民的频繁上访，成为政府难以承受之重，一方面信访仍然是公民的民主政治权利，不得随意剥夺；另一方面地方政府和中央政府又要压低信访数量，减少信访案件。无论如何，信访是公民宪法上的民主权利，人身自由不受侵犯亦是宪法保障的基本权利，二者都应得到有效的保障。

综上所述，从宪法视角观察，地方政府委托安元鼎押送访民和对安元鼎犯罪行为的默许纵容，已经构成了国家公权力对公民的信访权利和人身自由的侵害，安元鼎应承担刑事责任，相关公权力机关则应承担宪法责任。

（三）问题思考

1. 安元鼎私设"黑监狱"非法关押上访群众，触犯了《刑法》什么罪名？

2. 在安元鼎"黑监狱"事件中，地方政府以合同形式委托安元鼎"护送"访民返回原籍，该合同是否合法？

3. 依据我国《宪法》第 37 条的规定，委托安元鼎"护送"访民的地方政府，是否侵犯了公民的人身自由？

二、人格尊严

（一）人格尊严概述

1. 人格尊严的概念

人格尊严是指公民理应享有的受到社会和他人的最起码尊重的权利。个人是社会的基本构成单位，尽管公民具有种族、性别、经济、社会地位上的差异，但人格尊严是公民作为社会独立个体不可替代的特殊天赋。换言之，尊重个人意味着承认个人是具有独立人格的社会个体，并肯定其作为权利主体理应享有的最起码的尊重。只有这样，个人才能真正成为自己的主人，才能践行人权的核心价值。"把人当人看，尊重人及人的权利，这是公民以至一切人类享有权利的基础。"① 据韩大元教授的研究，人格尊严具有如下基本特点②：

（1）人格尊严是权利主体宪法地位的基础，集中反映了宪法所维护的人权价值。

（2）人格尊严是人格权的基础，是以人的价值为核心的权利体系。

（3）人格尊严与私生活的保护有着密切的联系，私生活权的保护目的是尊重人格尊严，使公民享有私生活领域的权利与自由。

（4）人格尊严具有双重性，即作为客观宪法原理的人性尊严和作为主观权利的尊严权。作为宪法原理的人性尊严是宪法的核心价值，在整个权利体系中具有最高的价值。作为主观权利，尊严权具有具体权利属性，具体包括名誉权、姓名权、肖像权与人身权。

2. 我国宪法和部门法上的人格尊严

我国《宪法》第38条规定："中华人民共和国公民的人格尊严不受侵犯。禁止用任何方法对公民进行侮辱、诽谤和诬告陷害。"在1982年全面修改《宪法》之前，人格尊严并没有得到立法者足够的重视，前几部宪法中也没有关于人格尊严的专项规定。"文化大革命"时期，各种大字报、游行示众以及批斗会等使广大无辜群众的人格尊严遭到肆无忌惮的侵害。为了深刻吸取这一惨痛的历史教训，我国1982年《宪法》第38条遂对人格尊严作出了专项规定。第38条第一个分句是对人格尊严的原则性规定，既囊括了狭义的人格权（尊严权），即所有具体的尊严权利，也包含广义上的人格权（人性尊严），对于后者，理论界视之为"宪法的最高价值"，客观上得以拘束国家权力乃至私人行为不得侵犯人的尊严。进言之，只要是人，不论其处于何种环境和际遇，都具有作为人的尊严和资格，国家权力不得非法侵犯，并有义务保护和实现之。第二个分句则针对"文化大革命"期间频繁发生的侵害公民人格尊严的残酷行径——侮辱、诽谤和诬告陷害作出具体的禁止性规定，希望未来悲剧不再重演。

鉴于宪法多数情况下还是一种原则性规范，不可能将现实生活中所有侵犯人格尊严的类型予以详尽罗列。因此，有必要通过单行法的具体规定来落实宪法上人格尊严不受侵犯的内容。就狭义人格权（尊严权）而言，其主要内容包括姓名权、肖像权、名誉权、荣誉权、隐私权等权利。③部门法中的《民法典》对上述权利的保护作出了较为具体的规定。

---

① 魏定仁等：《宪法学》，北京大学出版社2001年版，第243页。

② 胡锦光、韩大元：《中国宪法》，法律出版社2016年版，第245页。

③ 《民法典》第990条第2款规定："除前款规定的人格权外，自然人享有基于人身自由、人格尊严产生的其他人格权益。"意即人格权的具体内容是开放的，凡是基于人身自由、人格尊严产生的其他人格权益，即使违背《民法典》所列举的范畴，也属于人格权的范畴。此项兜底条款为人格权的权利生长提供了空间。

第一，《民法典》第 991 条规定："民事主体的人格权受法律保护，任何组织或者个人不得侵害。"第二，《民法典》第 995 条规定："人格权受到侵害的，受害人有权依照本法和其他法律的规定请求行为人承担民事责任。"第三，《民法典》第 997 条还规定了禁止令制度，为权利人提供暂时性救济：民事主体有证据证明行为人正在实施或者即将实施侵害其人格权的违法行为，不及时制止将使其合法权益受到难以弥补的损害的，有权依法向人民法院申请采取责令行为人停止有关行为的措施。除了原则性规定外，对于各项具体权利，《民法典》也作出了保护规定。

（1）姓名权，是指自然人有权依法决定、使用、变更或者许可他人使用自己的姓名的权利，但是不得违背公序良俗。姓名权的基本内容包括：

①自然人享有姓名权，有权依法决定、使用、变更或者许可他人使用自己的姓名，但是不得违背公序良俗。（《民法典》第 1012 条）

②任何组织或者个人不得以干涉、盗用、假冒等方式侵害他人的姓名权或者名称权。（《民法典》第 1014 条）

（2）肖像权，是指自然人有权依法制作、使用、公开或者许可他人使用自己的肖像的权利。其权利内容包括：

①自然人享有肖像权，有权依法制作、使用、公开或者许可他人使用自己的肖像。（《民法典》第 1018 条）

②任何组织或者个人不得以丑化、污损，或者利用信息技术手段伪造等方式侵害他人的肖像权。未经肖像权人同意，不得制作、使用、公开肖像权人的肖像，但是法律另有规定的除外。未经肖像权人同意，肖像作品权利人不得以发表、复制、发行、出租、展览等方式使用或者公开肖像权人的肖像。（《民法典》第 1019 条）

③当事人对肖像许可使用合同中关于肖像使用条款的理解有争议的，应当作出有利于肖像权人的解释。（《民法典》第 1021 条）

④当事人对肖像许可使用期限没有约定或者约定不明确的，任何一方当事人可以随时解除肖像许可使用合同，但是应当在合理期限之前通知对方。当事人对肖像许可使用期限有明确约定，肖像权人有正当理由的，可以解除肖像许可使用合同，但是应当在合理期限之前通知对方。因解除合同造成对方损失的，除不可归责于肖像权人的事由外，应当赔偿损失。（《民法典》第 1022 条）

（3）名誉权，是指自然人享有的获取社会评价并不受他人侵害的权利。名誉是对公民的品德、声望、才能、信用等的社会评价。它是公民参与社会活动的必要前提和基本条件。名誉权的权利内容包括：

① 民事主体享有名誉权。任何组织或者个人不得以侮辱、诽谤等方式侵害他人的名誉权。（《民法典》第 1024 条）

②行为人为公共利益实施新闻报道、舆论监督等行为，影响他人名誉的，不承担民事责任，但是有下列情形之一的除外：捏造、歪曲事实，对他人提供的严重失实内容未尽到合理核实义务，使用侮辱性言辞等贬损他人名誉。

③行为人发表的文学、艺术作品以真人真事或者特定人为描述对象，含有侮辱、诽谤内容，侵害他人名誉权的，受害人有权依法请求该行为人承担民事责任。（《民法典》第

1027 条）

④民事主体有证据证明报刊、网络等媒体报道的内容失实，侵害其名誉权的，有权请求该媒体及时采取更正或者删除等必要措施。(《民法典》第 1028 条）

（4）荣誉权，是指公民依法享有国家和社会给予的褒扬并维护其不受侵犯的权利。如因对国家和社会作出贡献而得到的荣誉称号、奖章、奖品、奖金等。尽管有功者在获得荣誉称号的同时，往往也能获得一定金额的奖金、奖品，但荣誉权一般不具有经济价值，它更多地具有精神价值，是在精神文明发展中国家和社会对特定人的贡献给予的肯定。公民和法人都可以依法享有荣誉权。其权利内容包括：

①民事主体享有荣誉权。任何组织或者个人不得非法剥夺他人的荣誉称号，不得诋毁、贬损他人的荣誉。(《民法典》第 1031 条第 1 款）

②获得的荣誉称号应当记载而没有记载的，民事主体可以请求记载；获得的荣誉称号记载错误的，民事主体可以请求更正。(《民法典》第 1031 条第 2 款）

（5）隐私权，是指公民依法享有的私人生活安宁和不愿为他人知晓的私密空间、私密活动、私密信息受到保护的权利。所谓的隐私，即指自然人的私人生活安宁和不愿为他人知晓的私密空间、私密活动、私密信息。其权利内容包括：

①自然人享有隐私权。任何组织或者个人不得以刺探、侵扰、泄露、公开等方式侵害他人的隐私权。(《民法典》第 1032 条）

②除法律另有规定或者权利人明确同意外，任何组织或者个人不得实施下列行为：以电话、短信、即时通讯工具、电子邮件、传单等方式侵扰他人的私人生活安宁；进入、拍摄、窥视他人的住宅、宾馆房间等私密空间；拍摄、窥视、窃听、公开他人的私密活动；拍摄、窥视他人身体的私密部位；处理他人的私密信息；以其他方式侵害他人的隐私权。(《民法典》第 1033 条）

③自然人的个人信息受法律保护。(《民法典》第 1034 条）

④处理个人信息的，应当遵循合法、正当、必要原则，不得过度处理。(《民法典》第 1035 条）

⑤自然人可以依法向信息处理者查阅或者复制其个人信息；发现信息有错误的，有权提出异议并请求及时采取更正等必要措施。自然人发现信息处理者违反法律、行政法规的规定或者双方的约定处理其个人信息的，有权请求信息处理者及时删除。(《民法典》第 1037 条）

⑥信息处理者不得泄露或者篡改其收集、存储的个人信息；未经自然人同意，不得向他人非法提供其个人信息，但是经过加工无法识别特定个人且不能复原的除外。信息处理者应当采取技术措施和其他必要措施，确保其收集、存储的个人信息安全，防止信息泄露、篡改、丢失；发生或者可能发生个人信息泄露、篡改、丢失的，应当及时采取补救措施，按照规定告知自然人并向有关主管部门报告。(《民法典》第 1038 条）

⑦国家机关、承担行政职能的法定机构及其工作人员对于履行职责过程中知悉的自然人的隐私和个人信息，应当予以保密，不得泄露或者向他人非法提供。(《民法典》第 1039 条）

（二）案（事）例述评

1. 卖淫女被公开示众事件

2006 年 11 月 29 日，深圳市福田警方召开广场大会，对于专项行动中抓获的 100 名涉嫌操纵、容留、强迫妇女卖淫，路边招嫖卖淫嫖娼，派发色情卡片等违法犯罪人员进行了公开处理。当事人全部身着黄衣，面戴口罩，面部除双眼外全被遮住，现场有逾千人围观。警方分别读出他们的姓名、出生日期和籍贯，宣布各人行政拘留 15 日。每读出一人的资料，警察便押身边的"犯人"上前一步确认身份。据报道，涉嫌卖淫嫖娼等涉黄违法犯罪活动的人员被全副武装的民警押解到现场。公处大会吸引了千余名当地群众前来观看。2010 年 6 月，某地警方也实名公布了涉黄人员姓名和年龄，如"小姐"廖某 20 岁，嫖客陈某 31 岁，二人被处以一年收容教育。

2010 年 10 月，公安部会同人力资源和社会保障部、卫生部、全国妇联，下发通知，坚持严格、公正、规范执法，坚持理性、平和、文明执法，注意保护卖淫妇女人身权和健康权、名誉权、隐私权，不得歧视、辱骂、殴打，不得采取游街示众、公开曝光等侮辱人格尊严方式羞辱妇女，要严格做好信息保密工作。①

2. 事例评析

（1）人格尊严是人区别于动物的伦理上、法律上的标准，具有普世价值。无论公民的职业、政治立场、宗教信仰、文化程度、财产状况、民族、性别、年龄等有何差别，其人格尊严都没有任何差别。人区别于动物成其为人的本质是人具有尊严，动物无所谓尊严，所以"动物的堕落"无从谈起。狮子老虎不会堕落为狗、狗更不可能堕落为猪，但人一旦丧失了尊严（不管是自愿还是被迫的），就可能还不如猪狗，"猪狗不如"便是形容人在丧失尊严后的惨状。② 因此，尊严权是人存在的证明；反之，侵犯人的尊严，也就等于剥夺了人的社会存在。③ 如是，《世界人权宣言》和联合国两大人权公约都规定，对任何人不得加以侮辱性的待遇。在宪法上，人格尊严不仅具有最高价值，而且也具有绝对价值，它在任何情况下都对国家产生拘束力，在任何情况下都不得被克减、剥夺或者限制。即使对于被判处死刑的人，也不能限制或剥夺其作为一个人的人格尊严。

（2）我国《宪法》第 38 条禁止用任何方法侵犯公民人格尊严。我国《宪法》第 38 条规定，"公民的人格尊严不受侵犯。禁止用任何方法对公民进行侮辱、诽谤和诬告陷害"，没有采用其他基本权利常使用的"禁止非法侵犯"，一个"不受侵犯"，一个"禁止非法侵犯"，同时第 38 条还继续补充规定"禁止用任何方法"侵犯公民人格尊严。该条规定，从法律解释学上看，"禁止用任何方法"侵犯公民人格尊严这一表述，意味着公民享有的人格尊严这一基本权利，为"宪法保留"的事项，即与一般法律保留事项明显区别的是——对于公民的人格尊严，除非国家修改宪法，否则不会受到任何限制，即使是

---

① 参见王守田、沈国琴：《宪法学教学案例研析》，中国人民公安大学出版社 2013 年版，第 80~81 页。

② 陈焱光、刘祎：《宪法》，武汉大学出版社 2017 年版，第 103 页。

③ 魏定仁等：《宪法学》，北京大学出版社 2001 年版，第 243 页。

法律，也不得限制公民的人格尊严。换言之，在宪法学理上，人格尊严不存在限制的空间。此处的人格尊严，意指人性尊严（广义上的人格尊严）。对于人格尊严，宪法和其他部门法都提供保障，但宪法上的人格尊严和民法上的人格尊严，二者是有区别的，主要区别在于针对的主体不同。民法上的尊严权是个人针对个人的一种人格权，宪法上的人格权则是个人针对国家的人格权。① 因此，作为宪法上的国家性质的机关，上述两地警方对从事卖淫嫖娼活动的公民予以公开示众，这种行为剥夺了公民的人格尊严，无论基于何种理由，都是对《宪法》第38条"不受侵犯"之国家义务的违反。

（3）我国宪法之外的其他法律和规范性文件也明确禁止游街示众等侵犯人格尊严的行为。有一种意见认为，曝光涉黄人员，既可以给其以惩罚，又能起到教育群众之效果，还可以震慑潜在的违法者，一举多得。但是，这种游街示众的做法无异于剥夺违法犯罪者最后的一丝尊严，同时这种执法方式也在暗示社会——违法犯罪者，其人格尊严是不值得尊重的。更重要的是，人格尊严只能是宪法和法律保障的客体，而不能成为惩罚的对象。违法犯罪者并不因其违法或犯罪行为而丧失其人格尊严。保护违法犯罪者的人格尊严并不是支持违法，而是"把人当人看，尊重人及人的权利，这是公民以至一切人类享有权利的基础"②。

除了宪法规定之外，其他相关立法及规范性文件也都明确禁止游街示众等侵犯人格尊严的行为。例如，《刑事诉讼法》明文规定："执行死刑应当公布，不应示众"（第263条第5款）、《最高人民法院关于适用中华人民共和国刑事诉讼法解释》第508条第2款规定："执行死刑应当公布，禁止游街示众或者其他有辱罪犯人格的行为。"既然死刑犯都不允许游街示众，那么违法程度更加轻微的涉黄人员就更不能示众了。其实早在1992年11月，最高人民法院、最高人民检察院和公安部就联合发布了《关于依法文明管理看守所在押人犯的通知》，该通知强调：严禁将死刑罪犯游街示众。对其他已决犯、未决犯和其他违法人员也一律不准游街示众或变相游街示众。

除此之外，禁止游街示众、公布涉黄违法者的个人信息与行政执法中的公开原则并不抵触。公开不等于示众，而是要求行政机关遵循正当程序，防止少数执法人员"暗箱操作"。公开原则也有例外，即不得侵害国家秘密、商业秘密和个人隐私。其中涉黄人员的个人信息属于个人隐私的范畴。而且公开应当有度。公开的做法不能侵犯公民的人格尊严，尤其带有侮辱、歧视意味的"游街示众"更不应允许。③

（三）问题思考

1. 我国宪法上的人格尊严具有什么特点？
2. 我国宪法保障人格尊严的目的是什么？
3. 人格尊严内容入宪的时间是哪一年？
4. 宪法上的人格尊严和民法上的人格尊严，有什么区别？

---

① 林来梵：《宪法学讲义》，法律出版社2015年版，第388页。
② 魏定仁等：《宪法学》，北京大学出版社2001年版，第243页。
③ 王守田、沈国琴：《宪法学教学案例研析》，中国人民公安大学出版社2013年版，第84页。

5. 为什么说对违法犯罪者游街示众，侵犯了公民的人格尊严?

三、住宅安全

（一）住宅安全概述

1. 住宅安全的概念

住宅安全，又称住宅安全权、住宅不受侵犯（权利），其本身是一项独立的权利，同时又具有保障权利人隐私的效用。我国《宪法》第 39 条规定："中华人民共和国公民的住宅不受侵犯。禁止非法搜查或者非法侵入公民的住宅。"所谓住宅，不单是指一般意义上的私人房屋，还应包括宿舍、旅馆等其他各种私生活在物理空间上所展开的场所，其成立也无须具备独立的建筑结构或持续性的使用等时空上的要件。① 从其用途来判断，住宅除了能够满足个人睡眠、休息等生活需要外，它还是个人排除外界干扰、保护个人私生活、寻求人身安全的最重要的场所。从某种角度而言，住宅的安全就意味着居于其中的个人的人身安全和私生活获得保护的可能。对此，住宅安全的宪法意义可以体现为如下方面：第一，对个人财产的保障和尊重；第二，对人身安全的保障；第三，对个人私生活的尊重和保护。鉴于宪法上的住宅权是公民人身自由的一项延伸，因此对"住宅"的解释应从人身自由的角度出发，即公民保护其人身安宁不受任意侵扰的空间。

2. 住宅安全的保障与限制

住宅安全是对公民私生活空间的保护，其范围不仅仅限于公民生活用的住宅，工作场所、宿舍等也属于广义上的住宅概念。住宅安全通常包括如下内容：住宅不得非法侵入、住宅不得随意搜查、住宅不得随意查封。凡没有法定理由、未经法定程序、没有征得居住者同意而随意侵入公民住宅的行为都构成对住宅安全的侵犯。② 除《宪法》第 39 条明确规定"禁止非法搜查或者非法侵入公民的住宅"外，对于严重侵犯住宅安全的行为，尤其司法工作人员实施的行为，《刑法》第 245 条作出了规定："非法搜查他人身体、住宅，或者非法侵入他人住宅的，处三年以下有期徒刑或者拘役。司法工作人员滥用职权，犯前款罪的，从重处罚。"

为了维护公共利益，必要时可以对住宅安全加以限制，但这种限制必须基于公正的法律程序。依法对公民住宅进行限制不得伤及住宅安全的本质，且具有合理基础。住宅安全的合理限制包括：法定的国家机关为刑事侦查的需要，依法对公民住宅进行搜查时，必须向被搜查人出示搜查证。法定的国家机关可以依法查封公民的住宅；在紧急情况下，有关机关和人员可以在没有办理必要手续的情况强行进入公民住宅，但事后必须补办相关手续。③

（二）案（事）例述评

1. 延安夫妻家中观看"黄碟"案

---

① 林来梵：《从宪法规范到规范宪法》，法律出版社 2001 年版，第 172 页。
② 张千帆、曲相霏：《宪政与人权指南》，中国人民大学出版社 2012 年版，第 31 页。
③ 胡锦光、韩大元：《中国宪法》，法律出版社 2016 年版，第 248 页。

2002 年 8 月 18 日晚 11 时许，陕西省延安市万花派出所接到群众电话举报，称辖区内一居民家中正在播放黄色录像。派出所遂派出 4 名民警前去调查。这家被举报的居民住宅是一家私人承包的诊所，有三间房，临街的一间是诊室；另外两间，一间是简易病房，一间是屋主张某和新婚妻子李某的卧室。这家私人诊所既做经营用，又做生活用房。4 名民警身着警服，但均无警号。民警到达现场后以看病为由敲开门，即直奔张某夫妻卧室，房间内只有张某夫妻两人，电视机已经关闭。民警表明身份，要求夫妻俩交出黄碟并试图扣押电视机和 VCD 机，但遭到拒绝，双方发生冲突撕扯。民警将张某带回派出所留置。10 月 21 日，民警以涉嫌"妨害公务"将张某刑事拘留。11 月 5 日，张某被以取保候审的形式释放回家。12 月 5 日，该案件被撤销。自 11 月 5 日被释放回家后，张某的精神状态一直不好。11 月 12 日，张某在延安大学附属医院被诊断为急性应激精神障碍，院方建议住院治疗，张某经营的诊所因此一直无法继续营业。

夫妻家中看黄碟，民警上门来抓人。此案传出后，轰动全国，成为全国人民关注的热点。陕西省和延安市迫于全国舆论的压力，2002 年 12 月，延安市宝塔区组织的专门协调小组向当事人赔礼道歉并补偿医疗费及误工费。"黄碟事件"至此画上句号。

2. 案例评析

（1）住宅安全保护的不仅涉及严格意义上的居所，还包括所有类型的房屋，而不论其法律地位（所有、租赁、合法或非法占有等）或者使用的性质（主要住所、周末住宅、临时住所等）。"住宅"不限于居住者本人所占据的场所，也可以是被他人所占据的场所。而且不问其房屋、建筑物的所有关系如何，借用他人的房屋，也是其住宅。借助法律解释学的研究，现实生活中人们的住所、居所，可以是提供个人休息的营业场所、公司的办公室、临时居住的房屋、暂住的旅馆房间、学生的寄住公寓等，这些已经得到各国的判例支持。

在黄碟案中，警察强行进入的场所，尽管是当事人经营的诊所，但同时兼具了夫妇二人新婚住所的功能。尤其是警方与张某发生冲突的场所是诊所的卧室，即不具有诊疗功能的后屋地带，也是这对新婚夫妇的卧室，即他们的私生活空间。就此乃论，警方进入的空间，实属张某夫妇的私生活空间，是公民的住宅，因其不具有诊疗功能从未用作诊疗之用，所以不应当被认定为公共场所。

（2）对住宅的侵犯或搜查，不仅指直接侵入住宅的物理空间，也包括对住宅的偷听、窥视等行为。传统观点认为，对住宅安全的侵犯必须以物理性、有形的接触或侵入为构成要件。但随着时代发展，物理性"侵入"的要求被扩张解释为对于住宅内部私人谈话的偷听或利用电子器材窥视、窃听住宅内部的私人生活均属于对公民住宅权的侵犯，而不再限于有形的物理侵入。具体到本案，据说警方辩称在进入住宅前，为核实情况，曾透过窗帘向里面窥探到房间内电视机正在播放淫秽录像。如果警方确有上述行为，那么其侵犯住宅安全的行为始自于窥视那一刻。

（3）紧急特殊情况下法定机关可以强行进入公民住宅，但仅限于刑事侦查需要并满足正当的法律程序。像其他宪法权利一样，住宅安全也不是公权力的绝对禁区，也具有其内在界限。公权力机关可以在特定条件下强行进入公民住宅，这些特定条件主要有两个方面：一是实体要件，即必须为了履行特定公务，主要涉及刑事侦查之需要；二是程序要件，即严格遵循正当法律程序。就本案而言，警方的搜查、侵入行为是否符合上述特定条件从而正当合法化，在于"黄碟"本身，即黄碟是否属于违法犯罪物品或证据，以及持有或观看黄碟是否构成违法或犯罪行为。这一问题需要回到警方执法的规范依据来做判断。就规范依据乃论，根据《治安管理处罚法》第 68 条之规定，只有"制作、运输、复制、出售、出租淫秽的书刊、图片、影片、音像制品等淫秽物品"的行为才被法律所禁止。事实上，我国关于淫秽色情物品管控的行政法和刑法规范，都只惩处制作、贩卖、传播行为，而对单纯的观看行为并没有处罚规定。因此，本案当事人在卧室观看黄碟的行为，从法不禁止即自由出发，该行为既不违法也不犯罪。综合上述，警方侵入当事人卧室的行为，首先在实体法上缺乏执法理由和法律依据。其次，从程序来看，警方对张某夫妇的调查和搜查方式也缺乏法定的程序，在程序上同样是不合法的。

（4）在同样能实现公权力执法目的的情况下，警方应当首先选择对当事人权利影响最轻的方式，即遵循行政法上比例原则。比例原则又有行政法上"帝王原则"之美誉，即在有多种选择方案可以实现或不削弱国家实施公权力的目的的情况下，行政机关应当选择那些对公民权利侵犯最轻的方法。具体到本案，基于比例原则，张某夫妇的看碟的行为如果超出了住宅安全的界限，影响到公共利益，可以通过警告以及其他措施达到制止的效果，而且观看"黄碟"之行为也不符合紧急状态的情节，警方对张某采取强制措施，违反了比例原则的要求，也不具备紧急情况下强行侵入住宅的实体和程序要件，因此是违法的。①

（三）问题思考

1. 本案中，张某夫妇所处的卧室是否属于宪法上的"住宅"范畴？
2. 张某夫妇是否享有在这间卧室中观看"黄碟"的自由？
3. 本案中，警方有无侵犯张某夫妇的住宅安全？
4. 你认为宪法为何要保障公民的住宅安全？

四、通信自由与通信秘密

（一）通信自由与通信秘密概述

1. 通信自由与通信秘密的概念

通信自由是指公民通过书信、电话、电信及其他通信手段，根据自己的意愿自由进行通信不受他人干涉的自由。通信是公民参与社会生活，进行社会交流的必要手段，是公民不可缺少的自由。国际人权公约之一——《公民权利和政治权利国际公约》第 17 条对通信自由作出了规定，"通信"不仅包括书信，还包括书信的各种实现形式，诸如电话、传真和电子邮件等各种形式。通信秘密是通信自由的自然延伸也是其主要内容，换言之，若

---

① 参见王守田、沈国琴：《宪法学教学案例研析》，中国人民公安大学出版社 2013 年版，第 87~88 页。

通信不秘密，则通信无自由。据韩大元教授的研究，通信自由的基本特征包括①：

（1）通信自由所保护的利益是私生活秘密与表现行为的自由。通信自由与私生活秘密的保护存在着一定的交叉，但保护的侧重点和角度不同。

（2）通信自由是表现自由的基础。公民通过行使通信自由，可以自由地进行社会交往，是思想交流的重要手段。

（3）通信自由的主体是自然人和法人，外国人在一定条件下也可以成为通信自由的主体。通信自由的主体具有广泛性。

2. 通信自由与通信秘密的保障

我国《宪法》第40条规定："中华人民共和国公民的通信自由和通信秘密受法律的保护。除因国家安全或者追查刑事犯罪的需要，由公安机关或者检察机关依照法律规定的程序对通信进行检查外，任何组织或者个人不得以任何理由侵犯公民的通信自由和通信秘密。"根据该条文内容，我国公民的通信自由与通信秘密的保障包括两个方面：一是，公民具有选择通信手段、通信时间、通信地点、通信对象和通信内容的自由等。二是，任何他人或组织不得扣押、毁弃、隐匿或拆阅公民的电话、电报、信件等方式侵犯公民通信自由，或在未经公民同意的情况下泄露公民通信秘密。

3. 通信自由与通信秘密的限制

宪法所保护的通信自由与通信秘密是一种合法的、正当的通信自由，危害公共利益与侵犯他人权益的通信行为不属于通信自由与通信秘密的范畴。为了国家安全与公共利益的需要，可对通信自由与通信秘密进行适当限制，但这种限制也要遵循比例原则，并符合法律上的实体和程序的要件。例如，我国《刑事诉讼法》第143条规定："侦查人员认为需要扣押犯罪嫌疑人的邮件、电报的时候，经公安机关或者人民检察院批准，即可通知邮电机关将有关的邮件、电报检交扣押。不需要继续扣押的时候，应即通知邮电机关。"《香港特别行政区维护国家安全法》（2020）第43条规定："香港特别行政区政府警务处维护国家安全部门办理危害国家安全犯罪案件时，可以采取香港特别行政区现行法律准予警方等执法部门在调查严重犯罪案件时采取的各种措施，并可以采取以下措施：……（六）经行政长官批准，对有合理理由怀疑涉及实施危害国家安全犯罪的人员进行截取通讯和秘密监察……"

（二）案（事）例述评

1. 德国犯人通信案

本案原告为一名因刑事犯罪而入狱服刑的犯人，被关押在监狱。1967年，他与一个旨在关照犯人的组织取得联系。该组织成员沃尔芬布特女士负责与原告进行联络。1967年11月24日原告给这位女士写信，信中涉及已经离职的监狱长以及他所认为的监狱长离职的重要背景。信中他对监狱长极其蔑视，并认为懦弱无能正是他不再担任监狱长的原因。此外，鉴于管理人员审查了原告寄出的圣诞包裹，包裹中的物品被人抢劫一空，原告

---

① 胡锦光、韩大元：《中国宪法》，法律出版社2016年版，第249页。

认为这种做法剥夺了一个犯人的圣诞快乐，完全是对人的刁难。

1967 年 12 月 27 日，此信被监狱主管人员查阅和拦截，监狱方认为该信包含侮辱性内容，并涉及与犯人本人毫无关联的监狱管理关系。狱警查阅和拦截信件的法律依据为 1961 年 12 月 1 日该州司法部长委员会会议所颁布的《罪犯服刑与刑罚执行条例》第 155 条第 2 款，该条款规定，"监狱长可拦截包含侮辱、犯罪或是损害监狱内容的信件。这一规定同样适用于包含明显虚假内容，或是谈及根本无关犯人本人的刑罚以及监狱关系的信件"。1968 年 1 月 3 日，监狱长确认了这一拦截决定。原告随即于 1968 年 1 月 16 日向所在州的高等行政法院针对总检察长提起诉讼。在诉讼中，原告认为自己基于《德国基本法》第 5 条所享有的言论自由受到侵犯，并要求法院责令总检察长允许不受阻隔地邮寄。1968 年 3 月 8 日州高等法院作出裁决，认为为执行刑罚，监狱管理人员有权对犯人的书信往来进行控制。因此，监狱管理人员对犯人涉及前任监狱长的侮辱性信件进行拦截是合法的监控行为。而且监狱适用《罪犯服刑与刑罚执行条例》第 155 条对信件进行监控，也拥有进行客观的、合目的性的裁量的权限。此外，考虑到犯人损害了他人的名誉、其言论自由也应受到限制。

原告对该判决不服，向联邦宪法法院提起宪法诉讼，宣称自己基于《德国基本法》所享有的"人性尊严""言论自由""通信自由与秘密"受到侵犯，且监狱管理机关违反了《德国基本法》第 19 条第 1 款规定的"基本权利只能基于法律受到限制"、第 20 条第 3 款规定的"法律应符合宪法"以及第 103 条规定的"所有人均有公平获得司法审判的权利"。①

2. 案例评析

（1）行政规章能否成为干预犯人基本权利的合宪性依据？

在本案中，监狱管理机关拦截犯人信件的依据是 1961 年 12 月颁布的《罪犯服刑与刑罚执行条例》。这部条例授权监狱管理机关，尤其是监狱长可对服刑犯人的书信进行监控甚至是拦截。但从属性而言，该条例由州司法部长会议所颁布，性质上属于行政规章，而非法律，因此，它能够成为监狱管理机关拦截服刑犯人书信，进而干预服刑犯人基本权利的合宪性依据，便成为本案所要解决的首要问题。对此，联邦宪法法院指出"犯人的基本权利只能由法律或是根据法律而受到限制"，而这意味着本案中监狱管理机关以《罪犯服刑与刑罚执行条例》为依据干预犯人的基本权利并不合宪。

首先，对基本权利的侵犯只能基于法律作出。联邦宪法法院认为，监狱管理机关的行为涉及对公民基本权利的侵犯和干预，具体涉及《德国基本法》第 10 条第 1 款所保障的通信秘密以及第 5 条第 1 款所保障的言论自由。既然攸关公民的基本权利，就应该由相关的宪法规范予以确定。因此，对于公民通信秘密或是言论自由予以干预的合宪性依据都是法律，即由立法机关通过立法程序颁布的形式意义上的法律。但在本案所涉及的刑罚执行领域，彼时尚没有法律，而完全依赖于行政规章提供依据，因此，联邦宪法法院认为，立

---

① 参见张翔：《德国宪法案例选释》第一辑，法律出版社 2012 年版，第 71~72 页。

法者负有义务在刑罚执行领域颁布相应的法律予以规制。

其次，"特别权力关系"理论已经过时，犯人的基本权利应得到同等保障。传统的"特别权力关系"理论认为，监狱和犯人之间处于一种"特别权力关系"中，这种关系区别于一般意义上国家和公民个人的关系。在这种关系下，对犯人基本权利的限制，不仅可以排除法律保留原则的适用，还可以剥夺其诉诸司法救济的权利。这种理论使居于"特别权力关系"之下的相对人处于极其不利的地位。但联邦宪法法院认为，这一理论通过排除法律保留，"使犯人的基本权利经由某种令人难以忍受的不确定性而被相对化了"。法院援引《德国基本法》第1条第3款规定——"下文中的基本权利作为直接有效的法而约束立法、行政和司法权力"得出：既然《德国基本法》将基本权利的约束力辐射至所有的国家权力领域和法律秩序的整体，那么即使被喻为"法治原始森林"的"特别权力关系"领域，也同样应被基本权利的光芒所覆盖，作为客观法的基本权利决不允许针对特定的人群实施有限制的基本权利保护。"特别权力关系"应当解冻，即使是限制犯人的基本权利也要遵循法律保留原则。

（2）犯人的通信自由与秘密是否受到侵犯？

本案中另一个有争议的问题是，作为服刑犯人的原告的通信秘密是否因监狱管理机关对信件的检查和拦截行为受到侵犯。

首先，法院需要确认犯人的通信秘密是否受到监狱管理机关的侵犯。有关通信秘密的保障规定在《德国基本法》第10条第1款——"通信秘密和邮政、电信秘密不容侵犯"。法院对通信秘密的保护领域进行了解释，通信秘密所保护的是个体之间的信件往来；而且与《德国基本法》中其他基本权利都以"某某权利或某某自由"不同，本条所规定的基本权利却被冠以"秘密"，这就说明，这一权利尤其保障"信件的内容免被公权力机关知悉和披露"。从保护领域来说，监狱管理机关对犯人与监狱外其他人信件往来的控制，的确使犯人经由通信秘密所保护的基本权利受到侵犯。

其次，法院还需要确认公权力机关对这一基本权利的限制是否具有《德国基本法》所允许的合宪性理由。与其他国家不同，《德国基本法》对基本权利的限制没有采用一般的概括条款，而是选择在每项权利规范中，详述对此项基本权利的限制要件。因此，唯有具备这些理由时国家对公民基本权利的干预才是正当的。那么通信秘密的合宪性理由规定在第10条第2款第1句中——"对通信秘密的限制只有由法律予以规范"。在本案中，监狱管理机关拦截和查阅犯人信件的法律依据却是行政规章，因此它并不符合《德国基本法》第10条第2款第1句之要求。①

（三）问题思考

1. 通信自由与通信秘密的关系是什么？
2. 通信自由具有哪些基本特征？
3. 限制公民的通信自由与秘密需要满足哪些条件？

---

① 参见张翔：《德国宪法案例选释》第一辑，法律出版社2012年版，第77~78页。

4. 行政规章能否成为限制公民通信自由与秘密的依据？

第五节 精神自由

经典宪法学上有所谓的"三大自由"，即人身自由、精神自由、经济自由，这是近代宪法所确立的最为重要的内容，也是最早被纳入宪法保障的自由权。及至今天，此三者在现代宪法中仍然受到重视。[①] 精神自由与表现自由的内在关系，可解释为——内在的精神活动自由构成了表现自由等外在精神活动的基础。[②] 就精神自由而言，我国《宪法》规定了"中华人民共和国公民有宗教信仰自由"。关于表现自由，我国《宪法》则规定了言论自由，出版自由，结社自由，集会、游行、示威自由，艺术自由，学术自由等。

一、宗教信仰自由

（一）宗教信仰自由概述

1. 宗教信仰自由的概念与内容

宗教信仰是指公民对于超自然、超人格的（上帝、真主、释迦牟尼等）存在及其教义、学说、训导的内心确信及崇拜的态度和行为。宗教信仰的对象具有宗教性，不带有宗教性的意识形态、道德准则、价值观念，如儒家伦理、政党纲领、丁克观念等也可以成为信仰的对象，但不属于宗教上信仰。宪法学上，宗教信仰自由的内容包括两大方面：内在的信仰自由和外在的行为自由。

（1）内在的信仰自由。内在信仰，是指公民对于不同的宗教信仰的认知、选择、归属和放弃。由于外人通常无法借由单纯的观察而了解公民内心信仰，所以也被称为内在领域，它形成了宗教信仰自由的核心，宗教信仰自由的其他内容都围绕其展开。其具体内容又包括：

①不得强制或奖励特定宗教信仰。宗教信仰系人的内心活动，通过强制、惩罚或奖励的手段让他人作出表面的同意，应视为对公民宗教信仰自由形成和存有的一种干涉。因为信仰不能强制或奖励这条原则一旦被动摇，对于其他不正当手段的限制就会失去意义，结果只能是一切强迫手段都会合法化。

②不得给予特定信仰者不利益。国家不得对特定信仰者，包括不信仰宗教者课予不利益。国家虽不以强制手段干涉，但以歧视性、不利益的方式对待特定信仰者，亦属侵犯公民宗教信仰自由。并且，形式上平等且普遍适用的国家行为，如果是出于课予不利益的目的加以适用，也构成国家对宗教信仰自由的侵犯。譬如，法院故意将开庭日期确定为麦加朝觐期间，使得有宗教信仰的一方当事人因为履行宗教义务而无法出庭而丧失胜诉权，那么法院对庭期的决定便属对宗教信仰自由的侵犯。

[①] 参见林来梵：《宪法学讲义》，法律出版社2015年版，第373页。

[②] ［日］芦部信喜：《宪法》，高桥和之补订，林来梵等译，清华大学出版社2018年版，第116页。

③不得强制公民表达吐露信仰。公民享有对其内心信仰保持沉默，不被强制表白的权利。国家公权力的侵害以对个人宗教信仰内容的掌握为基础，首先乃是窥探个人内心之信仰。如在日本江户时代，政府为了查知基督教徒以对其进行镇压，逼迫民众用脚踩踏基督或圣母玛利亚的画像以分辨信徒。

④宗教教育的自由。宗教信仰自由除禁止国家公权力对宗教信仰内容为强制、奖励、不利益外，尚包含宗教教育之自由。为使个人能够健全地形成内心的信仰，个人须享有宗教教育的自由，以对宗教的历史、教义、意义有所了解，从而审慎真诚地作出宗教信仰的认同。同时个人也有不接受宗教教育之自由，以避免个人思想受到侵扰和个人世界观之形成受外界所操纵。在子女未成年前，父母应本着儿童最大利益原则来行使对其子女的宗教教育权利。

（2）外在的行为自由，主要包括以下几种：

①宗教仪式自由。宗教仪式之自由系指个人对于宗教仪式之是否参与，以及就宗教仪典之举行方式、流程与内容享有依其教义而为决定，不容国家权力予以介入之自由。既包括不参与、不作为一定宗教仪式活动的自由，亦即不将内心宗教信仰表现于外的自由，如不被强制参加宗教仪式、强制进行宗教表白；也包括积极从事宗教仪式活动的自由。

②传教自由。传教自由系借由宗教宣传、宗教教育及其他宗教活动，以推广个人所信奉的教义，获得信徒的自由。亦包含批判其他宗教，使其他宗教信徒改变信仰的自由。传教自由就其积极面而言乃积极主动地推广教义，消极面则包括个人不受传教影响，保持个人内心信仰形成和保有自由。传教自由与宗教仪式自由的区别在于，前者重心在于积极宣扬教义于非信徒和异教徒，劝其入教或改宗，从而达到团结多数人共同信奉同一宗教的目的。而仪式自由则没有这一目的。

③宗教结社自由。宗教结社自由系指公民、组织设立宗教团体（如教会、教派）并举行团体活动，加入特定的宗教团体以及不加入特定的宗教团体等方面的自由。宗教结社自由的意义，除了能更好地表现宗教信仰外，还涉及宗教的永续发展、运作、扩张和抵抗国家公权力的侵犯，以及形成宗教内部事务的自治。

2. 宗教信仰自由的保障

政教分离原则被视为保障宗教信仰自由的根本原则和制度。历史上，政教合一带来绵延不绝的宗教纷争乃至宗教战争。痛定思痛，人们意识到只有政教分离才有可能实现宗教信仰自由和宗教和平。政教分离的基本要求是国家、政府、与宗教（宗教组织）互不牵连。具体来说，包括如下准则：

（1）宗教信仰是私人的事情，国家不得干涉宗教信仰自由。

（2）国家不对特定宗教予以特权或优待，禁止确立国教。所谓国教，是宪法明确规定的作为国家正统信仰的宗教或教派。一旦确立国教，必然会对信仰其他宗教的人们产生无形的压力，影响公民自由选择宗教和坚持自己的信仰，妨碍公民宗教信仰自由的实现。

（3）国家机关、公立机构及其公职人员不得参与、举办、推行宗教活动。

（4）国家不得推行宗教教育。按人民有宗教教育之自由，可自由选择接受或不接受宗教教育，客观上禁止国家以传播、推广宗教之宣扬或排斥宗教为目的而进行之教育。

3. 我国宪法上的宗教信仰自由

我国《宪法》第 36 条规定了宗教信仰自由：

"中华人民共和国公民有宗教信仰自由。

任何国家机关、社会团体和个人不得强制公民信仰宗教或者不信仰宗教，不得歧视信仰宗教的公民和不信仰宗教的公民。

国家保护正常的宗教活动。任何人不得利用宗教进行破坏社会秩序、损害公民身体健康、妨碍国家教育制度的活动。

宗教团体和宗教事务不受外国势力的支配。"

其中第 1、2 款是对内在信仰自由和政教分离原则的表述。第 3 款系对外在行为自由的保障。而"正常的宗教活动"应符合如下条件：（1）有可考证的、符合我国现存宗教历史沿革的、不违背本团体章程的经典、教义、教规。（2）组织机构的组成人员有广泛的代表性。而符合上述条件的宗教，即五大宗教（佛教、道教、天主教、基督教、伊斯兰教）。五大宗教之外的宗教活动则有不受国家和宪法保护之虞。

第 3 款和第 4 款则是对宗教信仰自由界限的表述。对于以宗教名义实施的破坏社会秩序、危害健康、妨碍国家教育制度的行为，显然不受宪法和法律保护。对于某些严重危害社会安全或国家安全的非正常宗教活动，被国家定性为"邪教"。根据 1999 年最高人民法院和最高人民检察院发布的《关于办理组织和利用邪教组织犯罪案件具体应用法律若干问题的解释》，"邪教组织"是指"冒用宗教、气功或者其他名义建立，神化首要分子，利用制造、散布迷信邪说等手段蛊惑、蒙骗他人，发展、控制成员，危害社会的非法组织"。

最后一款带有"涉外"色彩的规定，渊源自鸦片战争后西方外来宗教（基督教、天主教）曾借助帝国主义侵华在中国加速传播。在 1949 年之前扎根的这些外来宗教都被外国教会及西方传教士所把持，中国信徒和教牧人员的参与权利被剥夺。中华人民共和国成立后，国家重新收回了教会的领导权，引导宗教走上"三自"道路，即自传、自养、自办的独立自主道路。为了保障"三自"成果，抵御外国宗教势力借对外开放卷土重来，重新控制国内教会，增加了"不受外国势力支配"的宪法规范。

（二）案（事）例述评

1. 美国摩门教重婚案

摩门教是美国犹他州的一个宗教团体，实行一夫多妻制。雷诺兹（George Reynolds）是摩门教的信徒，被指控违反了联邦的反重婚法，并因此被判处两年监禁和 500 美元罚金。他诉诸美国宪法第一修正案宗教信仰自由的"自由行使条款"，对被判之罪提起了上诉，在法庭举证阶段，雷诺兹主张一夫多妻是摩门教规定的宗教义务的一部分，因而受到第一修正案的保护，并宣称联邦法律侵犯了他的自由活动权利。美国联邦最高法院经过审理驳回了摩门教的挑战，维持了规定一夫一妻制的联邦法律的合宪性。

2. 案例评析

本案的争点在于普遍适用的联邦法律能否为受其影响的宗教行为提供豁免，在本案中雷诺兹可否因为其摩门教徒的信仰身份而获得重婚行为的正当性。法院在审理该案时，需要考虑的是，首先，雷诺兹的行为是否构成宪法意义上的宗教信仰；其次，联邦禁止重婚的法律是否合宪；最后，联邦法律是否应为违反该法的宗教行为提供豁免。

（1）雷诺兹的重婚行为是否出自宗教信仰？

美国宪法第一修正案规定："国会不得制定建立国教的法律，或者禁止其自由行使……"第一修正案中的"确立国教条款"禁止政府有选择性地为某些宗教提供援助或优待；"自由行使条款"则禁止政府压制和惩罚干涉公民的宗教行为自由。

本案中，雷诺兹举证他是摩门教的成员，该教会教义认为，"重婚是万能的上帝对其中男性成员的直接指示；在条件允许的情况下，未能或拒绝重婚……将受到惩罚，而且对这种无能和拒绝地惩罚将会是永永远远，到来生依然会被诅咒"①。对于雷诺兹的主张，最高法院首席大法官怀特承认了雷诺兹的宗教信仰，但他区分了信仰和行为，并判决国会可以禁止任何行为，而不论其有什么宗教含义。"国会对意见（宗教信仰）本身而言没有任何立法权，但可自由制裁那些违反社会义务或者颠覆良好秩序的行为。"② 法官认为雷诺兹的宗教信仰是绝对自由的，但其以宗教的名义采取的重婚行为是受到国会立法权规制的。

由此可见，在美国宪法宗教条款下，法院可以出于两类理由而拒绝提供保护：第一，他的信仰完全不可信，不构成宗教信仰，因而不受宪法保护；第二，即使构成宪法意义上的宗教信仰，国家也可以不论信仰如何而惩罚对社会有害的行为。进言之，一项正义的法律之所以不得不承认人有信仰的权利，包括不信仰的自由，是因为法律只能管理人的外在行为，它不能管理人的内在精神，除非人的内在精神外显为一种行为以后触犯了法律，这时才是法律行动的时候。③ 本案中，雷诺兹信仰摩门教，虽然摩门教的教义并不为西方社会所赞同，但雷诺兹的重婚行为已经外化为一种行为，雷诺兹不能以宗教教义为名，挑战联邦反重婚法，对于雷诺兹的重婚行为，法律是可以禁止的。

（2）联邦禁止重婚法的合宪性。

联邦法律最早反对重婚或一夫多妻制的是1862年林肯总统颁布的《莫里尔反重婚法案》，后因为内战的原因，该法没有付诸实施。内战结束后的1874年，美国国会又通过了《普兰法》，增加了联邦法院在犹他州的权力，在事实上强化了《莫里尔反重婚法》，雷诺兹正是因为重婚被指控违反了该法而受到法律的惩罚。

那么反重婚法是否具有合宪性，首席大法官认为：婚姻，在大多数文明国家都被视为一种民事契约，通常为法律所规定。可以说，正是基于婚姻之上才有了社会，产生了社会关系、社会责任和社会义务。对于这些事务都有必要要求政府去处理。换言之，决定一夫一妻制还是多配偶制，这是在每个民选政府的合法权限范围之内的，具有合宪性。同时，这一问题不是一个单纯的思想和观念问题，所以属于法律调整的范围，联邦法律对其加以禁止是合宪的。④

---

① 参见［美］保罗·布莱斯特等：《宪法决策的过程：案例与材料》（上册），张千帆、范亚峰等译，中国政法大学出版社2002年版，第298页。

② 张千帆：《西方宪政体系》（上册·美国宪法），中国政法大学出版社2004年版，第620页。

③ 参见董和平、秦前红：《宪法案例》，中国人民大学出版社2006年版，第225页注释⑤。

④ 董和平、秦前红：《宪法案例》，中国人民大学出版社2006年版，第226页。

（3）反重婚法是否应为重婚的摩门教教徒提供法律豁免？

怀特大法官认为，如果允许雷诺兹因为其宗教信仰而免于反重婚法的惩罚，将使宣称的宗教信仰之信念超越于国会法律之上，而且事实上将允许每个公民成为他自己的法律。在这些情况下，政府的存在就仅仅是名义上的。① 因此反重婚法不能因为宗教信仰而对违反法律的重婚行为免于实施。同样美国政治学家希尔斯曼说道："一般说，最高法院认为，宗教信仰自由并不意味着可以不服从有效的、一视同仁的保护公众安宁、健康、安全和道德的法律。"②

由此可见虽然公民宗教信仰的观念是绝对不受限制的，但公民基于其宗教信仰而采取的行为受到法律的限制和国家政策事实上的限制。宗教信仰自由是有界限的。因为公民宗教信仰自由的行使并不限于公民个人自我认识和理念的范畴，而要通过各种形式的宗教活动去实现。宗教活动作为一种社会活动和个人行为，如同社会上其他各种活动一样，需要有秩序地进行，需要相应的规则对其进行管理，以免导致混乱和权利的相互侵犯，于是法律的介入也就有了必要。法律为宗教活动划定了界限，一般而言这个界限主要是指国家和社会的公共秩序、善良风俗，以及公民的生命健康和财产。③

（三）问题思考

1. 宗教信仰与宗教信仰自由的含义各是什么？
2. 宗教信仰自由的基本内容是什么？
3. 如何保障公民的宗教信仰自由？
4. 在美国摩门教重婚案中，雷诺兹的重婚行为是否出于宗教信仰？
5. 在何种情况下，法律干涉公民的信仰行为会是正当的？

第六节　表现自由

表现自由一词包含了所有通过表现手段的表现、表达，演讲、报纸杂志书籍、广播电视等自不待言，绘画、摄影、电影、音乐、戏剧等表达也同样得到保障。结社、集会游行示威通常伴以集体、团体的思想与意见的表达，所以与传统的言论、出版自由密切相关，发挥着几乎同样的功能。因此，除了传统的言论、出版自由外，结社、集会游行示威、艺术创作和学术研究也都属于广义的表现自由范围。它们都具有共同的性质，即将个人或团体的内心思想、信仰，表明于外部，传达于他人，继而产生社会效用，因此表现自由是宪法上相当重要的权利。④

---

① 参见［美］保罗·布莱斯特等：《宪法决策的过程：案例与材料》（上册），张千帆、范亚峰等译，中国政法大学出版社 2002 年版，第 300 页。

② ［美］希尔斯曼：《美国是如何治理的》，曹大鹏译，商务印书馆 1986 年版，第 432 页。

③ 董和平、秦前红：《宪法案例》，中国人民大学出版社 2006 年版，第 227 页。

④ 参见［日］芦部信喜：《宪法》、高桥和之补订，林来梵等译，清华大学出版社 2018 年版，第 138 页。

一、言论自由

（一）言论自由概述

1. 言论自由的概念及意义

所谓言论自由，是指公民有权通过各种语言形式表达自己的思想和观点的自由。狭义的言论自由并不包括出版自由，广义上的言论自由则近似于表现自由。以性质和功能为标准，言论自由可分为政治性言论与非政治性言论。政治性言论自由是言论自由的核心与基础。因为在现代社会中，言论不仅是人们表达思想、沟通信息、开展社会交往的一种基本方式，同时也是参与管理国家事务和社会事务的重要手段。没有言论自由，公民的其他各项民主权利也就难以实现。因此，在我国《宪法》中，公民享有的言论、出版、集会、结社、游行、示威的自由主要被视为公民的政治权利。这旨在突出言论自由与人民当家作主，行使政治权利的密切关系。更进一步，《全国人民代表大会和地方各级人民代表大会代表法》第 31 条规定："代表在人民代表大会各种会议上的发言和表决，不受法律追究。"即人大代表的言论免究权。这是对人民代表的言论自由的强化保障，更凸显了言论自由与民主制的重要关联。

言论自由有其特别的重要性。它对于每个个体的意义至少反映在三个方面：第一，言论自由的价值首先满足人的自然性生理需求。人的本性是一种语言动物，需要通过语言、文字、声音各种语言方式同他人交流。而言论是最常见、最便利、成本最小、传播最快的交流方式，所以从这一角度出发，禁锢言论无异于戕灭人性。[1] 第二，言论自由还维系着一个社会的道德基础。自由的言论可以使人养成讲真话、讲实话的品格和习惯，社会因此可能开明和务实。第三，民主政治成为社会主流意识的今天，言论自由是每个公民实现其公民权的重要方式和手段。通过自由地发表言论，公民可以对政府及其官员的行为进行批评和建议，可以获得更多客观公正的社会信息，公共信息的交流和传播使得一个理性民主的政府成为可能。因此，言论自由对人类社会的生存和发展具有极其重要的意义和价值。

2. 言论自由的范围

言论自由的范围，即受法律保障自由行使的范围。其范围包括：

（1）公民作为基本权利主体，有以言论方式表达思想和见解的自由，其内容十分广泛，既有自由发言的权利也有一言不发的权利，除此之外，公民还有说错话的自由，换言之，政府不应苛责公民说话句句正确无误。一方面，在一个由人而非天使组成的社会，谁都无法保证自己的言论一贯正确无误。因此，言论自由天然地包含说错话的自由。如果某个国家仅仅允许公民发表正确言论，那么该国一定是言论最缺乏自由的国度。另一方面，言论自由要求政府和社会宽容公民的"不当""错误"言论，20 世纪 50 年代，胡适就曾说过，"没有容忍，就没有自由"。因此，2008 年汶川地震期间，四川教师范美忠表达的某些"令人反感"的言论，如"只救女儿不救妈"，依然受中国《宪法》第 35 条言论自由条款的保护。

---

[1] 参见张千帆：《宪法学导论》，法律出版社 2004 年版，第 490 页。

（2）通过言论自由表达的内容受法律保护，不受非法干涉。既包括政治、经济方面的内容，又包括社会、文化等方面的看法和见解。

（3）言论自由表现形式是多样化的，既可采取口头的，又可采取书面的，必要时依照法律规定，还可以利用广播、新闻、电视、网络、电信等传播媒介。

（4）言论自由作为一项法定权利，其权利的行使者不应其发表的言论而遭受不利后果，其合法言论应受法律保护。与行为不同，言论一般不会产生直接的危害，因而宪治国家都存在一条基本原则——言论和行为是泾渭分明的。公民的言论应当比他的行为受到更加严格的保护。① 如2005年李某平诉著名哲学家周某平发布批评言论侵犯名誉权一案中，北京市海淀区人民法院认为，社会大众对文学作品、理论作出评价，并不为法律所禁止。周某平针对李某平所著《纯粹的智慧》公开评论该书"浅薄和粗糙""垃圾书""乱七八糟""一文不值"等，其使用的评论语，完全系其阅读《纯粹的智慧》后的真实感受和评价，其评价对象系针对《纯粹的智慧》一书及其内容，而非李某平本人，故而周某平的评论并没有侵犯李某平的名誉权。法官同时指出，"法律保护民事主体的名誉权不受他人非法侵犯，同时亦保护民事主体言论自由的权利。民事主体对事物或人的评论，在不侵害他人合法权利的情况下，为法律所保护"②。

（5）言论自由客观上存在法定界限，受到合理限制。

3. 言论自由的界限

言论自由的受限性是人权发展的普遍规律，各国在人权立法中一方面强调言论自由的实体价值，另一方面又对言论自由的内容与行使程序作了必要的限制。如德国《基本法》第5条规定"公民有自由发表意见的权利"，同时该条第2款又规定"这些权利应限制在一般的法律规定、关于保护少年的法律规定和个人名誉的范围内"。韩国《宪法》第21条第4款规定："言论、出版不得侵害他人名誉、权利或公共道德与社会伦理。"这些规定实际上明确了言论自由的内在界限——不得侵害他人权利，不得违反社会公德。

在我国，确定言论自由合理界限的依据是《宪法》第51条，即行使言论自由不得损害国家的、社会的、集体的利益和其他公民的合法的自由和权利。具体来说，言论自由的界限表现在两个方面：一是外在限制，是指宪法规定的言论自由有确定的效力范围，在其效力范围内的言论才能得到法律的保护；二是内在限制，是指言论自由的行使程序由宪法和法律规定，在其规定程序之内的言论自由才是合理的，否则构成言论自由的滥用，甚至构成危害社会的行为。合理界限内的言论自由应当是主观上善意和客观上无害的行为，有害于国家或社会利益，侵犯他人权利或侮辱他人的各种言论均属于禁止之列。与言论自由的合理界限相联系的另外一个问题是言论自由与错误言论的区别。宪法保障的言论自由中也包括公民对某一问题发表的错误的言论，只要不是出于主观上的恶意，不是危害社会的言论，应允许错误言论的存在，不能苛求公民的言论都符合客观事实。③

作为一种有限性的权利，言论自由主要接受以下几方面的限制：（1）行使言论自由

---

① 参见张千帆、曲相霏：《宪政与人权指南》，中国人民大学出版社2012年版，第91页。

② 参见北京市海淀区人民法院民事判决书〔2005〕海民初字第07289号。

③ 参见胡锦光、韩大元：《中国宪法》，法律出版社2016年版，第207页。

不能侵犯他人的名誉权，否则可能构成诽谤；（2）行使言论自由不能侵犯他人隐私，否则就可能构成侵权行为；（3）一定限度内和一定方式上的猥亵性、淫秽性的言论，因有损社会公德必然受到限制或禁止；（4）行使言论自由不能煽动或教唆他人实施违法的行为；（5）行使言论自由不得泄露国家秘密。

（二）案（事）例述评

1. 重庆彭水诗案

2006 年 8 月中旬，重庆市彭水县教委人事科科员秦某飞针对该县几个轰动社会事件，改编创作了一首名为《沁园春·彭水》的诗词，其内容如下："马儿跑远，伟哥滋阴，华仔脓包。看今日彭水，满眼瘴气，官民冲突，不可开交。城建打人，公安辱尸，竟向百姓放空炮。更哪堪，痛移民难移，徒增苦恼。官场月黑风高，抓人权财权有绝招。叹白云中学，空中楼阁，生源痛失，老师外跑。虎口宾馆，竟落虎口，留得沙沱彩虹桥。俱往矣，当痛定思痛，不要骚搞。"秦某飞通过短信和 QQ 将这首词转发给了他的十多位朋友。此词经广泛传播，看到的有几十人，熟知彭水官场的人士都能从这首词中解读到对县委县政府某些领导的隐喻。同年 8 月下旬，彭水县公安局以秦某飞所作诗词中"伟哥滋阴，华仔脓包"的说法涉嫌诽谤县委书记、县长为由对其立案侦查、传讯并予以刑事拘留。9 月 11 日，经县检察院批准，县公安局逮捕了秦某飞，提交检察院审查起诉，9 月 28 日又变更为取保候审。10 月 19 日，此事经媒体报道后，引发了社会广泛关注，舆论普遍支持秦某飞之举，对彭水地方政府的做法持批评态度。迫于舆论压力，彭水县公安局撤销了对其"取保候审"的决定，承认对其立案侦查和逮捕是错误的。同时，彭水县检察院也主动提出给予其国家赔偿，10 月 25 日秦某飞获得了因被错误关押 29 天而得到的 2125.7 元国家赔偿金。

2. 案例评析

（1）当地公权力机关的行为侵犯了公民的言论自由。

秦某飞的《沁园春·彭水》一词被彭水县公安局和人民检察院认为属于诽谤性言论，涉嫌诽谤当地党政主要领导。秦某飞的言论是否构成诽谤，重点是有无捏造事实、无中生有。从媒体报道内容来看，这首词的内容所反映都是彭水县客观存在的一些事实，并非无中生有捏造出来的，而且据秦某飞的说法，他创作这首词也没有主观恶意，"没有政治目的""不针对任何人""是出于对执政者的一种善意规劝"。

作为公民，秦某飞向亲朋发送短信这种私人通信形式来表达观点，想说什么就说什么，完全是他的宪法权利，任何人无权干涉。从刑法角度分析，所谓诽谤罪，是指"故意捏造并散布某种事实，贬损他人人格、破坏他人名誉、情节严重的行为"。该罪侵犯的客体是公民的人格尊严和名誉权，主观方面表现为直接故意，客观方面表现为捏造并散布虚构的事实，损害他人人格、破坏他人名誉、情节严重的行为。而本案中秦某飞主观上并不具有损害他人人格、名誉的故意，客观方面也没有故意捏造并散布虚构的事实，其所作《沁园春·彭水》所反映的情况均系彭水县客观存在的事实，并未无中生有捏造而来。因此，秦某飞的行为并不构成诽谤罪。从该词上下文来看，秦某飞表达的是对公务活动的评价，尽管这种评价可能不是实事求是的，但毕竟是在私人通信中说的，谁也无权要求私人通信不讲过头话，同时作为评价对象——当地党政官员，涉及公务活动的评价，其名誉权是受限制的，不能等同于普通人士的名誉权，这是言论自由作为政治自由之一种，发挥民主监督实现人民民主之效用使然。

彭水县公权机关对秦某飞言论自由的侵犯是明显的、严重的。以逮捕关押的方式恐吓秦某飞，直接侵犯了秦某飞的言论自由（行使者不因其发表的言论而遭受不利后果）和人身自由，也间接压制了其他人的言论自由。据报道，秦某飞被逮捕后，"没人敢对政府官员说三道四"。

（2）当地公权力机关还侵犯了公民的人身自由。我国《宪法》第 37 条规定："中华人民共和国公民的人身自由不受侵犯。任何公民，非经人民检察院批准或者决定或者人民法院决定，并由公安机关执行，不受逮捕。禁止非法拘禁和以其他方法非法剥夺或者限制公民的人身自由，禁止非法搜查公民的身体。"人身自由即公民有支配其身体和行动的自由，非依法律规定，不受逮捕、拘禁、审讯和处罚。媒体报道，由于当地警方和检察院枉法办案，致使秦某飞总共被非法关押 29 天。当地公安和检察机关对秦某飞的逮捕关押是完全错误的，属于非法羁押，秦某飞的人身自由遭到公权力机关的严重侵犯。

（3）公民的通信自由与秘密也遭到公权力机关的侵犯。通信自由是公民完全按照个人意愿通过信件、电话、电报等通信手段与他人互相通信，交流思想而不受非法干涉的自由权。我国《宪法》第 40 条规定："中华人民共和国公民的通信自由和通信秘密受法律的保护。"在秦某飞没有犯罪事实的情况下，彭水县公安局检查了秦某飞发送的短信，此举是违宪违法的。后来彭水县公安局更扩大范围，搜查了秦某飞的办公室，没收了通信工具，对受到和传播秦某飞短信的所有人的通信情况进行调查，据说被传讯到公安局的有40 多人。这些都是彭水县公安局严重侵犯公民通信自由与通信秘密的事实。①

（三）问题思考

（1）简述言论自由的概念及意义。

（2）发表错误言论是否属于言论自由的保护范围？

（3）秦某飞所作《沁园春·彭水》一词中"华仔脓包"暗指县委书记，是否侵犯了该书记的名誉权，是否构成诽谤罪？

（4）公安机关在何种情况下可以调取公民的通信记录，彭水县公安局调查秦某飞的通信情况是否侵犯了秦某飞的通信自由与通信秘密？

二、出版自由

（一）出版自由概述

1. 出版自由的概念及功能

所谓出版自由，根据我国《出版管理条例》第 23 条之规定，是指公民可以依法在出

---

① 本部分内容系主要参考韩大元：《中国宪法事例研究》（二），法律出版社 2008 年版，第 238～246 页。

版物上自由表达自己对国家事务、经济和文化事业、社会事务的见解和意愿，自由发表自己从事科学研究、文学艺术创作和其他文化活动的成果。合法出版物受法律保护，任何组织和个人不得非法干扰、阻止、破坏出版物的出版。

出版自由是公民重要的政治权利，是实现言论自由的必然要求，旨在保护公民文字上的表达与思想的交流。其主要功能包括[1]：

（1）出版自由是民主政治的重要体现。出版自由属于广义上言论自由的组成部分，但两者表现形式有区别。言论自由侧重于口头上的思想表达和交流，而出版自由是通过文字表达。公民通过各种出版物，以文字的形式发表对国家和社会事务的看法，参与了国家治理，扩大了民主政治的基础。

（2）出版自由具有政治监督功能。在法治国家中，公民有权通过多种形式监督政治权力的运行，既需要口头的表现形式，也需要文字的表现形式。出版自由的存在，形成政治监督的多样化机制，有利于消除公民与国家间的矛盾，形成稳定和谐的政治局面。

（3）出版自由具有信息传播功能。保障出版自由、发展出版事业，有助于促进信息的社会流动，使社会成为一个开放性的结构。特别是在社会转型时期，出版事业的发展对于人们形成共同的信念以及构筑适应时代的核心价值观都有着重要影响。

（4）出版自由与其他基本权利的实现有着密切的联系。如宪法中规定的选举权、监督权、学术自由、艺术自由等都与出版自由的实现程度有关。因为出版自由可以促进这些自由权的落实，也反映了一个社会的权利完善状况。

2. 出版自由的立法规定

（1）国际人权文书的规定。1945年《世界人权宣言》第19条规定："人人有权享有主张和发表意见的自由；此项权利包括持有主张而不受干涉的自由，和通过任何媒介和不论国界寻求、接受和传递消息及思想的自由。"1966年《公民权利和政治权利国际公约》第19条规定："一、人人有权持有主张，不受干涉。二、人人有自由发表意见的权利；此项权利包括寻求、接受和传递各种消息和思想的自由，而不论国界，也不论口头的、书写的、印刷的、采取艺术形式的、或通过他所选择的任何其他媒介。三、本条第二款所规定的权利的行使带有特殊的义务和责任，因此得受某些限制，但这些限制只应由法律规定并为下列条件所必需：（甲）尊重他人的权利或名誉；（乙）保障国家安全或公共秩序，或公共卫生或道德。"

（2）我国宪法和法律、法规、规章的规定。我国《宪法》第35条规定：中华人民共和国公民有言论、出版、集会、结社、游行、示威的自由。涉及出版自由的法律有《中华人民共和国著作权法》（2020）；行政法规有《出版管理条例》（2020）、《宗教事务条例》（2017，涉及宗教出版物）、《印刷业管理条例》（2020）、《音像制品管理条例》（2020）等；行政规章有《电子出版物出版管理规定》（2015）、《出版物市场管理规定》（2016）、《期刊出版管理规定》（2005）、《图书出版管理规定》（2008）、《报纸出版管理规定》（2005）、《音像制品出版管理规定》（2017）、《出版管理行政处罚实施办法》（1998）等。

---

①　参见胡锦光、韩大元：《中国宪法》，法律出版社2016年版，第210页。

3. 出版自由和出版管理

出版自由与其他权利一样，并不是绝对的，它也有一定的界限，限制出版自由的原因之一在于某些出版物可能对他人造成一定的伤害。如作品中包含侮辱、诽谤性质的内容，可能会侵害到他人的人格和名誉；再如包含有淫秽、暴力内容的出版物可能会对儿童身心健康成长产生不良影响。原因之二在于保护国家安全，涉及国家秘密的信息，由于关系国家安全，因此不能公开出版。① 出版自由的保障与出版管理是统一的，合理的出版管理是保障出版自由的重要基础。国家权力可以根据一定的原则，对出版物与出版活动进行必要的限制，以确定其合理界限。② 对出版自由的限制方式主要有两种：一种是事前审查制度，指的是在出版物发行之前，由相关部门根据一定的标准进行审查，不符合审查标准的内容不允许出版。另一种方式是事后追惩制度，即出版物发行后对社会产生危害性的，对发行人和相关责任人进行惩罚。在 19 世纪之前，西方各国多采取事前审查和事后追惩并用的方式。以英国为例，当时的法律可以对言论规定任何限制，而不受宪法的约束。到 19 世纪以后，各国纷纷取消了事前限制，但保留事后惩罚的权力，由当事人对其自由的滥用负责。③ 当前，我国对出版物的管理结合了事前审查和事后追惩两种方式，主要体现在以下方面：

（1）原则性限制。公民在行使出版自由的权利的时候，必须遵守宪法和法律，不得反对宪法确定的基本原则，不得损害国家的、社会的、集体的利益及其他公民的合法的自由和权利。

（2）对出版单位的限制。设立出版单位，由其主办单位向所在地省、自治区、直辖市人民政府出版行政主管部门提出申请；省、自治区、直辖市人民政府出版行政主管部门审核同意后，报国务院出版行政主管部门审批。设立的出版单位为事业单位的，还应当办理机构编制审批手续。

（3）对出版内容的限制。任何出版物不得含有下列内容：①反对宪法确定的基本原则的；②危害国家统一、主权和领土完整的；③泄露国家秘密、危害国家安全或者损害国家荣誉和利益的；④煽动民族仇恨、民族歧视，破坏民族团结，或者侵害民族风俗、习惯的；⑤宣扬邪教、迷信的；⑥扰乱社会秩序，破坏社会稳定的；⑦宣扬淫秽、赌博、暴力或者教唆犯罪的；⑧侮辱或者诽谤他人，侵害他人合法权益的；⑨危害社会公德或者民族优秀文化传统的；⑩有法律、行政法规和国家规定禁止的其他内容的。以未成年人为对象的出版物不得含有诱发未成年人模仿违反社会公德的行为和违法犯罪的行为的内容，不得含有恐怖、残酷等妨害未成年人身心健康的内容。

（4）事前审查制度。从事出版物印刷或者复制业务的单位，应当向所在地省、自治区、直辖市人民政府出版行政主管部门提出申请，经审核许可，并依照国家有关规定到工商行政管理部门办理相关手续后，方可从事出版物的印刷或者复制。未经许可并办理相关

---

① 张千帆、曲相霏：《宪政与人权指南》，中国人民大学出版社 2012 年版，第 123 页。
② 胡锦光、韩大元：《中国宪法》，法律出版社 2016 年版，第 211 页。
③ 张千帆、曲相霏：《宪政与人权指南》，中国人民大学出版社 2012 年版，第 123 页。

手续的，不得印刷报纸、期刊、图书，不得复制音像制品、电子出版物。

（5）事后追惩制度。单位或个人违反《出版管理条例》的禁止性规定的，主管部门可以责令停止违法行为，没收出版物、违法所得，吊销许可证，处以罚款，触犯刑律的，依照《刑法》关于非法经营罪的规定，依法追究刑事责任。

（二）案（事）例述评

1. 韩国"Semi-girls"出版自由案

申请人成立出版社印制出版名为"Semi-girls"的画报。汉城西草区厅长根据《出版社及印刷所登记法》第 5 条之二第 5 款，认为该画报存在淫秽、低级趣味的内容，以该出版社出版的画报相当于淫秽、低级趣味的刊物为由作出了撤销该出版社登记的处分。对此，申请人以西草区厅长为被告向汉城高等法院提起取消处分的行政诉讼。在审理中，申请人认为取消该出版社所依据的《出版社及印刷所登记法》第 5 条之二第 5 款违反《韩国宪法》第 21 条第 1 款和第 11 条，向法院提出违宪与否审判的提请。审理该案的法院受理申请后向宪法法院提出违宪法律审判提请。

本案的审理对象是《出版社及印刷所登记法》第 5 条之二第 5 款。该条规定："登记厅根据第 3 条第 1 款的规定，对已登记的出版社或印刷所如有下列情形之一时应予取消登记……出版淫秽或低级的刊物或对儿童有害的漫画等，损害公众道德或社会伦理。"

本案的主要争议点是：宪法上性的表述应在什么范围和程度上合理，其限制的界限如何把握等问题。宪法法院于 1998 年 4 月 30 日作出判决，认定《出版社及印刷所登记法》第 5 条之二第 5 款淫秽或低级刊物部分中有关"淫秽刊物"部分不违反宪法，有关规定"低级刊物"部分违反宪法，即一部分合宪，一部分违宪。

2. 案例评析

（1）韩国宪法法院首先从宪法角度对被审查的法律的立法意图进行了说明。

该法律条款为保护社会公德和社会伦理对出版社以两种形式进行了两次限制。第一次限制是对已经登记的出版社规定禁止出版淫秽或者低级的刊物；第二次限制是违反上述规定时撤销出版社登记。第一次限制的内容是禁止淫秽或者低级的出版物的出版，变为对《宪法》第 21 条第 1 款规定的言论、出版自由的限制。在出版社登记被撤销、出版社不能以自己的名义出版所有的出版物时，登记撤销处分不仅限制了该出版社合乎宪法的言论、出版自由，而且在被撤销期间不能进行出版活动，限制了职业选择自由和财产权。在该案中，立法意图是为了规制出版内容，其规制手段是对言论、出版自由进行更多的限制，因此有必要以言论出版自由为中心分析该法律条款的宪法界限。

（2）《出版社及印刷所登记法》的立法目的和手段是否符合比例原则。

法院认为，为了保护社会的性道德，禁止淫秽出版物的出版是十分必要的。如果允许以出版物为载体向社会广泛渲染淫秽表现，从国民的性观念看，可能导致性道德的混乱。特别是，这等于是把既是主体，又作为目的而存在的人类看作满足物质享受和商业物欲的手段。该法律条款以撤销出版社登记为制裁，禁止进行全面的出版活动，以防止今后可能出现的淫秽出版物的出版，最终要达到控制淫秽物的流通。因此，该法律条款的目的是正当的，登记撤销手段也符合其目的。立法者已经考虑到由于撤销手段的滥用可能导致的合宪出版活动的限制问题。把撤销登记规定为裁量行为，为当事人提供了因行政厅的裁量判断而导致侵害时可以通过法院的救济途径。从登记撤销制度的具体运用看，登记撤销并不是由登记厅直接作出，而是由作为社团法人的韩国刊物伦理委员会根据自己的审查基准作出判断，并把决定内容通报文化体育部，文化体育部指导登记厅作出行政处分。如此，因出版社登记撤销而造成的基本权利的实际侵害并不是特别大，相反得到的公益是明显的。该法律的限制并不是过分地限制，并不违反比例原则。

（3）法院认为《出版社及印刷所登记法》全面禁止低级刊物的出版，进而撤销出版社登记的规定过分地限制了言论、出版自由。

该法律条款规定的登记撤销规定不仅包括淫秽的刊物，而且包括"低级的刊物"。首先，需要观察"低级"概念本身是否明确。从通常的理解看，"淫秽"是指淫乱、淫荡等现象，而"低级"是指品位低。从该法律条款的规定看，"低级"是一种还没有达到"淫秽"程度的性的表现，以及比较残酷、暴力等描述。"低级"概念涉及的范围是比较广泛的，对其内容的把握是不确定的、十分抽象的。达到什么程度的性的表现是低级，什么程度的暴力和残酷才是低级等问题在一般情况下是不确定的，对适用法律的过程无法提供明确的标准。简而言之，"低级"概念中对出版登记被撤销的性的表现只列了下限，对于出版者而言无法明确在什么程度上把握自己的表现内容。因此，该条款容易造成适用法律上的恣意性，存在着限制言论出版自由的可能性。全面禁止低级刊物的出版，进而撤销出版登记的规定过分地限制了言论出版自由。低级的表现不同于"淫秽"的描述，它属于言论出版自由的保护领域，具有一定的社会价值，除特殊情况下有重大理由外，这一规定存在侵害表现自由的威胁。

进一步，法院同时认为为了保护青少年的身心健康，有必要规制表现低级、庸俗的性的描述，但该法律条款全面禁止低级出版物的出版，进而撤销出版社的登记，显然它选择了过分的限制手段。以保护青少年的名义，全面禁止成年人阅读低级刊物显然侵犯了成人的了解权。总之，该法律条款全面地禁止宪法上受保护的低级表现，超越了保护青少年的立法目的。故该法律条款中规定"低级刊物"部分违反了《宪法》第 37 条第 2 款过剩禁止原则。①

（三）问题思考

1. 什么是出版自由，出版自由具有哪些功能？
2. 限制出版自由的原因有哪些？
3. 限制出版自由的方式有哪些？
4. 在韩国"Semi-girls"出版自由案中，韩国宪法法院区分了"淫秽"出版物和"低级"出版物，哪种出版物属于宪法的保护对象？

---

① 本部分内容系参考韩大元、莫纪宏：《外国宪法判例》，中国人民大学出版社 2005 年版，第 219~222 页。

三、结社自由

（一）结社自由概述

1. 结社自由的概念

所谓结社自由，是指公民为了一定的共同目的而依法律规定的程序组织某种社会团体的自由。它是公民的一项基本权利，也是言论自由的延伸。因为人们汇集起来结成社团，言论的主题才更加集中，传播也更加有影响力。结社本身也是一种行为，结社自由既包括自由选择结社，也包括自由参加结社活动。① 因目的不同，公民的结社自由可分为两种：其一，以营利为目的的结社，如成立有限责任公司、股份有限公司等，此类结社通常由民法和商法来调整；其二，不以营利为目的的结社，包括政治性结社和非政治性结社。政治性结社包括组织政党、政治团体等；非政治性结社如组织宗教、学术、文化艺术、慈善团体等。结社自由一般具有如下特征：结社具有持久性与稳定性；结社应遵循法定程序，具有严格的程序性；结社一般有固定的组织机构与成员。②

2. 结社自由的保障与限制

对结社自由的保障，主要包括两方面的内容：第一，个人是否结成团体、是否加入团体以及是否退出团体，完全出于其个人的意愿，国家或公共权力不应予以肆意的干涉；第二，对于团体通过内部的意见交流形成团体的共同意志，并为实现其意志而公诸该团体外部的活动，国家或公共权力也不应当予以肆意的干涉。

1949 年后，在结社自由的保障方面我国经历了曲折的过程。《中国人民政治协商会议共同纲领》第 5 条规定，中华人民共和国人民有结社的自由权。1950 年政务院公布了《社会团体登记暂行办法》，确定了社会团体的范畴，1954 年《宪法》中规定公民有结社自由权。1975 年《宪法》由于受"左"的思潮的影响，在宪法中取消了结社自由权。1978 年《宪法》和 1982 年《宪法》中将结社自由作为公民的基本权利予以明确规定。1989 年国务院颁布了《社会团体登记管理条例》，1998 年和 2016 年两次修订了该管理条例，对有关社会团体登记管理问题作出了具体规定，成为现阶段调整社会团体活动的主要依据。

同其他基本权利一样，结社自由也有其内在制约。为了维护公共利益，政府可以对结社自由进行限制。如前述，结社自由有两种方式：一种是自由结社，另一种是参与结社活动。与此相对应，各国对结社自由的限制也有两种方式：一种是事前限制结社，另一种是限制社团的活动。对于事前限制，多数国家持比较谨慎的态度，以免过度限制结社自由。对于第二种限制，限制社团的宗旨与活动，各国都普遍采用。如社团公开宣扬暴力并实施暴力活动或者策划推翻现行国家体制，皆属禁止之列。③

由于宪法并没有对结社自由中的"社团"概念作出规定，现阶段调整结社自由的规

---

① 参见张千帆、曲相霏：《宪政与人权指南》，中国人民大学出版社 2012 年版，第 129 页。

② 胡锦光、韩大元：《中国宪法》，法律出版社 2016 年版，第 213 页。

③ 参见张千帆、曲相霏：《宪政与人权指南》，中国人民大学出版社 2012 年版，第 130 页。

范依据主要来自行政法规和部门规章。以《社会团体登记管理条例》为例，其第 2 条确立了"社团"概念——本条例所称社会团体，是指中国公民自愿组成，为实现会员共同意愿，按照其章程开展活动的非营利性社会组织。该管理条例对结社自由规定了较严格的事前限制，表现为以下方面：其一，成立社会团体，应当经其业务主管单位审查同意，并依照本条例的规定进行登记。社会团体应当具备法人条件。其二，社会团体必须遵守宪法、法律、法规和国家政策，不得反对宪法确定的基本原则，不得危害国家的统一、安全和民族的团结，不得损害国家利益、社会公共利益以及其他组织和公民的合法权益，不得违背社会道德风尚。社会团体不得从事营利性经营活动。其三，社团登记管理机关监督管理社会团体的有关活动，如对社会进行年度检查，如有违反管理条例之行为，可依据违法情节，予以取缔、没收非法财产；构成犯罪的，依法追究刑事责任。

（二）案（事）例述评

1. 美国"黑人协会名单案"

美国联邦宪法只规定了言论自由以及人民请愿的权利，但并没有明确规定结社自由。美国的结社自由来自最高法院所发展的判例，结社自由的司法理论最初来自一系列黑人争取权益的诉讼。它们全部涉及"全美促进有色人种协会"（NAACP），其中最重要的案例便是 1958 年的"黑人协会名单案"（NAACP v. Alabama, 357 U. S. 449.）。该案的基本情况如下：

亚拉巴马州的法律要求任何企业或协会向州政府申请并获得批准，才能在州内合法活动。"全美促进有色人种协会"未获得该州批准，即在州内活动，于是州政府起诉了该协会。在州政府起诉后，州法院要求协会按州政府法律的要求提供有关信息以及成员名单。鉴于以往的类似披露曾给黑人成员带来人身威胁与经济制裁，协会提供了所有其他被要求的信息及其领导成员姓名，但拒绝提供普通成员名单。州法院于是判决协会犯有民事蔑视罪，协会不服，一直上诉至联邦最高法院。最终，联邦最高法院推翻了州法院的判决。

2. 案例评析

（1）结社自由与言论自由之间存在紧密联系。在该案中，美国联邦最高法院再一次肯定言论自由和集会结社自由之间的紧密联系。法院认为"第十四修正案的正当程序条款包括言论自由保障；无可争辩，和这项自由不可分割的层面，乃是为了推动信仰和观念而从事结社的自由……自然，结社试图促进的信仰究竟是否关系到政治、经济、宗教抑或文化事务，在此是无关紧要的。且如果州政府的行动在效果上可能削弱结社自由，它就受制于最严密的审查"。

（2）强制公布团体成员名单的行动对结社自由构成了有效限制。联邦最高法院还主张："在言论、新闻或结社这些必不可少的自由领域，这些权利可能会被不同形式的政府行动所剥夺，即使政府并未设想这个结果。受到挑战的政府行动，可能看起来和所保护的自由完全无关，但它不得产生过分削弱的后果。否则，即使法律并未禁止特定新闻活动，它仍然可能遭到推翻，对特定活动的征税即为一例。""强制团体成员名单的要求，可能同样构成对结社自由的有效限制。本院承认，结社和特定社团的隐私之间存在重要联系。在许多情形下——尤其当团体拥护某种少数信仰时，不可侵犯的团体结社隐私权，对于保存结社的自由而言可能是必不可少的……"

"我们认为，州政府在本案要求提供信息的命令，将对上诉方成员的自由结社权利产生显著约束。上诉方作出不受质疑的证明：以往透露其普通成员的姓名，曾使那些成员受到经济报复、丧失职业、人身威胁及其他公共敌意。在这种情形下，强制上诉方去公布在该州成员的要求，显然可能对协会及其成员的集体努力造成不利影响；对公开其组织信仰之后果所产生的畏惧，可能导致某些成员退出协会或阻止他人加入协会。"

（3）州政府命令合宪与否，取决于州政府对获得成员名单的利益是否足够重要。联邦最高法院认为，本案中州政府命令是否具备理由，完全取决于该州对获得成员名单的利益是否重要。州政府的唯一目的，是决定上诉方是否以违反州企业登记法的方式从事州内活动。我们不难发现，披露上诉方普通成员的姓名对州政府的调查有任何实质性联系。不论州政府对获得普通成员姓名具有何种利益，它不足以超越上诉方反对提供名单的宪法权利。最终，联邦最高法院认为，协会成员名单不受州政府审查的豁免权，和成员追求合法私人利益以及和他人结社的自由权利如此相关，以至进入第十四修正案的保护范围之内。法院得出结论：亚拉巴马州未能提供足够理由，以要求公开成员名单，从而可能抑制结社权利的自由行使。[①]

（三）问题思考

1. 简述结社自由的概念。
2. 简述结社自由的保障内容。
3. 简述限制结社自由的主要方式。
4. 在美国"黑人协会名单案"中，团体成员的个人信息是否属于结社自由的保障范围？

四、集会、游行、示威自由

（一）集会、游行、示威自由概述

1. 集会、游行、示威自由的概念

集会、游行、示威也是表达言论的一种方式，是言论自由的延伸，通过这种方式，言论得以更为直接、更为广泛地传播开来。我国《宪法》尽管规定了公民拥有集会、游行、示威的自由权利，但并未明确集会、游行、示威的概念，相关概念通过宪法相关法——《中华人民共和国集会游行示威法》（以下简称《集会游行示威法》）提供了明确解释。

按照《集会游行示威法》的规定，所谓集会，是指聚集于露天公共场所，发表意见、表达意愿的活动。因此，如果是在封闭的场所内，或者即使是露天的场所，但属于私人领地，发表意见、表达意愿的，都不属于此处所指的集会。游行，是指在公共道路、露天公共场所列队行进、表达共同意愿的活动。因此，如果不是列队行进，而是无组织、无规则

---

① 此部分内容系参考张千帆、朱应平、魏晓阳：《比较宪法——案例与评析》，中国人民大学出版社 2011 年版，第 819~821 页。

地散步，不能算是游行。示威，是指在露天公共场所或者公共道路上以集会、游行、静坐等方式，表达要求、抗议或者支持、声援等共同意愿的活动。以上三者的共同特点之一就是表达的都是"共同意愿"，如果是"文娱、体育活动，正常的宗教活动，传统的民间习俗活动"则不属于集会、游行、示威活动。除此之外，三者共同具有的特点还包括：

（1）集会、游行、示威是由公民举行的活动。因此，国家或者根据国家决定举行的庆祝、纪念等活动，以及国家机关、政党、社会团体、企业事业组织依照法律、章程举行的集会，不属于这里所指的集会、游行、示威。

（2）集会、游行、示威自由是公民表达意愿、实现自我价值的主观性权利，通过公民的群体活动而得到实现。

（3）集会、游行、示威自由在行使过程中，公民利用公共场所、公共道路、公共设施等，实际体现了公民对公共财物设施的利用权。

2. 集会、游行、示威自由的保障与限制

集会、游行、示威的自由权利是民主原则和人民主权原则下产生的一种公民抗议权。根据自然法学原理，政府建立在人民订立的契约之上，如果政府施政不符合人民的意志，人民自然有权提出抗议。当今各国宪法和法律对集会、游行、示威自由给予了充分的保障。宪法上的具体规定通过有关集会、游行、示威法规得到具体化。早在英国 1215 年《自由大宪章》、1689 年《权利法案》中就有了集会、游行、示威自由的规定。第二次世界大战后，各国宪法以公民基本权利的形式规定了集会、游行、示威自由。如日本《宪法》第 21 条规定："保障集会、结社、言论、出版以及其他一切表现的自由。"我国 1954 年《宪法》规定了公民享有集会、游行、示威自由。1975 年《宪法》、1978 年《宪法》、1982 年《宪法》沿用了 1954 年《宪法》的规定。但鉴于集会、游行、示威行为是在露天公共场所以较为激烈的方式进行，容易产生社会治安和公共安全问题，因而各国在保障上述自由的同时，也会设定一些限制性规范。1989 年我国制定了《集会游行示威法》、1992 年制定了配套行政法规《集会游行示威法实施条例》并在 2011 年加以修订，从而在法律法规上确定了集会、游行、示威的保障与限制。

（1）集会、游行、示威的申请与许可制度，主要包括：

①事前许可制度。根据《集会游行示威法》的规定，举行集会、游行、示威，必须依照本法规定向主管机关提出申请并获得许可。集会、游行、示威的主管机关，是集会、游行、示威举行地的市、县公安局、城市公安分局；游行、示威路线经过两个以上区、县的，主管机关为所经过区、县的公安机关的共同上一级公安机关。

②申请条件、方式。举行集会、游行、示威，必须有负责人。依照本法规定需要申请的集会、游行、示威，其负责人必须在举行日期的 5 日前向主管机关递交书面申请。申请书中应当载明集会、游行、示威的目的、方式、标语、口号、人数、车辆数、使用音响设备的种类与数量、起止时间、地点（包括集合地和解散地）、路线和负责人的姓名、职业、住址。主管机关接到集会、游行、示威申请书后，应当在申请举行日期的 2 日前，将许可或者不许可的决定书通知其负责人。不许可的，应当说明理由。逾期不通知的，视为许可。

③不予许可的法定情形。申请举行的集会、游行、示威，有下列情形之一的，不予许

可：A. 反对宪法所确定的基本原则的；B. 危害国家统一、主权和领土完整的；C. 煽动民族分裂的；D. 有充分根据认定申请举行的集会、游行、示威将直接危害公共安全或者严重破坏社会秩序的。

④不予许可的法律救济。集会、游行、示威的负责人对主管公安机关不许可的决定不服的，可以自接到不许可决定书之日起3日内向同级人民政府申请复议。人民政府应当自接到复议申请书之日起3日内作出维持或者撤销主管公安机关原决定的复议决定，并将《集会游行示威复议决定书》送达集会、游行、示威的负责人，同时将副本送作出原决定的主管公安机关。人民政府作出的复议决定，主管公安机关和集会、游行、示威的负责人必须执行。

（2）集会、游行、示威的管理制度，主要包括以下内容：

①基本原则。根据《集会游行示威法》及其实施条例的规定，公民行使集会、游行、示威自由的总原则是：公民在行使集会、游行、示威的权利的时候，必须遵守宪法和法律，不得反对宪法所确定的基本原则，不得损害国家的、社会的、集体的利益和其他公民的合法的自由和权利。

②政府依法保障公民行使权利。各级人民政府应当依法保障公民行使集会、游行、示威的权利，维护社会安定和公共秩序，保障依法举行的集会、游行、示威不受任何人以暴力、胁迫或者其他非法手段进行扰乱、冲击和破坏。

③集会、游行、示威活动应有符合资格的负责人。举行集会、游行、示威，必须有负责人。下列人员不得担任集会、游行、示威的负责人：A. 无行为能力人或者限制行为能力人；B. 被判处刑罚尚未执行完毕的；C. 正在被劳动教养的；D. 正在被依法采取刑事强制措施或者法律规定的其他限制人身自由措施的。

④集会、游行、示威应当和平举行。集会、游行、示威应当和平地进行，不得携带武器、管制刀具和爆炸物，不得使用暴力或者煽动使用暴力。

⑤集会、游行、示威不得妨碍公务。集会、游行、示威在国家机关、军事机关、广播电台、电视台、外国驻华使馆领馆等单位所在地举行或者经过的，主管机关为了维护秩序，可以在附近设置临时警戒线，未经人民警察许可，不得逾越。在下列场所周边距离十米至三百米内，不得举行集会、游行、示威，经国务院或者省、自治区、直辖市的人民政府批准的除外：A. 全国人民代表大会常务委员会、国务院、中央军事委员会、最高人民法院、最高人民检察院的所在地；B. 国宾下榻处；C. 重要军事设施；D. 航空港、火车站和港口。

⑥集会、游行、示威应当按照许可的目的、方式、标语、口号、起止时间、地点、路线及其他事项进行。

⑦举行集会、游行、示威，不得违反治安管理法规，不得进行犯罪活动或者煽动犯罪。

3. 集会、游行、示威的法律责任

举行集会、游行、示威，有违反治安管理行为的，依照《治安管理处罚条例》有关规定予以处罚。举行集会、游行、示威，有下列情形之一的，公安机关可以对其负责人和直接责任人员处以警告或者15日以下拘留。（1）未依照本法规定申请或者申请未获许可；（2）未按照主管机关许可的目的、方式、标语、口号、起止时间、地点、路线进行，不听制止的。举行集会、游行、示威，有犯罪行为的，依照《刑法》有关规定追究刑事责任。在举行集会、游行、示威过程中，破坏公私财物或者侵害他人身体造成伤亡的，除依照《刑法》或者《治安管理处罚条例》的有关规定可以予以处罚外，还应当依法承担赔偿责任。

（二）案（事）例述评

1. 德国布洛克朵夫集会自由案

1981年，许多居民自治组织呼吁在当年2月28日举行针对在布洛克朵夫修建核电站的大型示威游行。在集会报备之前，主管县长发布了一个普遍的禁令，禁止在核电站建筑工地周围210平方公里的范围内集会，并且要求马上执行。这个命令成为警察执法的根据。由此产生的后果是大约5万名示威者将被指控暴力占领和破坏建筑工地以及故意从事暴力活动。在之后举办者的报备中，县长指出已经发布了集会的禁令。举办者，即后来提起宪法诉讼的人，对该普遍禁令提出了异议，申请法院暂时中止禁令，该申请被吕内堡高等行政法院驳回。其理由是，示威报备存在延误且可能有不法行为，故经过利益权衡后驳回了起诉人要求暂时权利保护的申请。起诉人对该禁令的立即执行和高等行政法院的判决不服，提起宪法诉讼。

2. 案例评析

（1）起诉人的示威活动是否受德国《基本法》第8条集会自由的保护？

德国《基本法》第8条第1款规定，"所有德国人均享有不携带武器进行和平集会的权利"。联邦宪法法院认为，主管机关在处理中所采取的措施以及所依据的法律规定限制了起诉人实施有计划的示威的自由，而该项自由受到德国《基本法》第8条的保护，即集会和列队行进。它所保护的不限于组织，而是包含了各种形式的共同行为，但不包括口头的表达方式。它带有示威的性质，即通过集会达到显著的或者轰动的广而告之的目的。

集会自由意味着公民享有举办集会地点、时间、方式和内容的自我决定权，同时禁止国家对参与公开集会或缺席公开集会进行强制。在此意义上，集会自由对于自由国家的本质具有特殊的地位。

联邦宪法法院特别强调了集会自由对民主社会中意志构建的作用。在民主国家中，意志形成必须是从人民到国家机关而非相反。公民参与政治意志构建的权利不仅仅是通过选举投票，而且也包括在经常性的政治意见形成中发挥作用。基于一个民主的国家性质，这必须被自由地、公开地、不受限制地、根本上免于国家干涉而得到贯彻。因此，集会被视为民主开放社会的本质性因素，它为公开地影响政治过程、促进多元化力量的发展以及替代方案或者批评和抗议提供了可能。

（2）集会自由应否受到限制？

尽管集会自由具有崇高地位，但它并非无保留地受到保护。德国《基本法》第8条第1款保障的仅仅是和平和不携带武器的集会，而根据《基本法》第8条第2款——对于露天集会的权利，可制定法律或根据法律予以限制——露天举办集会的权利受限于法律保留。因为在露天行使集会自由，由于要与外界接触，所以需要一个特别的组织和程序上的规制。一方面要创造行使的现实条件，另一方面要充分保护可能与之发生冲突的其他利益。限制集会自由的必要性在于，示威者在示威时会损害第三人的法律地位。与言论自由一样，对集会自由的限制是存在界限的，集会自由的行使只有在为了保护其他相同重要的法益并受到比例原则的严格保护的情况下才能被限制。

（3）限制集会自由的《集会法》是否合宪？

联邦宪法法院对《集会法》第14条的合宪性进行了审查，并对其作出了合宪性解释。主要的质疑在于，德国《基本法》第8条第1款规定，集会无须经过报备或许可。那么《集会法》第14条规定的报备义务能否适用于偶发性集会？从表面上来看，《基本法》对于报备和许可都是禁止的，虽然布洛克朵夫案并非偶发性集会，但仍然面临合宪性的问题。如果按照文意解释，《集会法》第14条将违宪。因为对偶发性集会规定报备义务，将等于事实上禁止它。偶发性集会决定和实施相隔如此之短，根本没有报备的时间。故联邦宪法法院选择了《集会法》第14条的目的解释，认为该条不适用于偶发性集会。因为根据《集会法》第14条规定的秩序利益而普遍禁止这种形式的集会将因为欠缺比例性、不合比例地限制了集会自由而构成对《基本法》第8条集会自由的侵犯。而且通说认为，《集会法》规定的报备义务并不违宪。只要它是为了及时通知有关机关提前进行危险防御，而非进行许可保留，特别是实质内容的限制。《集会法》并没有将报备作为一种义务，不履行报备也不会制裁。至此，联邦宪法法院已经澄清，《集会法》第15条第3款将解散集会作为对没有报备的惩罚是不适用的。

（4）限制集会自由是否符合比例原则？

联邦宪法法院指出，宪法只保障和平和不带武器进行集会的权利。因此，面对暴力行为，需要在可容忍的影响与非和平的行为之间划定一个精确的界限。对暴力的防御决定了限制自由措施的采取。

①当风险评估显示有高度的概率，即举办者及其追随者企图从事暴力活动或者至少默许其他人从事这样的行为，就可以禁止示威。德国《基本法》第8条保障范围不包括非和平的示威。对它的禁止和解散并不侵犯基本权利。

②相对事先禁止，事后解散要优先考虑，因为不能一开始阻断和平参加者行使基本权利的机会，这是对集会自由的最优保护与程序法上的要求相结合的结果。事先禁止只有在严格的前提条件以及对《集会法》第15条的合宪性适用的情况下才被允许。比如，风险评估中的高概率以及所有可用的手段都穷尽。

本案中，双方没有发生挑衅和攻击教唆。举办者用和平行动和排斥暴力来影响参加者，那么，国家权力就要受到审慎的约束和避免过度反应。行政法院颁布的集会禁令的立即执行原则上对基本权利的实现构成了确定的妨碍。①

（三）问题思考

1. 简述集会、游行、示威自由的共同特点。

---

① 此部分内容系参考张翔：《德国宪法案例选释》第2辑（言论自由），"布洛克朵夫案"（王锴撰写），法律出版社2016年版，第125~140页。

2. 公民参加国家举行的庆祝、纪念集会游行活动，是否受《宪法》上集会、游行、示威自由的保障？

3. 在我国，法律法规对集会、游行、示威活动规定的是许可制还是备案制？

4. 在德国布洛克朵夫集会自由案中，《集会法》第 14 条对报备义务的规定是否属于对集会自由的限制规定？

五、艺术自由

（一）艺术自由概述

1. 艺术自由的概念

艺术自由，又称文学艺术创作自由，是指公民有发挥个人的文学艺术创作才能，创作各种形式文学艺术作品的自由。从权利谱系来看，它属于第二代人权——经济、社会、文化权利中的文化权利范畴。文化权利是指保护个人发展及参与其所属群体和社会的文化生活的权利。① 个人、群体、民族、国家和人类都是文化权利的主体，虽然他们享有的文化权利的内容与范围不尽相同。个人文化权利包括开展科学、技术、文学艺术活动及其产生的精神和物质的利益并受到保护的权利。我国现行《宪法》第 47 条规定："中华人民共和国公民有进行科学研究、文学艺术创作和其他文化活动的自由。国家对于从事教育、科学、技术、文学、艺术和其他文化事业的公民的有益于人民的创造性工作，给以鼓励和帮助。"宪法这一条明确规定了我国公民享有的具体文化权利，即从事科学研究、文艺创作和其他文化活动的自由。其中"文学艺术创作的自由"，便相当于这里的"艺术自由"。

艺术自由的形式。文学艺术创作活动总是通过一定的形式表现出来。这些表现形式绝大多数都属于文学艺术作品，包括文学和艺术领域内的一切作品，如图书、讲演、授课、戏剧表演、舞蹈表演、乐曲、电影作品、图画、建筑、雕塑、摄影作品等，也包括翻译、改编、乐曲整理，某一文学或艺术作品等其他改编的演绎作品。文学艺术作品的内容与特点受社会实践需要与社会发展水平的制约，也是社会群体精神文化生活的反映。②

2. 艺术自由的保障与法律规定

对艺术自由的保障，主要来自两个方面：一是国家或公权力不得对文化艺术创作活动进行肆意的、不当的甚至是非法的干涉。二是国家还需要为公民自由从事文化艺术创作活动创设条件，提供必要的物质条件和设施，积极倡导和鼓励公民从事文化艺术创作和其他文化活动，采取法律手段保障公民文化艺术创作的自由。

关于艺术自由的法律保障规定，散见于各类法律文件之中，如：

（1）国际人权文书。1948 年《世界人权宣言》第 27 条规定："Ⅰ　人人有权自由参加社会的文化生活，享受艺术，并分享科学进步及其产生的福利。Ⅱ　人人对由于他所创作的任何科学、文学或美术作品而产生的精神的和物质的利益，有享受保护的权利。"

1966 年《经济、社会及文化权利国际公约》第 15 条规定："一、本公约缔约各国承

---

① 周伟：《宪法基本权利：原理、规范、应用》，法律出版社 2006 年版，第 365 页。

② 周伟：《宪法基本权利：原理、规范、应用》，法律出版社 2006 年版，第 373 页。

认人人有权：（甲）参加文化生活；（乙）享受科学进步及其应用所产生的利益；（丙）对其本人的任何科学、文学或艺术作品所产生的精神上和物质上的利益，享受被保护之利。二、本公约缔约各国为充分实现这一权利而采取的步骤应包括为保存、发展和传播科学和文化所必需的步骤。三、本公约缔约各国承担尊重进行科学研究和创造性活动所不可缺少的自由。四、本公约缔约各国认识到鼓励和发展科学与文化方面的国际接触和合作的好处。"

（2）中国宪法。1949年《中国人民政治协商会议共同纲领》第43条规定："努力发展自然科学，以服务于工业农业和国防的建设。奖励科学的发现和发明，普及科学知识。"第44条规定："提倡用科学的历史观点，研究和解释历史、经济、政治、文化及国际事务。奖励优秀的社会科学著作。"第45条规定："提倡文学艺术为人民服务，启发人民的政治觉悟，鼓励人民的劳动热情。奖励优秀的文学艺术作品。发展人民的戏剧电影事业。"

1954年《宪法》第95条规定："中华人民共和国保障公民进行科学研究、文学艺术创作和其他文化活动的自由。国家对于从事科学、教育、文学、艺术和其他文化事业的公民的创造性工作，给以鼓励和帮助。"

1978年《宪法》第52条重复了该规定。

1982年《宪法》第47条规定："中华人民共和国公民有进行科学研究、文学艺术创作和其他文化活动的自由。国家对于从事教育、科学、技术、文学、艺术和其他文化事业的公民的有益于人民的创造性工作，给以鼓励和帮助。"第22条规定："国家发展为人民服务、为社会主义服务的文学艺术事业、新闻广播电视事业、出版发行事业、图书馆博物馆文化馆和其他文化事业，开展群众性的文化活动。"

（3）其他法律。除了宪法规定之外，其他法律法规也对艺术自由作出了类似规定，如《专利法》《著作权法》《商标法》等。

（二）案（事）例述评

1. "成某行为艺术"案

2011年3月20日下午，一场名为"敏感地带"的行为艺术展在位于北京市通州区宋庄镇的北京当代艺术馆举行，艺术展邀请了200多名艺术圈内的专业观众，但没有对外开放。在此次艺术展中，"行为艺术家"成某和一名女性裸体进行了性行为展示。据当事人自称，这一行为的目的有二：一是意在讽刺艺术被过度商业化包装的现状；二是呼吁人们不要对正常的性爱行为进行妖魔化、丑恶化。之后成某被警方以"寻衅滋事"处以劳动教养1年。《劳动教养决定书》称："2011年3月20日下午，成某伙同任××（另案处理）在北京市通州区宋庄镇北京当代艺术馆楼顶、地下室等公共场所，裸体进行淫秽表演，引发多人围观，造成现场秩序混乱"，决定对成某劳动教养1年。①

2. 案例评析

（1）当事人成某的行为是否属于行为艺术，是否受宪法上艺术自由的保护？

我国《宪法》第47条规定，中华人民共和国公民有进行文学艺术创作的自由，在本

---

① 参见李超：《当众展示性爱行为　艺术男子不服劳教1年判决》，载《新京报》2011年5月9日。

案中当事人声称，其行为属于行为艺术。因此，在这里，需要判断当事人的行为是否属于艺术自由的领域，如果是，则其具有受宪法保护的资格。

事实上，对艺术自由的规范领域加以界定是十分困难的，不仅《宪法》第47条并未界定何谓"艺术"，而且艺术这个事物本身就是极其复杂的，即便是艺术学理论对艺术的概念和范围也是众说纷纭，没有定论，这也从侧面反映了艺术的本质。艺术展示的是人的非理性的一面，只有在艺术领域，人的想象力才全然不受外部世界的拘束而自由驰骋。因此，艺术的特质就在于一次又一次地突破人类既有的思维模式和想象空间，从而开拓出全新的艺术领域，后现代主义的出现便是此例。人的想象力不能被局限在既有的模式里，因为那将扼杀人的发展，所以艺术也不能被划定在一个规定的界限内。另外，艺术的内涵也不取决于普通民众的认知。艺术世界和现实世界虽然不能完全隔离，但两者之间存在距离是显而易见的。由于艺术是人类想象力的集中展现，而想象力本无止境，因此可以说它本身没有边界。所以艺术既不能由国家予以界定，也不受制于普通民众的认同，在大多数时候，艺术取决于艺术作品创作者本人的认知。这应该就是艺术的内在结构。在解释《宪法》第47条对艺术自由的保障时，就应排除那些只将艺术限定在特定范围内的解读。换言之，《宪法》第47条艺术自由的规范领域应做尽可能广义的理解，它涵盖一切被视为艺术的活动。

（2）艺术现象是十分复杂的，艺术自由不单单保护"有益于人民的创造性工作"。

"百花齐放、百家争鸣"是我国指导科学和文化工作的基本方针。其最初是由毛泽东同志在1956年提出的文化建设方针。1957年毛泽东在《关于正确处理人民内部矛盾的问题》一文中给予了进一步说明。他郑重提出，不能给文艺作品随便贴上"毒草"的标签："历史上的新的正确的东西，在开始的时候常常得不到多数人承认，只能在斗争中曲折地发展。正确的东西，好的东西，人们一开始常常不承认它们是香花，反而把它看作毒草……因此，对于科学上、艺术上的是非，应当保持慎重的态度，提倡自由讨论，不要轻率地作结论。"[1] 尽管这个方针没有明确写入《宪法》，但《宪法》第47条已经从更广的角度，表达了这个方针的内容。既然1982年《宪法》对"百花齐放、百家争鸣"这一文化方针做了法律表述，那就意味着艺术自由的领域是广阔的，即便某些被打上"毒草"标签的作品，也有艺术自由。

1982年《宪法》相对于1954年《宪法》，对艺术自由的鼓励和帮助，增加了一个"有益于人民"的条件。这是鉴于艺术领域的现象十分复杂，同样富有创造性，有的艺术形式正面积极，有的艺术形式则消极庸俗，因此有必要作出适度区分，国家对于"有益于人民"的艺术工作，给以鼓励和帮助，从而起到区分的效果。但"有益于人民"只是获得国家鼓励和帮助的必要条件，是对受鼓励和帮助的人提出要求，而不是艺术的构成要件。换言之，即便有的作品无益于人民，疑似"毒草"，虽然不能取得国家的鼓励和帮助，但它依然属于艺术自由的规范领域。《宪法》第47条中"有益于人民"的规定，虽然限定了获得国家鼓励和帮助的条件，但却扩大了艺术概念的范围，宪法并没有将那些非

---

① 毛泽东：《关于正确处理人民内部矛盾的问题》，载《建国以来毛泽东文稿》第6册，中央文献出版社1992年版，第343~344页。

"有益于人民"的艺术作品排除在艺术自由的规范领域之外。

至此，成某的行为，源自艺术家对艺术的自我理解，体现了艺术家成某的无拘无束的想象力，尽管其行为艺术并非"有益于人民"，涉嫌"寻衅滋事""裸体表演"，但仍属于行为艺术的范畴，受宪法上艺术自由的保障。

（3）艺术自由的限制。

即使对艺术自由的规范领域作最广义的解释，以及全面保护所有艺术自由，不限于"有益于人民"的艺术作品，也依然不能得出宪法对艺术自由的保护是绝对的。诚如德国法理学家罗伯特·阿列克西所言，即便宪法要对艺术自由施以最高程度的保护，但总不能保护一位画家在交通繁忙的十字路口自由地去信手涂鸦而妨碍交通，更不能保护艺术家以杀人作为其艺术的表现形式。① 从表面来看，我国《宪法》第 47 条未对艺术自由做任何限制，但对其的限制实际规定于《宪法》第 51 条，即"中华人民共和国公民在行使自由和权利的时候，不得损害国家的、社会的、集体的利益和其他公民的合法的自由和权利"。该条文既位于所有基本权利条款之后，又位列义务条款之前，条文所在的位置十分特殊。《宪法》第 51 条的这种体系安排，使得它成为一个概括限制条款，适用于所有宪法本身没有明文限制的其他基本权利条款。② 既然《宪法》第 47 条没有明文规定对艺术自由的限制，那么它自然落入《宪法》第 51 条的限制范围内。

在本案中，公安机关适用《治安管理处罚法》对当事人成某的行为艺术作出了行政处罚，显然，该处罚对当事人实践艺术自由产生了限制效果。那么该项限制是否具备合宪性，即合乎宪法规范与价值要求的限制举措，还需要通过比例原则加以判断。所谓比例原则，一言以蔽之，立法机关限制基本权利的手段必须与限制目的相适应，不能不择手段而限制基本权利。③ 比例原则的审查分为三步，即适当性原则审查、必要性原则审查和均衡原则的审查。

①适当性原则的审查。这一原则要求，立法机关选择的限制措施能够达到立法目的。当然，立法目的应当是正当的。根据《宪法》第 51 条的规定，立法机关只能为了保护"国家的、社会的、集体的利益和其他公民的合法的自由和权利"来限制基本权利。那么本案中是否存在上述需要保护的合法利益和权利呢？就本案事实而言，当事人双方的性爱行为出于自愿，因此不存在侵害女性性自主权利的问题。另外，此项"艺术展"并未对外开放，只是邀请了"艺术圈内的专业观众"，表明被邀请的观众对"前卫"的艺术表现形式有超出普通人群的接纳程度，也不存在侵犯其权利和利益的问题。因此，本案的关键在于论证当事人的行为是否影响到受保护的公共利益。公共利益不仅包括有序的社会管理秩序，社会的道德底线、善良风俗也是公共利益的组成部分。诚如美国大法官斯卡利亚所主张的："所有的人类社会都会禁止某些行为，并不是因为其将损害他人，而是因为其有违善良风俗。"④

---

① 转引自张翔：《基本权利的规范建构》，高等教育出版社 2007 年版，第 152 页。

② 张翔：《基本权利的体系思维》，载《清华法学》2012 年第 4 期。

③ 张翔：《基本权利的规范建构》，高等教育出版社 2008 年版，第 65 页。

④ Barnes v. Glen Theatre, Inc. 501U. S. 560, 575 (1991).

那么本案当事人的行为是否有违善良风俗？这要从人类的羞耻感出发，"人类社会的发展，使人们产生了性的羞耻感情，形成了性行为非公开化原则。性的羞耻感情对人类的性行为所起的积极作用是，使普通人在内心中形成了一种正常的性行为观念，这种性行为观念对约束人的性行为、维护正常的性行为秩序起着重要作用"①。可以说，性行为的非公开化是所有文明社会中性道德的最重要规则。公开的性行为是对整个社会性道德准则的冒犯，它不仅有害于普通人的性道德，而且也贬低了性本身。因此，任何公开的性行为，都构成对性道德的挑战，是违反善良风俗的行为。《治安管理处罚法》限制淫秽表演，目的之一就是对善良风俗的保护。因此，从适当性原则看，《治安管理处罚法》处罚一切属于"淫秽表演"的行为，合乎比例原则。

②必要性原则的审查。这一原则要求在诸多限制基本权利的措施中，立法机关应当选择对基本权利限制最小的手段。就本案而言，立法者选择以行政处罚处理单纯的表演行为，以刑罚处理组织表演的行为，可见立法者考虑到了必要性原则，对行为的社会危害性进行了区分。避免对危害性较小的行为动用严厉的限制措施。同时，需要说明的是，"必要性原则并没有要求立法者采取限制程度绝对最低的手段，因为这等于要求立法者完全不得对基本权作出任何限制，这显然是不合理的"②。尽管《治安管理处罚法》规定有行政拘留和罚款两种处罚方式，且拘留的起步点为 10 日。但对于何者构成维护公共利益而限制最小的手段，立法者应享有认识余地。在这个认识余地内，立法者对限制手段的判断和选择应该享有一定的优先权，且应当受到其他宪法机关的尊重。无独有偶，美国联邦最高法院的判断经验也指出："只要政府所选择的手段没有过分超过维护政府利益的必要程度，法院即不能以政府利益的维护还存在其他限制更小的手段而宣告规制立法为无效。"③从基本权利理论出发，《治安管理处罚法》对限制手段的设定并不违背必要性原则。

③均衡原则的审查。这一原则要求，立法机关因限制基本权利造成的损害与实现的利益之间必须达到平衡，不能为了实现较小的利益而过度限制基本权利。在本案中，虽然当事人的行为在理论上属于艺术自由的保护领域，但还不足以成为其正当化的充分理由。因为，就艺术层面和现实的关系而论，当事人的行为过于现实化、几乎观察不到艺术层面的内涵，艺术家的性行为和普通人的性行为别无二致，看不出有任何特殊的艺术特质。虽然该性行为发生于封闭的艺术场所，但这只能表明当事人对公共利益的损害不大，但并不能增加其行为的艺术色彩。换言之，当事人行为的特殊性只在于发生于艺术场所，但艺术场所赋予其行为的艺术色彩，微乎其微。当事人表现出来的还只是性行为的公开化，而这明显对公序良俗造成了伤害。因此，当事人的行为既是一种行为艺术，但也是对艺术形式的极度不合理滥用。如是，国家为保护公共利益而对当事人微不足道的艺术自由施加限制，是以较小的损害换来重要公共利益的保护，这并不违背均衡原则，因此，该项限制措施是

---

① 张明楷：《刑法学》，法律出版社 2007 年版，第 844 页。

② 王鹏翔：《基本权作为最佳化命令与框架秩序》，载《东吴法律学报》2007 年第 18 卷第 3 期。

③ Ward v. Rock Against Racism, 491 U. S. 781, 800（1988）.

合宪的。①

（三）问题思考

1. 简述我国《宪法》对艺术自由的规定内容。

2. 概念"艺术自由"中的"艺术"有无特定的范围？

3. 在我国，指导科学文化艺术工作的基本方针是什么？

4. 在"成某行为艺术"案中，成某公开表演性行为的做法是否属于艺术自由的范围，是否受宪法上艺术自由的保障？

5. 当艺术自由和公共利益（如善良风俗）发生冲突时，判断公权力限制艺术自由的措施是否合宪的判断标准是什么？

六、学术自由

（一）学术自由概述

1. 学术自由的概念

我国《宪法》第 47 条规定："中华人民共和国公民有进行科学研究、文学艺术创作和其他文化活动的自由。国家对于从事教育、科学、技术、文学、艺术和其他文化事业的公民的有益于人民的创造性工作，给以鼓励和帮助。"该条文将三项自由权集中规定于一处，这三项自由分别是科学研究的自由、文学艺术创作的自由和从事其他文化活动的自由。其中"科学研究的自由"，在宪法学理论上也称学术自由。所谓学术自由，又称科研自由或从事科学研究的自由，是指公民在从事自然科学、人文社会科学研究时，有选择科学研究对象、研究探索问题、交流学术思想、发表个人学术见解的自由。科学研究的范围包括自然科学技术、社会科学及人文社会科学研究。就科学研究的价值而言，它们都具有同等意义，应给予同等对待。

从宪法角度讲，保障学术自由就是保障人的思想自由。学术自由的中心，是以发现、探究真理为目的的研究活动。这是内在精神活动的自由，构成了思想自由的组成部分。学术自由的基本内容包括三个方面②：其一，公民有自由地对科学领域的问题进行探究的权利，任何机关、团体和个人不得非法干涉；这是该项自由的核心部分。其二，公民有权通过各种形式发表自己的研究成果，国家有义务提供必要的物质条件与具体设施；如果研究成果无法发表，研究就变得毫无意义，因此学术自由自然包括研究发表的自由，这同属于表达自由的一部分。③ 其三，国家积极创造条件，鼓励和奖励科研人员，保护科研成果。

---

① 该部分内容系参考韩大元：《中国宪法事例研究》第七卷"艺术自由的宪法保护及其限制"（杜强强撰写），法律出版社 2015 年版，第 54~74 页。

② 胡锦光、韩大元：《中国宪法》，法律出版社 2016 年版，第 270 页。

③ 参见［日］芦部信喜：《宪法》、高桥和之补订，林来梵等译，清华大学出版社 2018 年版，第 168 页。

2. 学术自由的限制

同其他基本权利一样，学术自由本身也是有界限的，宪法所要保护的学术自由应当是有利于人类进步事业的自由权。国外宪法学界围绕学术自由的宪法界限曾进行了长期的讨论，多数学者认为，既然宪法的最高理念是维护人权的价值，那么对侵害人权价值的活动加以限制是符合宪法精神的，是一种合理的限制。尤其现代科学技术在改善人类生活的同时，其负面效应也凸显出来。欠缺正当性、不负责任的科研学术活动正在伤及人类本身、动摇宪法价值。具体来说，限制学术自由的宪法根据在于：

（1）保障宪法规定的"生命、健康权利"，实现宪法的基本理念。德国《基本法》规定的"生命及人身不可侵犯权利"是学术自由不可逾越的底线。在日本，通过宪法解释确定了"生命、健康权"的人权体系，并作为限制学术自由的依据。

（2）从国家负有保护人权的义务来看，学术自由的实现，需要国家财政支持，国家在分配科研项目经费时应考虑科研内容及其成果运用的合宪性。

（3）从科技工作者的伦理要求来看，学术自由应造福于人类，不能危害人类社会发展，特别是科研活动不得违反人权保障原则。该项伦理要求与宪法的基本理念是一致的。

通过宪法对科研的负面效应进行限制的主要形式有：①禁止或严格限制某些特定内容的研究，如人体试验、生化武器、研制毒品等行为被禁止。对原子能技术、器官移植的研究要符合宪法和法律的要求。国家可以干预科研的内容，并确定科研为和平服务的原则。②通过宪法和法律的调整，控制科研的手段，即对特定的科研方法作出总体限制。③对科研机构和科研设施的限制。为了防止科研的负面作用，对有关科研机构及科研人员从事的科研活动实行审查与许可制是必要的，它并不违反宪法规定的表达自由，特别是对可能给人类生命和健康带来威胁的尖端科技实行许可制，也是保证科技进步服务于人类社会的重要条件。①

（二）案（事）例述评

1. 韩国教科书国定制度案

一个维护国语教育的教师团体为了替代过去的国语教材，出版了《统一的国语教育》和《新编教材指南——中学国语》的教材，并准备出版中学国语教材和著作。该团体的负责人（请求人）发现《韩国教育法》第157条、《教材用图书规定》第5条把中学国语教材定为由教育部编写、发行的一种图书，学者个人出版教材是不可能的。国定教材是国家享有著作权的图书，检认证教材是个人撰写后由国家认定而采用的教材。请求人以《韩国教育法》第157条违反宪法为由向宪法法院提起宪法诉愿请求。请求的主要主张包括：（1）国家指定一种教材的行为实际上限制了教师出版自主的专门性教材的著作自由，违反《韩国宪法》第31条第4款；（2）侵害请求人的出版自由；（3）根据宪法享有的学术自由是自由地讲授学术研究成果的自由。教材国定制度实际上使教师不得不放弃多样化的学术研究，侵害了请求人的学术自由。

本案的审理对象是《韩国教育法》第157条和《教材用图书规定》第5条。《韩国教

---

① 胡锦光、韩大元：《中国宪法》，法律出版社2016年版，第271页。

育法》第 157 条规定：（1）除大学、教育大学、师范大学、专门大学外，其他学校的教材用图书由教育部享有著作权或检定或认证。（2）有关教材用图书的撰写、检定、认证、发行、供应及定价等事项由总统令规定。《教材用图书规定》第 5 条规定，Ⅰ种图书由教育部编撰。但教育部长官认为有必要时可委托研究机关或大学编撰Ⅰ种图书。

本案的争议焦点主要集中在：教材制度与法定注意的关系；教师讲授权的法定性质及教材检认证制度与宪法规定的学术自由、出版自由的关系等。

宪法法院于 1992 年 11 月 12 日作出判决，宣布驳回请求人的审判请求。

2. 案例评析

（1）以法律调整教育的必要性和重要性。现代教育是一种公共教育，国家是教育的被委任者。为了使教育从行政机关或外部干涉中获得独立，保持其独立性，通常以议会制定的法律调整教育的重要事项，把它置于议会的统治之下。依法律调整有关教育的重要事项是十分必要的。在教材政策方面，有国家放任的政策和干预政策。干预的方法有教材编写的干预和教材使用的干预。教材编写的干预方法又分为通过国定的教科书制度的直接方法和通过检认证教科书制度的间接方法，使用的干预主要有认证制度。国定制是指由国家直接编写或委托编写的、不承认其余教材的制度，检定制是指国家对私人编写的教材审查确认其是否适合于作为教材使用的制度，认证制是审查私人发行的图书内容，认可其内容的制度。在韩国，对初中、高中教材采用国定制、检定制、认证制三种方法并用的政策。国家干预初高中教材图书编写的基本依据是初高中教育的特殊性及其由此产生的国家责任，具体理由有：①初高中普通教育阶段的主要任务不是掌握专门的知识或探求世界观、社会观、人生观的深奥的真理，而是掌握作为社会成员建立独立的生活领域所必要的基本的品德和普遍的修养，在这个阶段应尽可能缩小学校之间、教育环境之间、教师素质之间和能力之间、教材内容和科目之间可能存在的差距，使受教育者享受质和量上平等的教育。②在普通教育阶段，学生缺乏合理地判断是非曲直，善恶的能力，对价值偏向和歪曲的学术逻辑无法进行自我判断，因此负担公共教育责任的国家以一定形式的干预是不可避免的。

（2）初中、高中教师的授业权不属于学术自由的保护对象。学术自由是一种探究真理的自由，但它不限于探求真理，还包括探求结果的发表自由和讲授自由（授业自由）。但授业自由并不完全等同于大学教授的学术自由。在大学，教授的讲授实际上向学生介绍自己的研究成果，并得到批评与检证，是一种学术研究的继续。从大学生角度看，他能根据自己已有的知识评价教授的研究成果，通过相互交流丰富自己的知识结构。与此相反，在初中、高中阶段，教师的讲授自由（授业权）受到一定的限制。如果在普通教育阶段，教师按照自己的学术兴趣不受限制地向学生讲授与教材无关的内容，有可能不能满足普通教育阶段学生按照其特点全面发展的要求，而且难以维持教育机会均等的全国一定水平的教育。换言之，不能以授业权侵犯受教育权。

（3）教科书国定制度是否侵害通过教材发表研究成果的自由。有意见认为，教材的检认证制度是国家垄断教材的一种制度，存在着违宪的可能性。检阅是指个人发表思想以前，国家机关事前审查其内容，限定在一定范围内发表的制度，它是宪法所禁止的制度。在本案中，作者可以把自己的研究成果自由地发表，它不同于检阅制度。教材的国定或检认证制度的法律性质是赋予特定书籍以教材的特殊地位的制度，应视为特许制度。国民的学习权与教师的授业自由应得到同等的保护，但国民的学习权处于优先保护的地位。国定教材制度是一种国家对教材这种图书进行垄断的制度，但它具有合理性，从国民学习权角度看，平等地接受教育的权利中既包括上学的平等权利，同时也包括教育内容的平等。不分年级和学科自由地发行教材是不适当的，国家依照宪法有必要进行适当干预。国家可以根据教育目的与指南，把合适的图书定为教材，同时不禁止出版不符合教材标准的其他图书，故并不存在侵犯出版自由的问题。出版自由中不包括一切人都有使自己撰写的著作一定被认定教材的权利。①

（三）问题思考

1. 简述学术自由的基本内容。
2. 限制学术自由的宪法根据是什么？
3. 何谓教材的国定制？
4. 通过"韩国教科书国定制"一案来看，初中、高中教师的学术自由和大学教授的学术自由是否存在区别？
5. 在"韩国教科书国定制度"案中，学生的学习权和教师的讲授自由，何者受优先保护？

第七节　社会经济权利

一、财产权

（一）财产权概述

1. 财产权的概念

财产权与自由权、生命权并称为近代宪治国家最基本的三大权利，它们集中体现了人的尊严及其基本价值。为了体现财产权的价值，世界上多数国家都在宪法中规定财产权的相关内容，以为其实现提供最高位阶的法律依据。

所谓财产权，是指公民通过劳动或其他合法方式取得财产和占有、使用、收益、处分财产的权利。财产权是公民在社会上获得自由与实现经济利益的必要途径。值得注意是，宪法规定的财产权又不完全等同于民法上的财产权。② 区别主要在于：其一，宪法上财产权的义务主体是国家，其享有国家权力、承担宪法义务；而民法上财产权的义务主体是平等的私主体（含法人、其他组织），其不享有国家权力，承担的是法律义务；其二，国家除了不得侵害公民的财产权外，还须构建法律秩序来保障财产权的实现；其

---

① 本部分内容系参考韩大元、莫纪宏：《外国宪法判例》，"教科书制度与教育权"（韩大元撰写），中国人民大学出版社 2005 年版，第 260~264 页。

② 韩大元、王建学：《基本权利与宪法判例》，中国人民大学出版社 2012 年版，第 253 页。

三，宪法上财产权包还包括公民对国家享有的公法上具有财产利益的权利。如公物权，公民可以利用公共图书馆、高速公路、国家提供的各种公共设施；再如征收征用补偿权、国家赔偿请求权、行政给付请求权等。因此可以认为，宪法上财产权的范围广于民法上的财产权。

2. 财产权的保障内容

宪法上财产权的范围主要包括：（1）公民的合法收入。合法收入是公民在法律范围内，以自己的劳动或其他方法所取得的货币或实物收入。具体来说有工资、奖金、退休金、稿酬、合法获得的各种有形财物等；属于合法取得的其他收入，则有孳息，如房屋出租获得的租金收入、存款、理财产品的利息和赠与及继承的财物遗产等。（2）储蓄。储蓄是公民存入银行的货币财产。储蓄的原则是存款自愿、取款自由，存款有息和（为）储户保密。非经司法机关批准，任何个人、单位不得查询、冻结或者提取公民个人的存款。（3）房屋。市场经济到来之后，房屋日益成为我国公民最重要、价值最大的个人财产。凡属公民个人所有的房屋，任何单位或个人都不得非法侵占、查封、破坏。如因国家建设需要，必须占用或拆除公民的房屋，应按照规定或约定，给予妥善安置和合理补偿。（4）其他生产资料和生活资料。市场经济的进步，使得公民的财产组成不断丰富，出现了许多新型财产权利，如投资权利（证券分红、股息），知识产权（专利权、商标权、版权），以及非按劳分配得到的收入，如彩票中奖的奖金。随着创造社会财富方式的变化，合法的非劳动收入在公民收入占比中会越来越大。（5）公法上的财产性利益。财产权利从消极防御性权利向积极的福利和分享权利进步后，国家开始对公民负有支付财产性利益的义务；相应地，公民也具有向国家请求给付财产的请求权。典型者有社会保险金、最低生活保障金、行政奖励的奖金、公民的退休金等。倘若国家违法支付甚至拒绝支付，致使公民可预期的财产性利益减损的话，公民有向国家请求给付的权利及相应的救济权利。

3. 财产权的界限

与其他基本权利一样，财产权也不是绝对的，财产权的社会性决定了它的界限。各国宪法一方面规定财产权受保护的原则，另一方面也对财产权规定了必要的限制。[1]

"国家为了公共利益的需要，可以依照法律规定对公民的私有财产实行征收或征用并给予补偿。"（《宪法》第13条）该条文的用意是希望能在公权力和私权利、私有财产与公共利益之间确定合理的边界，并为受损害的财产权主体提供补偿。征收和征用都是国家为了公共利益对公民的私有财产施加限制的手段。两者的区别是：征收是将私人财产的所有权转移给国家的行为，征用是将私人财产使用权，在一段时间内有偿转移给国家的行为。财产被征用后，在使用完毕或不再需要时，行政主体应及时返还财产。[2] 以往，（政府）在限制公民财产权时，法律上并没有明确的标准，程序也不健全，由此引发因补偿金标准不统一或过低导致征收纠纷等问题。2004年《宪法修正案》区别了征收征用，并规定了适用的条件和程序，为公共利益划定了较严格的范围，从而，权利人得以对那些主

---

① 韩大元、王建学：《基本权利与宪法判例》，中国人民大学出版社2012年版，第257页。

② 周佑勇：《行政法学》，武汉大学出版社2009年版，第135页。

张为公共利益的权力行为的合法性、正当性进行判断。这为保护公民的财产权提供了宪法基础，也会对今后财产权的保障及合宪性限制产生积极的影响。

4. 我国宪法上的财产权

我国第一部《宪法》（1954年）便规定有财产权："国家保护公民的合法收入、储蓄、房屋和各种生活资料的所有权。"（第11条）"国家依照法律保护公民的私有财产的继承权。"（第12条）此后的1975年《宪法》和1978年《宪法》皆保留了第一部《宪法》中第11条内容的相关规定。及至1982年，吸收历史经验教训后，通过宪法修改，宪法扩大了公民财产权的范围，将"公民生活资料的所有权"变更为"其他合法财产的所有权"，如此公民能够拥有的合法财产的种类和数量都大大增加了。此番修改调动了公民参与社会主义现代化建设的积极性，巩固了改革开放的成果。

1982年《宪法》，尽管有其时代进步性，但至少在2004年第四次修宪之前，宪法关于财产权的规定尚未臻完善。此中原因概括起来，主要有两点。一是缺乏尊重财产权尤其是私人财产权的社会心理基础；二是保障财产权的法律基础尚不完备。共同表现为：没有明确私有财产权的宪法地位，轻视公民对私有财产的占有、使用和处分的权利，公有财产和私有财产未能平等保护等，相应地，出现了强制拆迁、拖欠民工工资、非法占用土地以及财产拥有者因缺乏安全感而向国外转移财产等现象。

转机出现在2004年，此前积聚的问题在当年第四次修宪中得到了针对性的解决。修正案新增规定："国家尊重和保障人权""公民的合法的私有财产不受侵犯""国家依照法律规定保护公民的私有财产权和继承权""国家为了公共利益的需要，可以依照法律规定对公民的私有财产实行征收或者征用并给予补偿"。这次修改，宪法用"财产权"概念代替了之前的"所有权"概念，使某些已经为人们所利用的新型财产权利获得了"容身之所"，并确立了合法的私权利不受侵犯的宪法原则，从而搭建了保障财产权的最为坚实的法制基础。但也应注意到，相对于宪法的进步，更困难的恐怕是社会心理的变化，欲形成人人尊重财产权利的社会心理，还有赖于市场经济的高度发展。

（二）案（事）例述评

1. 福州养路费征收案

2007年9月14日，原告福州汇宝塑胶有限公司（以下简称汇宝公司）员工驾驶该单位小客车被福建省公路稽征局福州稽征所工作人员以"欠公路规费"为由予以扣押。9月26日，原告提起行政诉讼，认为福州稽征所采取扣车的行政强制措施没有法律依据，请求法院依法判决被诉行政行为违法，并立即解除强制措施。

福州市晋安区人民法院经审理查明，原告的小客车公路养路费只交纳至2006年12月31日，2007年1月至9月未交纳，被告认定原告小客车"欠公路规费"的事实清楚。《福建省公路规费征收管理条例》第20条规定"无有效公路规范收讫标志的，公路稽征机关可以暂扣车辆"，第21条规定"公路规费稽征人员采取暂扣公路规范收讫标志或者车辆的行政强制措施时，应开具省交通主管部门统一制发的暂扣凭证"。2007年9月14日，被告根据上述规定，对原告作出暂扣小客车的决定，并开具了福建省交通稽查暂扣凭证，被告的行为并无不当。据此，福州市晋安区人民法院于2007年11月8日作出判决，驳回原告的诉讼请求。

11月19日，原告不服一审判决提起上诉，要求撤销福州市晋安区人民法院判决；同时请求二审法院确认福州稽征所作出的暂扣小客车的行为违法。上诉人提出的上诉理由是"养路费征收这一事项本身没有法律依据，被上诉人以欠养路费为由扣车更显荒谬"。因为1998年施行的《公路法》，在1999年10月被全国人大常委会进行了两处重大修改：国家只允许采用依法征税的方式筹集公路养护资金；删除了1998年施行的《公路法》第76条之规定，即删除了不缴纳养路费须予以处罚的条款。因此上诉人认为从修改后的《公路法》可以看出今后不能再征收养路费。上诉人还提出，1998年施行的《福建省公路规费征收管理条例》中有关"征收养路费的规定"无法律依据。被上诉人福州稽征所依据该条例对上诉人征收养路费并扣车、处罚，属于违法。

福州市中级人民法院审理认为，《公路法》第36条规定："国家采取依法征税的办法筹集公路养护资金，具体实施办法和步骤由国务院规定。"但国务院尚未确定，因此在相关实施办法和步骤出台之前，仍应按国家有关规定征收公路养路费。国务院办公厅于2006年下发通知明确提出，在燃油税正式实施前，要继续做好公路养路费等规费的征收管理工作。因此，在国务院未开征燃油税取代养路费之前，被上诉人福州稽征所对上诉人继续征收养路费的行为符合国务院通知精神。上诉人认为养路费征收没有法律依据的主张不成立。据此，法院于2008年1月25日作出终审判决，维持原判。

2. 案例评析

（1）养路费的合法性之争。本案争议的焦点在于行政机关征收养路费是否有法律依据？其依据是否合法？通过下面的分析来明辨相关问题。

①《公路法》颁布后《公路管理条例》的效力。征收养路费的依据最早来自《公路管理条例》（1987年）第18条规定："拥有车辆的单位和个人，必须按照国家规定，向公路养护部门缴纳养路费。"其后1997年制定的《公路法》确认了征收养路费的做法。该法第36条规定："公路养路费用采取征收燃油附加费的办法"，"燃油附加费征收办法施行前，仍实行现行的公路养路费征收办法"。《公路法》是全国人大常委会制定的法律，《公路管理条例》市国务院制定的行政法规，前者是上位法，后者是下位法，从法律位阶来说，"上位法优于下位法"。本案所涉及的《公路法》和《公路管理条例》两者并无冲突，而且《公路法》规定燃油附加费征收办法施行前，仍实行现行的公路养路费征收办法。因此，《公路管理条例》第18条规定的"拥有车辆的单位和个人，必须按照国家规定，向公路养护部门缴纳养路费"仍然有效，依据《公路管理条例》制定的行政规章和其他行政规范性文件也仍然有效。

②1999年《公路法》修改之后，《公路管理条例》的效力如何？1999年对《公路法》作出了第一次修改，原第36条被修改为："国家采取依法征税的办法筹集公路养护资金，具体实施办法和步骤由国务院规定。"新法第36条的立法目的是"筹集公路养护资金"，手段是"依法征税"，从修改前后的表述来看，立法者避免使用"养路费用"这一表述，而使用的是"养护资金"的表述，而且"养护资金"不但用于"公路的养护"还可以用于"公路改建"。新旧第36条存在明显差别，一个是"养路费"＋"收费"（旧法），一

个是"养护资金"+"征税"（新法）。因此，新法第36条并非是对旧法第36条的简单替代，而是全新的内容。换言之，征收公路养路费这一做法，因为新《公路法》第36条的变化而失去了法律依据。作为下位法的《公路管理条例》中关于养路费的规定也就失去了效力，进一步，依据《公路管理条例》所制定的具体征收办法也应失效。

③《公路法》与国务院文件之间的关系。在《公路法》取消了养路费的收费规定后，国务院有关部门联合制定了《交通和车辆税费改革实施方案》。该方案规定："在车辆购置税、燃油税出台前，各地区和有关部门要继续加强车辆购置附加费、养路费等国家规定的有关政府性基金和行政事业性收费的征管工作，确保各项收入的足额征缴。"2006年12月，国务院办公厅发布《关于在燃油税正式实施前切实加强和规范公路养路费征收管理工作的通知》，要求"继续做好养路费征收管理工作"。换言之，国务院及有关部门认为，在燃油税没有出台前，各地仍然应当征收公路养路费等交通规费。然而，正如上文所述，公路养路费已经被1999年修改后的《公路法》废止了。《公路法》对国务院的授权只是就为筹集公路养护资金而征税的具体实施办法和步骤由国务院来规定，而不是由国务院对公路养路费的收取办法作出规定。两者之间存在着根本的不同，国务院出台的征收管理工作通知，继续确认征收养路费，违反了《公路法》对国务院的授权范围，其继续征收养路费的决定是违法的。

（2）法无授权不可为。自1999年《公路法》修改取消养路费代之以养护资金后，及至2008年有关部门才明确取消公路养路费等涉及交通和车辆的收费项目（财综〔2008〕第84号），在此期间，国务院及其职能部门始终没有出台相关立法，而是以文件的形式坚持征收养路费。尽管国务院负有《公路法》委托的立法义务——依法征税（募集公路养护资金）的具体实施办法和步骤由国务院规定，但在近十年里不积极履行立法义务，无视授权范围，继续沿用已经被全国人大常委会废止的养路费规定，致使全国各地的养路费稽征行为缺乏合法依据，此举明显侵害了公民和单位的财产权。

就公法理论来说，国家权力行为须秉持"法无授权不可为"的原则，即无法律依据，不得随意行使国家权力。因为国家权力相对于私人权利，是强大的，没有法律依据、不受法律制约的国家权力，无异于洪水猛兽，会给公民、法人或者其他组织的权益造成严重侵害。因此行政机关须依法行政，审判机关须依法裁判，如此才能制约公权保障人权。在本案中，《公路管理条例》及其具体征收办法因1999年《公路法》取消征收养路费而失去相应的效力，国务院及有关部门以通知、文件形式坚持稽征养路费，是侵犯公民财产权的无法律依据的行为。同时，作为法院，审理行政诉讼案件应按照《行政诉讼法》（1989）第52条规定："人民法院审理行政案件，以法律和行政法规、地方性法规为依据。"而不是以国务院办公厅的通知文件作为依据。以稽征行为符合国务院文件的通知精神就判定该行为具有法律依据，是错误的。"以法律和行政法规、地方性法规为依据"中的"法律"，特指全国人大及其常委会所制定的行为规范，而非其他。[1]

---

[1]　本部分内容系参考韩大元：《中国宪法事例研究》（三），"养路费的合法性之争"（王贵松撰写），法律出版社2009年版，第162~165页。

（三）问题思考

1. 简述宪法上的财产权和民法财产权之间的区别。

2. 现行《宪法》对财产权的规定，较之以往有哪些进步之处？

3. 在 2008 年福州养路费征收案中，福建省公路稽征局福州稽征所征收养路费的依据是否有效？

4. 在 2008 年福州养路费征收案中，国务院的通知能否成为福州市中级人民法院判断被上诉人福州稽征所征收养路费行为合法性的依据？

二、劳动权

（一）劳动权概述

1. 劳动权的概念

我国《宪法》第 42 条规定："中华人民共和国公民有劳动的权利和义务。"所谓劳动权，是指凡有劳动能力的公民，有劳动和取得劳动报酬的权利。劳动权是公民维持个人及其家庭生活的基础性权利，同时劳动权也为其他权利的行使提供了物质上的基础。劳动权兼具消极权利（自由权）和积极权利（社会权）的双重属性：一方面，劳动者有选择劳动职业的自由，不受国家非法干涉，不被强迫劳动，这体现了劳动权包含消极自由的一面；另一方面，劳动者也希望或请求国家能够积极创造就业条件、改善劳动环境、提高劳动待遇收入，这些都需要国家权力积极主动地去形成权利内容，这又体现出劳动权作为积极权利的一面。

2. 劳动权的特征

（1）权义复合性。我国宪法上的劳动权，既是一项权利同时也是一项义务。《宪法》第 42 条规定："中华人民共和国公民有劳动的权利和义务。""劳动是一切有劳动能力的公民的光荣职责。""国有企业和城乡集体经济组织的劳动者都应当以国家主人翁的态度对待自己的劳动。"宪法的上述规定，可解释为：其一，我国是社会主义国家，不劳而获是不受欢迎的。凡有劳动能力的公民，都应当劳动，极力避免成为"寄生者"，于是劳动成为一项必须履行的义务。其二，社会主义制度改变了劳动者在资本主义制度下寄人篱下被雇佣、被剥削的地位，在劳动的性质上增添了建设自己家园（国家）的意义。换言之，成为国家主人的劳动者在谋生的自然欲望之外还产生了让自己国家更美好的道德境界。而道德的内容一般体现为义务，进入道德境界的主要方式便是履行（劳动）义务。

然而，劳动权的权义复合性也会产生了某些理论上的碍难之处：一是权利的自由放弃属性与义务必须履行之间产生抵牾；二是劳动者投入劳动时，是在行使权利还是履行义务，状态不明了。

（2）获得劳动报酬。劳动权的行使与劳动报酬是紧密联系的。无偿劳动尽管存在，但并不普遍。劳动报酬一方面是维系劳动者及其家庭基本生活的物质基础；另一方面也是激励劳动者不断提高劳动质量，提升劳动效率的鼓励所在。劳动者有权根据其提供的劳动数量和质量获得相应的报酬。

3. 劳动权的保障内容

根据《宪法》《劳动法》《劳动合同法》的相关规定，劳动权包括以下内容：

（1）劳动就业权。劳动权的核心是就业权。其包括平等就业权和自由择业权。"劳动者享有平等就业和选择职业的权利。"（《劳动法》第3条）"劳动者就业，不因民族、种族、性别、宗教信仰不同而受歧视。"（《劳动法》第12条）自由择业权保障的则是公民有选择职业、工作地点、其他有偿劳动和工作场所不受干涉强制的权利。劳动者就业权关系到劳动者的切身利益，为此，国家采取了包括立法在内的多种措施来加以保障。如国家创建职业培训机构，对职业中介组织合法运作进行监管，制定《就业促进法》（2007）对弱势群体（妇女、残疾人、少数民族同胞）的就业权规定特殊保障等。

值得注意的是：①平等就业权是形式平等与实质平等的结合。雇主可以基于工作上的合理要求雇佣符合条件的劳动者而排除不符合者，并不触犯平等就业权；而特定劳动者如妇女也可以基于实质平等（男女两性差异）而合法拒绝雇主派发的不适当的工作（矿山、井下、高温高寒）。②自由择业权应受人性尊严和竞业禁止的必要限制。如在我国，卖淫和传授犯罪技能的职业选择因有损人性尊严而不受择业自由权的保护，国家可依法禁止。再者，掌握商业秘密的高级管理人员在离职后一段时间内不得从事同类业务，即为竞业禁止。该制度的目的是防止劳动者滥用择业权导致原工作单位辛苦积累的商业秘密扩散给企业带来巨额损失。制度的设计是要实现雇主和劳动者之间利益的平衡。在市场经济条件下，雇主的利益得到有效保护，才有望创造更多的就业机会，从而在客观上实现劳动者的就业权。

（2）获得劳动报酬的权利。劳动报酬是公民付出一定劳动后所获得的物质补偿。其包括工资、薪金或其他报酬。"工资分配应当遵循按劳分配原则，实行同工同酬。"（《劳动法》第46条）"工资应当以货币形式按月支付给劳动者本人。不得克扣或无故拖欠劳动者的工资。"（《劳动法》第50条）为了保障劳动者取得劳动报酬，我国采取了诸如最低工资制在内的工资保障法制。按照法律规定，最低工资的具体标准由省、自治区、直辖市人民政府规定，用人单位支付的劳动者工资不得低于当地最低工资标准。

（3）获得劳动安全卫生保护的权利。迈入工业社会后，劳动者的劳动风险陡然增高，职业病、工伤、有毒有害化工物质、噪音、环境污染等都给劳动者的生命健康带来了威胁。相应地，劳动者有权利享有安全卫生的工作环境以保护自身的健康。"用人单位必须建立、健全劳动卫生制度，严格执行国家劳动安全卫生规程和标准，对劳动者进行劳动安全卫生教育，防止劳动过程中的事故，减少职业危害。"（《劳动法》第52条）"用人单位必须为劳动者提供符合国家规定的劳动安全卫生条件和必要的劳动防护用品，对从事有职业危害作业的劳动者应当定期进行健康检查。"（《劳动法》第54条）"劳动者对用人单位管理人员违章指挥，强令冒险作业，有权拒绝执行；对危害生命安全和身体健康的行为，有权提出批评、检举和控告。"（《劳动法》第56条）

（4）劳动权的宪法保护。劳动权的宪法义务主体实际上有两者，其一是公民个人，相对于国家，有劳动能力的公民应当履行劳动义务；其二则是国家，国家通过权力行为来履行保障公民劳动权的义务。表现为：在我国，国家通过公务员招考在国家机关中创造就业机会提供给公民。如果国家作为雇主的话，其履行义务的形态就是本身不得触犯公民的劳动权。如果雇主不是国家，而是政府以外的用人单位，那么用人单位所承担的是劳动法——法律上的义务，国家所承担的宪法义务则是保障劳动法律实施，监管用人单位履行劳动法律义务。这时，国家履行义务的形态不再那么直接，而是通过间接的法律实施来履行。

（二）案（事）例述评

1. "工伤概不负责"合同侵犯劳动者权利无效案

2003年12月，广东省梅州市大埔县某施工队承包了汽车维修公司厂房拆除工程，并签订了承包合同。由该施工队的法定代表人黄某组织、指挥施工，并亲自带领雇佣的临时工张某等人，拆除混凝土大梁。在拆除过程中，大梁梁身出现裂缝，对此，黄某并未引起重视。当拆除第五根大梁时，站在大梁上的黄某和张某（均未系安全带）滑落坠地，张某受伤，经送医院治疗无效后死亡。法医鉴定与医疗事故鉴定显示，张某系内脏经石块压逼引起大出血致死，与其他因素无关。

张某死亡后，由谁承担因此造成的经济损失，张某家属和黄某进行了协商。黄某只肯承担张某救治期间的医疗费用，并一次性付给张某家属抚恤金2万元。张某家人拒绝，并向大埔县人民法院起诉，请求被告黄某赔偿全部经济损失。被告在开庭时辩称：张某填写用工合同时，同意合同中"工伤概不负责"的条款。据此，无法满足原告方的要求，只能给予张某家属一定的生活补贴。

经审理，大埔县人民法院作出一审判决，认为被告黄某在组织、指挥施工中，不仅不按操作规范办事，带领工人违章作业，而且在发现事故隐患后，不采取预防措施，具有知道或者应当知道可能发生事故而忽视或者轻信能够避免事故发生的心理特征。因此，这起事故是过失责任事故。同时，经鉴定，张某死亡是工伤引起的死亡，与其他因素无关。依照《民法通则》第106条第2款、第119条的规定，被告由于过错侵害了张某的人身安全，应当承担民事责任，判决黄某赔偿张某死亡前的医疗费、张某的死亡丧葬费、赔偿费以及家属误工减少的收入和死者生前抚养的人的生活费等费用共计12万元。

2. 案例评析

（1）宪法规定公民有劳动的权利，劳动权包括为劳动者提供安全的劳动条件。我国《宪法》第42条规定："中华人民共和国公民有劳动的权利和义务。国家通过各种途径，创造劳动就业条件，加强劳动保护，改善劳动条件，并在发展生产的基础上，提高劳动报酬和福利待遇。"一般认为，劳动权包括获得就业机会的权利、获得劳动报酬的权利、获得基本工作条件的权利、享有劳动保险和福利的权利、接受职业培训的权利。可见，雇主必须为劳动者提供基本的工作条件。当然必须是能够保证安全的条件。我国《劳动法》第54条规定了劳动安全卫生："用人单位必须为劳动者提供符合国家规定的劳动安全卫生条件和必要的劳动防护用品，对从事有职业危害作业的劳动者应当定期进行健康检查。"这是法律对用人单位提出的强制性要求。作为强制性规范，是不允许当事人之间通过合同形式来规避义务的。因此，为劳动者提供劳动保护，这是劳动者的权利，任何个人和单位都不得随意践踏。被告黄某身为雇主，理应为雇员提供劳动安全保护。

（2）最高人民法院曾明确解释雇佣合同中规定"工伤概不负责"条款既违反宪法法

律，也违反社会公德，属于合同无效条款。早在 1988 年，最高人民法院曾针对类似案件作出过专门批复，即《关于雇工合同"工伤概不负责"是否有效的批复》（〔1988〕民字第 1 号）。该批复中指出："对劳动者实行劳动保护，在我国宪法中已有明文规定，这是劳动者所享有的权利。张学珍、徐光秋身为雇主，对雇员理应依法给予劳动保护，但他们却在招工登记表中注明'工伤概不负责'。这种行为既不符合宪法和有关法律的规定，也严重违反了社会主义公德，应属于无效的民事行为。"

总之，一份雇佣合同，如果其中约定内容违反宪法和法律的强制性规定，也严重违反社会公德，即使工人认可这一约定，也属于无效的民事行为。在本案中，大埔县人民法院对于雇佣合同中"工伤概不负责"约定不予支持并判令被告赔偿原告相应损失，是合法合理的，体现了对劳动者的劳动权益的保护。①

（三）问题思考

1. 我国宪法上的劳动权，既是权利也是义务，如此规定的原因是什么？
2. 简述劳动权的保障内容。
3. 为了保障劳动者获得劳动报酬，我国建立了哪些法律制度？
4. 雇主与雇工协商一致在雇佣合同中约定"工伤概不负责"，为何这属于无效条款？

三、休息权

（一）休息权概述

1. 休息权的概念

休息权是专属于劳动者的权利。所谓休息权，是指劳动者在付出劳动之后休息和休养的权利。休息休养是劳动者在工作之余理应获得的自我放松与自我调节，是人的劳动周期与生理周期客观合理的要求。休息权是劳动者获得生存乃至发展的必要条件。作为雇主，总是希望工作时间越长越好，工作时间长即生产时间长，雇主获利更多。但过长的劳动时间，不仅限制了劳动者的家庭生活和社会生活的开展，也会给劳动者的生命健康安全带来严重威胁。由此，不少国家在宪法中独立规定或在劳动法律中规定劳动者的休息权。世界上最早对休息权作出规定的宪法是德国魏玛共和时期的宪法，"星期日及由国家所认许之休假日为工作休息日及精神休养日，以法律保护之"。（《魏玛宪法》第 139 条）我国宪法采取了独立规定的方式："中华人民共和国劳动者有休息的权利。国家发展劳动者休息和休养的设施，规定职工的工作时间和休假制度。"（第 43 条）

2. 休息权的保障内容

根据《宪法》和劳动法律的规定，劳动者休息权的权利内容主要包括：

（1）工作日内和工作日之间的休息权。前者指劳动者在一个工作日内享有适当休息时间的权利。一个工作日为 8 小时，但不太可能 8 小时不间断地连续工作，劳动者需要有

---

① 本部分内容系参考王守田、沈国琴：《宪法学教学案例研析》，"中国工伤概不负责合同因侵害劳动者权益无效案"（杨俊峰撰写），中国人民公安大学出版社 2013 年版，第 126~128 页。

工间休息和用餐时间。后者是指在两个工作日之间，劳动者所享有的休息权。时间不宜过短以保证劳动者有充分的休息时间。

（2）公休假日权利。劳动者工作满一周后享有的休息权利。公休假一般为周六周日，但用人单位也可根据工作性质和生产特点安排公休时间。

（3）法定节假日休息权。由国家法律规定的，由劳动者享有的节假日休息的权利，如元旦、春节、劳动节、国庆节等。

（4）年休假权利。年休假是劳动者每年享有保留职务和工资的一定期限连续休息的假期。《劳动法》第 45 条规定："劳动者连续工作一年以上的，享有带薪年休假制度。"

（5）探亲假权利。家属分居两地的劳动者，在一定时期内（通常为一年）与父母或配偶相聚享受假期的权利。

（6）其他假期。如女职工产假、职工的婚丧假等。

3. 休息权的宪法保障

宪法对劳动者休息权的保障方式主要有两种。其一是通过增加国家财政投入，不断修建劳动者休养的设施；其二便是创设法律秩序通过法的规范作用来积极实现劳动者的休息权。此一法律秩序包括立法保护，如《宪法》《劳动法》《劳动合同法》对休息权的法律规定；行政机关的严格执法，如劳动行政机关对用人单位落实休息权的监督检查；司法机关准确公正适用法律，如最高人民法院出台了《审理劳动争议案件适用法律若干问题的解释》以达到正确适用法律的目的。

（二）案（事）例述评

1. 马勒诉俄勒冈州案

1903 年，俄勒冈州制定了限制女性劳动者劳动时间的法律。按照该法律规定，"不得雇佣任何女性在该州的机器制造企业、工厂或洗衣房 1 天工作时间超过 10 小时"，违反者将被处以罚款。俄勒冈州波特兰市柯尔特·马勒洗衣店的所有者乔·黑斯尔巴克却在 1905 年 9 月 4 日要求埃尔默·戈奇太太工作 10 小时以上。两周以后，地方法院判决马勒洗衣店违反了该州 10 小时工作时间的法律并对他罚款 10 美元。马勒洗衣店以该处罚行为不当而提起上诉。俄勒冈州最高法院在 1906 年认为这一法律符合宪法，支持了地方法院的判决。马勒洗衣店不服，继续向联邦最高法院提起上诉，主张上述州法律违反了联邦宪法第十四修正案。1907 年，联邦最高法院同意审理该案。经过辩论，1908 年 2 月 24 日联邦最高法院以 9 比 0 的表决结果作出判决，认为该案中的州法没有违反联邦宪法，支持俄勒冈州最高法院的判决。[1]

2. 案例评析

（1）"洛克纳诉纽约州案"与保护性立法。在"马勒诉俄勒冈州案"之前发生的与之类似的案件是"洛克纳诉纽约州案"。[2] 后者案件中涉及纽约州颁布的一项法律，该法将面包房工人的劳动时间限制在每天 10 小时或每周 60 小时。颁布的背景是，20 世纪初，

---

[1]　Muller v. Oregon 208 U. S. 412（1908）.

[2]　Lochner v. New York, 198 U. S. 45（1905）.

一个熟练的面包师傅每周工作时间超过 100 小时的情况是很普遍的。在城市中，面包房通常位于廉租公寓的地下室。长时间暴露于面粉颗粒之中，以及地下室潮湿、极热、极冷的环境被认为对工人的健康不利。由于这种不卫生的环境既影响面包的生产又影响工人的健康，纽约州于是在 1895 年颁布了有关卫生条件的法规，同时改善了工作环境、缩短了工厂普遍采用的劳动时间。因新法律的颁布而利益受损害最大的人是面包店的雇主（老板）。洛克纳在纽约拥有一家面包店。1902 年，他因允许一名雇工一周内工作超过 60 小时而被罚款。洛克夫不服，将这一决定持续上诉到美国联邦最高法院。洛克纳声称，纽约州法未经正当法律程序使其不能享受生活、自由和财产，这违反了联邦宪法第十四修正案。洛克纳案件的争议在于——被认为受纽约州规定的工时上限所侵害的权利是否属于"契约自由"。1905 年，联邦最高法院以 5∶4 的表决结果作出判决，认为纽约州为面包店工人规定 10 小时的工作时限违反了契约自由的要求而撤销了该法。从该案引出美国宪法上一个概念——州的治安权（Police Power），这一概念最初用来区分州政府和联邦政府的职能，但 19 世纪之后，当其被广义地解释为增加普遍福利的职责时，治安权可以适用于几乎任何类型的法律。在"洛克纳诉纽约州案"中，制约契约自由的权力便是州治安权，换言之，契约自由虽然得到承认，但它并不是绝对的。其所提供的保护需要与州权力的合法运用相均衡。州政府通过行使州治安权制定的提高公民权、保障公平的法律又被称为保护性立法。

在"马勒诉俄勒冈州案"和"洛克纳诉纽约州案"中受争议的法律都属于州政府运用治安权制定的保护性立法。争议的焦点同是州法对劳动时间的限制是否妨碍了雇主与雇工之间的契约自由。上诉人因为熟悉"洛克纳诉纽约州案"，所以一直上诉至联邦最高法院，希望获得同"洛克纳诉纽约州案"一样的胜利。

（2）联邦最高法院支持保护性立法。在"马勒诉俄勒冈州案"中，联邦最高法院指出：有关职业的缔结契约的一般权利是个人自由的一部分，受宪法第十四修正案的保障。但是，该自由也不是绝对的，并非及于所有的契约。州可以在不违反第十四修正案的情况下，从很多方面制约个人契约的权利。总的来说，联邦最高法院赞成各州旨在保护公民健康、安全和福利的治安权。所以，针对马勒一案，联邦最高法院需要检证州法是否为保护性立法。尽管在此前的"洛克纳诉纽约州案"，联邦最高法院中 5 位大法官一致认为治安权的立法目标与面包店 10 个小时工作时间的法律规定之间不存在任何联系；但反对意见表明：如果能够找到合理的根据证明这些有关工作时间的法律有道理，那么这种法律就经得起司法审查。① 就此，在马勒一案中，作为被上诉人州的代理律师布兰代斯决定采用新的辩护策略来证明州法限制契约自由是有道理的。

（3）布兰代斯辩护意见书。在"洛克纳诉纽约州案"中，联邦最高法院已经表示宪法第十四修正案的正当法律程序条款所保障的自由中包含缔结劳动契约的自由，而把面包业的劳动时间法律判决为违宪，不过也暗示了如果劳动时间法律和劳动者的健康有直接关联的话，劳动时间法律可以被看作在治安权之内而得到支持。为此，布兰代斯律师为了使

---

① ［美］克米特·霍尔：《牛津美国联邦最高法院指南》（第二版），许明月、夏登峻等译，北京大学出版社 2009 年版，第 610 页。

女性的劳动时间在联邦最高法院的实体正当法律程序框架内获得合宪的判断，把焦点集中在洗衣房的长时间劳动给女性的健康带来了怎样的恶劣影响。他把法律论证的篇幅缩短到最小限度，并没有试图去推翻洛克纳案的判决，而是使用了其中的观点——与健康、安全和福利直接相关的考虑能够证明某个州通过限制工作时间来限制契约自由是有道理的。他引用其他各州及外国的法律来证明并非只有俄勒冈州认为长时间的工作危及妇女健康。辩护意见书的第二部分用 95 页的篇幅引述了美国和欧洲的工厂报告及医学报告，提供了大量可以利用的数据以证明长时间的工作对妇女健康有害。

布兰代斯的这一策略十分成功，联邦最高法院不但支持了俄勒冈州法，还特别提到布兰代斯及他提交的"极为丰富"的数据资料。联邦最高法院承认："本案州法对女性的契约权利，即有关劳动时间和雇主双方同意的权利进行限制，不仅仅是为了女性的利益，而是为了整个社会。"而且"由于健康的母亲是健康后代的根本，女性的身心健康必须成为公共利益及公共保护的一部分"。

（4）社会法学的登场。布兰代斯的辩护策略可视作对当时新登场的社会法学的实践。在当时，美国社会法学的代表人物是罗斯科·庞德，他注重考察法律和社会背景之间的关联。布兰代斯不仅诉诸宪法解释，还提供了大量社会科学、自然科学的知识，自那时起，这种充满法律社会功能的带有社会科学和自然科学数据的文件被称为 Brandeis Brief（布兰代斯辩论意见书）。类似的成功案例还有布朗诉教育委员会案，在该案中，针对公立学校中黑人和白人分校的现状，以社会学和心理学论证，即使物理上的设施是同等的，仍然给黑人儿童的心灵埋下了劣等感而阻碍了学习。① 总之，自"马勒诉俄勒冈州案"以来，一种强调社会科学影响的社会法学便方兴未艾。

（三）问题思考

1. 休息权是否劳动者专属的基本权利？
2. 简述我国宪法对休息权规定的内容。
3. 宪法对休息权的保障方式主要有哪些？
4. 在"马勒诉俄勒冈州案"中，州法限制契约自由的理由是什么？

四、社会保障权

（一）社会保障权概述

1. 社会保障权的概念及背景

所谓社会保障权，是指社会成员在面临威胁其生存的社会风险时，有从国家和社会获得物质保障和社会服务，使之维持生存并达到相当水准的生活的权利。

社会保障权是宪法发展的产物。18—19 世纪的古典宪法并不承认公民除了有免于国

---

① 本案例内容系参考［美］克米特·霍尔：《牛津美国联邦最高法院指南》（第二版），许明月、夏登峻等译，北京大学出版社 2009 年版，第 610~611 页；［日］藤仓皓一郎：《英美判例百选》，段匡、杨永庄译，北京大学出版社 2005 年版，第 154~157 页。

家干涉的消极自由之外还有要求国家保障其获得尊严生活的权利。直至近代，社会保障权才得到各国宪法的承认。此时的宪法理念是"最好政府，为最能服务之政府"。最早确认社会保障权的宪法典是法国 1793 年宪法。该宪法在《人权宣言》中规定："社会对于不幸的公民负有维持其生活之责，或者对他们供给工作，或者对不能劳动的人供给生活资料。"1883—1889 年，德国围绕社会保障制定了一系列单行法。此后 1919 年德国《魏玛宪法》明确纳入了社会保障权，其第 161 条规定："为了保持健康及工作能力，保护产妇及预防因老病衰弱而经济生活不受影响起见，联邦应制定保障制度，且使被保险者预闻其事。"流风所及，以宪法确认社会保障权，维持国民之基本生存与尊严蔚然成风，日本《宪法》第 25 条、意大利《宪法》第 38 条、荷兰《宪法》第 20～22 条、瑞士《宪法》第 12 条等，几乎所有现代宪法都对社会保障权予以明文确认。除此之外，"二战"后的国际人权文书，如《世界人权宣言》《经济、社会和文化权利国际公约》也将社会保障权确认为一项普遍人权。

2. 社会保障权的保障内容

像其他社会性权利一样，社会保障权也并非某一项单一权利，而是一组权利。因为分类标准的差异，社会保障权的内容可以有不同的构成要素。最近的通说乃将社会保障权整理为实体性社会保障权和程序性社会保障权。作为社会法的社会保障法，兼具实体法与程序法的特点，缺一不可。程序性权利对于实体权利的实现具有不可低估的意义也已为人们所承认。下面从实体和程序两个方面介绍社会保障权之内容。

(1) 实体性社会保障权，包括以下四种：

①社会救助权。社会救助权，系指社会成员在其自身不能维持其最低生活水平，陷于贫困、基本生存受到威胁时，有从国家和社会得到物质帮助的权利。在社会保障权的体系中，社会救助权是最低层次的权利，因此也称其为"最低社会保障权"。现代社会救助制度是基于保障社会成员生存权的思想而发展起来的，它不同于传统的慈善济贫制度，当享受社会救助成为社会成员的一项法定权利时，便建立起社会救助的提供者和受助者之间法律上的平等关系。救助者提供救助不是恩赐，受助者接受救助也无损其人性尊严。因为"权利与义务关系成立的前提是主体之间必须平等"。公民享有充分的社会救助权，是社会进步和文明的表现，有利于维系社会成员的基本生活，有利于促进社会发展和社会秩序的稳定，有利于实现最基本的社会公平。

②社会保险权。社会保险权，是指劳动者由于年老、疾病、失业、伤残、生育等原因失去劳动能力或劳动机会而没有正常的劳动收入来源时，依照国家所建立的社会保险制度在履行一定的义务后有得到特定金钱的权利。社会保险的内容十分丰富，包括养老保险、工伤保险、失业保险、医疗保险、生育保险等子项目。

在社会保障权体系中，社会保险权是最核心的一项权利，也被称为"最核心社会保障权"。在现代工业社会中，社会保险权利的重要意义愈发凸显。一方面，进入工业社会后，年老、疾病、失业、伤残、生育等社会风险对劳动者个人的影响加剧；另一方面，随着城市化、工业化的加速，个人依托家庭抵御社会风险的能力严重降低。在此情形下，社会保险权成为劳动者规避现代社会风险的关键性武器。

③社会福利权。社会福利权，是指公民享受国家提供的诸如文化、教育、娱乐和医疗

保健等方面的各种公共社会服务以提高自身生活质量、发展自我的权利。社会福利包括公共福利、职业福利和特殊福利等形式。公共福利是社会福利的主体，是由国家和社会团体提供的，享受的对象是全体社会成员。职业福利是由职工所在单位提供，享受对象是本单位的职工及其家属。特殊福利则是国家和社会为老人、儿童、残疾人和无劳动能力的人举办的福利事业。

在社会保障权体系中，社会福利权是最高层次的一种权利，它和社会救助权、社会保险权的不同之处是：社会福利旨在提升社会成员的生活质量和生活水平，即"最高的社会保障权"。国家和社会对此的立场是：一方面有责任提升整个社会的福利水平，另一方面应尽可能公平地分配社会福利。

④社会优抚权。社会优抚权，即对社会有特殊贡献的公民，其本人及其家属有从国家和社会得到优待和抚恤的权利。它是国家对某些负有特殊社会任务和责任的人员及社会有功人员实行安置、物质奖励及精神抚慰等制度的总称。在社会保障权体系中，社会优抚权不同于其他一般社会保障权，它是社会特殊群体才所享有的权利。

（2）程序性社会保障权。从程序角度来看，社会保障权中的程序性权利包括：①社会保障请求权，即公民向国家及其授权的有关组织请求给予社会保障的权利；②社会保障利益受领权，即公民有接受、领取社会保障利益的权利，如领取救助物品、退休金、保险金等；③社会保障利益处分权，即公民有自主支配所得社会保障利益的权利；④社会保障救济权，即当公民的社会保障权不能正常实现时，有请求国家机关或其他组织（如仲裁机构）依法给予保护的权利。

（3）我国宪法上的社会保障权。宪法为我国社会保障权确立了政治和规范的基础。早在南京国民政府时期，受孙中山民生主义思想之影响，1946年《中华民国宪法》第15条规定，"人民之生存权、工作权及财产权应予保障"；第155条规定："国家为谋社会福利，应实施社会保险制度，人民之老弱残废、无力生活及受非常灾害者，国家应予以适当之扶助与救济。"前者确立了人民的生存权，后者则直接规定了人民有自国家取得社会保险、社会救济的权利。单看文本内容，该规范不但合乎当时社会保障权利宪法化的先进理念，而且是迄今为止中国宪法史上社会保障权规范最为完备的条款。遗憾的是，因为欠缺宪法实施的良好社会环境，社会保障权只能停留于纸面。

1954年《宪法》是我国第一部社会主义性质的宪法。该《宪法》第93条规定："中华人民共和国劳动者在年老、疾病或者丧失劳动能力的时候，有获得物资帮助的权利。国家举办社会保险、社会救济和群众卫生事业，并且逐步扩大这些设施，以保证劳动者享受这种权利。"该规定虽承袭了苏联1936年宪法，但也是中华人民共和国成立后首次以根本法形式确认了社会保障权的内容。1975年《宪法》部分保留了1954年《宪法》中的相关内容，其第27条规定："劳动者……在年老、疾病或者丧失劳动能力的时候，有获得物质帮助的权利。"1978年《宪法》第50条规定："劳动者在年老、生病或者丧失劳动能力的时候，有获得物质帮助的权利。国家逐步发展社会保险、社会救济、公费医疗和合作医疗事业，以保证劳动者享受这些权利。国家关怀和保障革命残废军人、革命烈士家属的生活。"可以说，在各个历史时期，无论混乱抑或和平，宪法文件对社会保障权的规定都具有确定性。

现行宪法，经过2004年修宪，总计有四个条款涉及社会保障权，分别是："国家依照法律规定实行企业事业组织的职工和国家机关工作人员的退休制度。退休人员的生活受到国家和社会的保障。"（第44条）"中华人民共和国公民在年老、疾病或者丧失劳动能力的情况下，有从国家和社会获得物质帮助的权利。国家发展为公民享受这些权利所需要的社会保险、社会救济和医疗卫生事业。国家和社会保障残废军人的生活，抚恤烈士家属，优待军人家属。国家和社会帮助安排盲、聋、哑和其他有残疾的公民的劳动、生活和教育。"（第45条）"国家建立健全同经济发展水平相适应的社会保障制度。"（第14条第4款）"国家尊重和保障人权。"（第33条第3款）

进步之余，现行宪法中的社会保障权规范也存在某些缺憾：其一，享有物质帮助权的主体不周延，仅限于年老、疾病和丧失劳动能力的公民，而没有包括如失业者或更多的主体，如儿童。其二，帮助内容的不周延。仅仅是物质帮助，没有包括非物质帮助，如社会服务。其三，退休人员的生活保障权之主体不周延，仅限于企业事业单位职工和退休人员，没有涵盖其他公民，如农民。①

(二) 案 (事) 例述评

1. 韩国生计保护标准与生存权案

请求人夫妇根据《韩国生活保护法》（以下简称《生活保护法》）第5条第1款及同法实施令第6条第1款享受生计保护。1994年1月，保健福祉部长官发表"1994年生活保护事业指南"，具体规定了1994年生计保护标准。请求人认为，他们每月享受的生计保护标准没有达到最低生活水平，以韩国《宪法》规定的追求幸福权与有权享受人的生活的权利受到侵害为由向宪法法院提出了宪法诉愿审判请求。

本案的审理对象是保健福祉部长官发布的1994年生计保护标准，根据这个标准，1994年生计保护对象是32000名，每月的生计标准是每人65000韩元。

本案的争议点主要是，韩国《宪法》规定的国家对没有生活能力的人保护义务的性质及1994年生计保护标准本身是否违宪的问题。宪法法院于1999年5月29日作出判决驳回请求人的审判请求。

2. 案例评析

(1) 国家有义务通过社会保障制度保障经济弱者的权利。随着资本主义经济的发展，贫困问题已不仅仅是个人问题，而且是威胁整个社会安定的社会问题，贫困问题成为需要国家解决的客体。基于这种认识，现代各国在宪法中规定了广泛的社会权利。韩国《生活保护法》是为了给没有生活维持能力或正常生活有困难者提供必要的物质帮助，保障其最低生活水平。其保护标准是"维持健康、文化的最低生活"。根据《生活保护法》而进行的生计保护是一种社会救助的典型形式。判断国家所进行的生计保护是否实现了韩国《宪法》所要求的客观的、最低限度的标准，主要看国家是否为了保障国民生活而采取了必要的措施。由于宪法中"过人一样的生活"是非常抽象和相对的概念，在具体决定生

---

① 薛小建：《论社会保障权的宪法基础》，载《比较法研究》2010年第3期。

计保护的标准时应综合考虑复杂多样的因素。它实际上是接受立法机关或立法委任的行政机关以裁量权作出规定的事项。因此，当国家是否履行了宪法规定的义务成为司法审查对象时，只有在两种情况下才有可能存在违反宪法问题，即国家没有进行生计保护方面的立法或立法内容明显不合理地超越宪法所允许的裁量范围。在本案中，韩国宪法法院肯定了国家通过社会保障制度来保护经济弱者权利的正当性，国家也确实履行了生计保护方面的立法——韩国《生活保护法》及其每年发布的生计保护标准，因此，接下来需要审查的是立法内容是否明显不合理地超越宪法允许的裁量范围。

（2）只要保护标准没有明显不合理地超越《宪法》所允许的裁量范围，司法应尊重国家的裁量自由。韩国宪法法院在本案中认为，在判断国家确定的生计保护标准是否超越裁量范围时不能只考虑根据《生活保护法》而得到的生计保护数额多少，同时要考虑其他根据法令而得到的各种补贴及减免税等总体等情况。因为通过《生活保护法》所提供的保护是一种具有补助性质的补贴，不是保护对象所依靠的全部的生活来源。国家根据其财力的情况，合理地确定生计保护标准，只要这种标准没有明显地超越宪法提供的保障界限就不会出现违宪的问题。换言之，即使生计保护的标准没有达到最低生计费，也不能仅仅依这个事实判断违反宪法或者侵害了请求人追求幸福权和享受人一样的生活的权利。[①]

（三）问题思考

1. 简述社会保障权的实体性内容。
2. 为什么社会保险权被称为"最核心社会保障权"？
3. 简述程序性社会保障权的内容。
4. 通过韩国"生计保护标准与生存权案"，对于国家是否履行了宪法规定的社会保障义务，在何种情况下可能存在违宪问题？

第八节 宪法未列举权利

鉴于人的认识能力的有限性、成文宪法文本的稳定性和基本权利内容的变化发展，任何国家都不可能在宪法典中将应当得到保障的基本权利悉数列举，由此产生了宪法未列举权利的问题。所谓宪法未列举权利，是指宪法列举权利之外且具有基本权利性质的那些权利。至于何种权利能成为宪法未列举权利，研究者认为应当结合两个维度同时加以判断，一是权利的主观方面，即社会大众是否产生了对某种利益的需求，以及基于这种需求而形成了要求对其加以承认和保护的愿望。进言之，任何权利，必须是在为人们所意识到的情形之下形成某种主观诉求，具有某种实现的紧迫性，才有可能被作为权利对待。二是权利的客观方面，具体是指人们所主张的权利是否为其他国家的宪法以及国际人权文书所确

[①] 本部分内容系参考韩大元、莫纪宏：《外国宪法判例》，"生计保护标准与生存权"（韩大元撰写），中国人民大学出版社2005年版，第299~301页。

认。宪法权利不过是人权的法律化，而人权的普遍性是建立在人性的共同基础之上的。①
从上述标准出发，有研究者提出我国宪法上未列举权利包括：生命权、隐私权、知情权、
健康权、环境权、获得公正审判的权利等。② 另有研究者同时提出，思想（良心）自由
权、罢工权、居住迁徙自由、发展权等，也属于我国宪法未列举权利。③ 下面，略择其要
者，叙述一二。

一、良心自由

（一）良心自由概述

1. 良心自由的概念

良心自由，也称良知自由。所谓良心，有学者下定义为："人们对自己行为的是非、
善恶和应负的道德责任的自觉意识。"④ 也有学者从宪法角度指出："在内心的想法或看
法中，具有伦理性的是良心，除此之外的是思想。"⑤ 因此，良心更倾向于内心的道德判
断。至于良心自由，是指公民有以内心的道德观独立判断是非善恶，并指导自身行为的自
由。良心只止于内心的思想活动是没有意义的，只有以良心指导行为才能彰显道德判断的
根本价值。它包含两方面的内容，其一是，独立以自己的道德观形成是非善恶判断；其二
是，有以道德判断指导自身行为的自由。⑥

2. 良心自由的宪法保护

良心自由是世界各国所保护的人的基本权利，后经国际人权文书的广泛规定，已经成
为普世性的人权，并且受到绝对保护。所谓绝对保护，是指人无论处于何种境况，其内在
的良心都是自由的。德国《基本法》第 4 条规定："一、信仰和良心自由、宗教和世界观
信奉自由不可侵犯；二、保证宗教活动不受妨碍；三、任何人不得被迫违背其良心，武装
服事战争勤务，其细则由联邦法律定之。"日本《宪法》第 19 条规定："思想及良心自
由，不得侵犯。"日本宪法学者解释"不得侵犯"意味着人不论具有何种程度的思想及良
心，都是自由的，国家对此或加以限制或禁止都是不允许的。思想和良心的自由既然包括
沉默的自由，强制公开思想和良心也是不允许的。⑦ 韩国《宪法》第 19 条规定"任何国
民有凭良心处事的自由"。

据对世界 142 部成文宪法的统计，有 18 部宪法规定了观点自由，22 部宪法规定了思
想自由，16 部宪法同时规定了观点自由和思想自由。⑧ 大部分国家宪法都没有规定良心

---

① 参见王广辉：《论宪法未列举权利》，载《法商研究》2007 年第 5 期。
② 张卓明：《中国的未列举权利》，载《法学研究》2014 年第 1 期。
③ 屠振宇：《未列举基本权利的认定方法》，载《法学》2007 年第 9 期。
④ 夏征农：《辞海·缩印本》，上海辞书出版社 2000 年版，第 2333 页。
⑤ ［日］宫泽俊义：《日本国宪法精解》，董璠舆译，中国民主法制出版社 1990 年版，第 204 页。
⑥ 杜文勇：《认真对待"良心自由"》，载《河北法学》2010 年第 5 期。
⑦ ［日］宫泽俊义：《日本国宪法精解》，董璠舆译，中国民主法制出版社 1990 年版，第 204 页。
⑧ ［荷］亨利·范·马尔赛文、格尔·范·德·唐：《成文宪法的比较研究》，陈云生译，华夏出
版社 1987 年版，第 149 页。

自由。原因是，良心是人固有的本性，即人的思考内容是不能获知的，没有必要规定良心自由。"若思想仅止于内心，由外部无从认识，故不成为法所规制的对象。"① 但当思想或良心表现于外部行为，比如言论、宗教活动等，就可能成为法律限制的对象。

受世界人权进步运动的影响，国际公约和区域性人权公约都非常明确地规定了良心自由，并要求国家给予绝对保护。《世界人权宣言》第 1 条规定："人人生而自由，在尊严和权利上一律平等。他们富有理性和良心，并应以兄弟关系的精神相对待。"《公民权利和政治权利国际公约》第 18 条第 1 款规定："人人有思想、良心和宗教自由的权利。此项权利包括改变他的宗教或信仰的自由，以及单独或集体、公开或秘密地以礼拜、戒律、实践和教义来表明他的宗教或信仰的自由。"《欧洲保护人权和基本自由公约》第 9 条规定："（一）人人都有思想、良心和宗教信仰自由的权利。"1969 年《美洲人权公约》第 12 条规定："人人都有权享有良心和宗教的自由，此种权利包括保持或改变个人的宗教或信仰的自由，以及每个人单独地或和其他人在一起，公开地或私下里宣称信奉或传播自己的宗教或信仰的自由。"

3. 良心自由的宪法地位及意义

人的独立自主是现代社会区别于古代社会的标志性特征。这种独立性突出的表现为人具有良心自由。良心自由遂成为近代自由权利体系的核心，其地位具体体现为②：

首先，在宪法上，良心自由是和人的尊严紧密相关的权利，是人的尊严的直接体现。现代宪法观将宪法上基本权利看作是以人的尊严为基础的一套价值秩序。如德国《基本法》第 1 条规定：人的尊严不可侵害，对其尊重与保护为国家各权力的义务。对人的尊严，其含义最妥当的解释体现在康德"人即目的本身"的人性观中。康德以人类理性本质，深化人性尊严，并以道德上自治为重要的准则。尊重人的道德自治从根本上，就是尊重人内心的道德判断以及道德乃至宗教信仰。

其次，良心自由是近代自由权利体系的价值核心。良心自由是自由权利体系的逻辑起点。个人首先是感到了内心的独立性才会产生外在自由权的要求。良心的自由，必然要求思想和信仰的自由，它要求内心的思考和信仰以及行为服从这个最高的"超我"，而不是外在的命令。人有独立的思想，必然要表达于外，因此，良心自由，也要求言论自由、表达自由和结社自由等权利。良心自由是所有自由权利的起点，其逻辑的展开即是近代宪法所保障的自由权体系。

最后，良心自由作为宪法权利，不能任意受到法律的限制。个人的良心判断，与法律的要求，总是存在相互冲突的场合。这时候并不能当然认为个人必须服从于法律，从而导出宪法上公民不服从的正当性抗争，即公民出于良心自由对善恶的判断，对不正义的法律，选择不配合不服从并心甘情愿接受法律的惩罚。在德国宪法学理论中，对于良心自由这类宪法未加限制的权利，法律不能限制之。除非其与宪法的基本价值冲突，才能加以限制，限制的理由仅限于人的尊严、社会的根本秩序以及其他人的重要权利几项。

---

① ［日］阿部照哉：《宪法·基本人权篇》，周宗宪译，中国政法大学出版社 2006 年版，第 130 页。

② 参见陈斯彬：《论宪法上的良心和宗教自由》，载《青岛农业大学学报》2007 年第 2 期。

（二）案（事）例述评

1. 威尔逊诉美国，良心反战案

1970 年的威尔逊诉美国案（Welsh v. United States）① 的主角是当年 28 岁的期货经纪人，住在洛杉矶的威尔逊先生（Elliot·Welsh）。1964 年，他以良心反战的理由，申请免服军役。在申请表中，他将是否有"宗教教育"的一栏划掉，以表明自己的反战是基于较广的历史、哲学、社会的理由。由于他没有填写宗教理由，因此所提出的申请遭到驳回，而他的拒绝征召，也使他被判三年有期徒刑。当此案到达最高法院时，最高法院以5：3的多数裁定威尔逊是一位良心反战者，可以免除军役。

2. 案例评析

（1）从西格案到威尔逊案，主观功能论的宪法判断标准。威尔逊一案与此前美国联邦最高法院处理过的西格案高度相似，最后的裁判结果也遵从了西格案的审查标准。这里，首先介绍与威尔逊案高度相似的先例——西格案。

西格是贵格会的信徒。当纽约州昆斯区地方征兵委员会征召其服兵役时，他申请免服兵役，理由是：他虔诚地相信善行和美德以及他对于伦理信条和宗教的信仰。美国有允许由于宗教信仰原因免服兵役的传统。根据 1948 年联邦《普遍军事训练和服役法》（以下简称《服役法》）第 6 款（J）之规定，"由于其宗教训练和信仰的原因而认真地反对参加任何形式的战争"的人，可以免受战斗训练和免服兵役。该法给"宗教训练和信仰"下的定义是："个人的信仰把他对超自然神灵（Supreme Being）的义务看得高于人的关系产生的义务，但（不包括）本质上是政治的、社会学的或哲学的观点或仅属个人的道德准则。"因此，该法要求，因宗教信仰而拒服兵役者必须宣誓自己信仰上帝。但是西格在回答地方征兵委员会关于他是否信仰上帝的询问时对上帝是否存在表示了怀疑，他没有作出肯定的答复。但他指出，怀疑或不相信上帝存在，并不意味着对什么都不信仰。他声明自己的宗教信仰就是相信纯理论的信条。征兵委员会以他的申请不属于法律要求"对于上帝的信仰"而拒绝其免服兵役。历经多次诉讼，最高法院最后判决西格有资格免服兵役。②

在该案中，联邦最高法院认为宗教的定义并不能等同于信仰上帝。宗教包括任何"诚挚与有意义的"信念。一个基于良心的反战抗议者，即使其对上帝之存在有所怀疑，但仍能"自我信仰并献身于美德，以及纯粹基于伦理信条的宗教信念"。在这样的定义下，诚挚的道德信念（非神学）也可能成为可豁免于兵役义务的"宗教信仰"。③ 大法官沃伦指出："我不知道怎样去确定'上帝'的内涵，法官们也许不该去做这种事。"④ 就此，联邦最高法院提出一项标准以判断西格提出的宗教信仰是否符合《服役法》所规定

---

① Welsh v. United States, 398 U.S. 333 (1970).

② 综合整理自李道揆：《美国政府和美国政治》（下册），商务印书馆 2004 年版，第 679 页；胡建淼：《外国宪法案例及评述》（上册），北京大学出版社 2004 年版，第 253~254 页。

③ 参见廖元豪：《宪法宗教自由之意义、体系与价值》，载《月旦法学教室》2006 年第 6 期。

④ 胡建淼：《外国宪法案例及评述》（上册），北京大学出版社 2004 年版，第 255 页。

的"宗教"，标准的内容为：它是否"一个真诚的和具有意义的信仰，并且此宣称的信仰在这位反战者生命中所占有的地位，与那些明显有免于服役资格者对上帝的传统信仰所占有的部分是对等的"①。

从西格案开始，最高法院形成了一种主观功能论的判断取向：对于系争的信念，即便是无神论的信念，只要该信念在该持有者的生活中占有与传统信仰平等的地位并达到效果，则应将其解释为法律上所言之"宗教上的信念"。

回到威尔逊案，联邦最高法院对此案仍援引了西格案的判断标准，认为"西格和威尔逊在申请书中确认他们所持有的深沉的良心上的顾忌抗拒参加杀伤的战争。他们都强烈相信在战争中杀人是错误、违反伦理和道德的，进而他们的良心禁止他们参与此类邪恶的行径"②。大法官布莱克进一步申论："若一个人深刻而认真地抱持无论来源、内容都纯粹是伦理或道德的信仰，而该信仰课予其在任何时候拒绝参加任何战争的良心上责任，则该信仰当然在其生命中发挥如同传统宗教之作用，其当然有权主张因良心上之宗教理由反对战争而豁免于兵役义务。"法院提出判断该案的关键是："不论申请者的信仰是否宗教，而是看该信仰是否如宗教般在申请者的人生中扮演了宗教的地位和功能。"③

从西格案到威尔逊案，联邦最高法院形成的主观功能论的标准，基本上视宗教或信仰为近似于个人宣示之立场。其具体审查内容，可简述为：①个人主观上相信的事物是否处于个人信仰的中坚位置；②个人的诚挚性乃是一项原则性要求；③个人之信仰系统在个人人生中是否起到如同（传统）宗教的功能。这种偏重功能效果的导向，的确扩张了美国宪法上宗教自由的保障范围，使其延展到个人的良心自由，尽管美国宪法没有明文规定良心自由，但借助联邦最高法院的先例，良心自由也得到了与宗教自由同等程度的保护。

（2）对联邦最高法院主观功能论的批评。在研究联邦最高法院判例的学者中，对主观功能论的批评，一直不绝如缕。首先，批评者认为该标准乃是一种重复。为了知道所提出的信仰是否在声称者人生中起到宗教一样的角色和功能，我们首先需要知道什么是宗教。其次，该标准会出现过分包容的危险。几乎任何一种在个人生活中占据中心位置的信念都可能被包括进去。宗教和非宗教之间的界限有可能被抹去。最后，主观功能论的一个明显缺陷是对"诚挚"的强调。证明某某是真诚的，其困难显而易见。联邦最高法院在西格案中承认诚挚与否是一个"必须在个案中加以解决的问题，无疑，它是一个事实问题"④。实际上，良心自由、宗教自由的诉求者几乎无一例外地告知法庭他们的信仰是诚挚的。对此，澳大利亚的沃伊切赫教授直言，对诚挚的要求，"在本质上与对个人心智状态的司法审查并无区别"⑤。

（3）对主观功能论的修正完善。在遭遇到种种批评后，在之后的案件中，美国联邦最高法院一改之前对宗教信仰的宽松解释，转向较为严谨的观点。以 Gillette v. United

---

①　United States v. Seeger, 380 U.S. 163, 184 (1965).

②　Welsh v. United States, 398 U.S. 337 (1970).

③　Ibid, at 340.

④　United States v. Seeger, 380 U.S. 163, 185 (1965).

⑤　Sadurski Wojciech, On Legal Definition of "Religion", Australian Law Journal 63 (1989), p. 836.

States 一案为例，本案当事人为一天主教徒，他的"人文主义宗教信仰"使他拒绝参战，不过他表示仅仅是拒绝参加越战。他说他愿意参加保卫国家的战争，或在联合国号召下为和平而战，或为正义而战，于是产生了拒绝参战能否"选择"的问题。联邦最高法院否认了他的良心反战者的身份，认为他不是反对所有的战争，而只是反对越战而已。这种"选择性的良心反战"是不能被接受的。依照《兵役法》的规定，拒绝参战不得选择，这一规定既无差别待遇，也维持中立原则，并不违宪。① 等于说，在此案中，最高法院对宗教信仰的判断实际上要回到《兵役法》的规定。在威尔逊案之前，国会因不满最高法院在西格案中的宽松解释，修正了《服役法》，将"宗教教育与信仰"重新定义为"不涵盖基本上是属于政治、社会、或哲学的观点，或是个人的一个道德清规"②。

在经历过多个涉及良心和宗教概念的宪法诉讼后，联邦最高法院也在不断调整主观功能论这一判断标准，如今，美国宪法学界认为，联邦最高法院在良心自由、宗教自由争议问题上采取的是一种修正过的主观功能主义标准。该标准包含四个要点：①必须存在对上帝（天父、造物主）的信仰或者个人拥有在其生命中居于中心地位的对等信仰；②该宗教必须包含高越于个人信念之上的道德准则；③必须有某种联系的纽带，群体的人们依赖共同的信念汇聚在一处；④该信仰必须是诚挚的。

修正后的主观功能主义保留了原来主观功能论中的"同等、对等信仰"和"诚挚的信仰"因素，又融合了传统宗教所包含的道德准则和组织因素。它可以视为联邦最高法院在信仰这个问题上与社会和立法机关相互妥协的结果。一方面，宗教多元化、信仰多样化的时代下，新兴宗教及信仰层出不穷，宗教的传统概念遭到挑战，法院若坚持对信仰下定义，无异于成为新的"宗教裁判所"，法院既无能力也不应当对信念频繁作出判断；另一方面，在涉及信念的案件中，当法院不得不对信念作出判断时，修正过的主观功能论又能最大限度地反映了各方的诉求，使得对信念（良心、宗教、信仰）的解释，既避免了过分宽纵，又为美国宪法上未明文规定的良心自由，提供了必要的保障。

（三）问题思考

1. 简述良心自由的概念。
2. 简述保障良心自由的宪法意义。
3. 简述美国联邦最高法院在审理威尔逊案中，所适用的主观功能论的内容。
4. 主观功能论的判断标准，在处理信念、宗教或信仰问题时，存在哪些缺陷？

二、隐私权

（一）隐私权概述

1. 隐私权的概念

何谓隐私，对其内涵的解释，观点纷纭。在美国，一般认为侵害隐私权的主要有四

---

① 参见陆润康：《美国联邦宪法论》，书海出版社 2003 年版，第 324 页。

② Welsh v. United States, 398 U. S. 333, 336 (1970).

种情形：侵入秘密、窃用姓名或肖像、公开私生活和公开他人的不实形象。由此，个人秘密、姓名、肖像、私生活、不实形象等被认为属于隐私。在德国，有学者认为，隐私即个人秘密，泛指一切关于个人的事实和事件的知识，这些知识仅限于某个特定范围内的人所知道，并根据客观上应承认的利益和相关人真实或可推知的意思，对这些知识不应做进一步传播。在法国，有人认为，隐私，就是私生活，包括个人的那些不属于公共生活的全部内容。在日本，有学者认为，隐私是保护免遭他人侵犯的私生活和私事。① 在这里，我们认为，所谓隐私，是指公民的私生活安宁和与公共利益无涉的、不愿向社会公开的个人的私密空间、私密活动和私密信息。隐私的本质是隐含在这些载体中的与公共利益无涉的私人信息。原则上，凡是主体不愿意向社会公开的与公共利益无关的个人私生活信息，都属于隐私的范畴。从根本意义上说，法律上的隐私，本身即一种法律关系。它意味着法律在个人与他人之间划出了一条界线，凡属于界线之内的、与公共利益无涉的私人信息，他人不得擅自闯入，即不得擅自刺探、公开、传播、利用该个人信息等，否则就是对个人隐私利益的侵犯；反之，个人可以自由支配的领域也只能在法定界线之内，一旦越界，法律就不再给予保护。② 从上述本质出发，所谓隐私权，即对个人领域内与公共利益无涉的私人事务之控制权。此为最宽泛之隐私权概念，以为隐私利益提供最广泛保障。

2. 作为宪法权利的隐私权

隐私的观念，既是个人主义思想的一种体现，也是自由主义思想的一种表达。个人主义和自由主义强调个人应当受到最高的尊重，并在社会生活中享受一切基本权利。其最终的目的乃是对抗公共权力以求得自主和自由的私人生活。它奠基于社会生活中公共领域和私人领域的现实分离和制度保障之中。个人主义以个人为中心，是为了维护个人在私人领域里的自由；自由主义以自由为中心，同样是为了维护私人领域内的自由的个人。因此，隐私权从民事权利上升为宪法权利，其基础是公共领域与私人领域分离的社会思想。保护隐私的要求就是公民防止政府无端干预私人生活的一种具体而正当的权利要求。尤其进入信息化时代后，大部分的个人资料都已经被电子化，而被广泛频繁地适用于政府机关和大企业中，身为电子信息客体的个人，却无从得知这些资料会被如何利用。政府权力介入私人领域给隐私权带来危机。人们已经认识到，"没有隐私，我们的生活就会受到更多的控制，我们作为人的尊严就会受到贬低或损害"。③ 宪法隐私权的独特之处即在于其目的是要在个人与国家之间设立一道屏障来保护个人的自由。

3. 隐私权的内容

诚如前述，现代社会的发展使隐私权上升为一种宪法权利，以保障个人私生活免受国家权力的介入进而保持个人自由。宪法上隐私权是公共领域与私人领域分离的产物，它既保护个人私生活、家庭、住宅、通信自由及秘密和个人数据资料，也保护个人合理期待的

---

① 相关内容系参考刘德良：《论隐私权》，载《新疆大学学报（社科版）》2003年第2期。

② 刘德良：《论隐私权》，载《新疆大学学报（社科版）》2003年第2期。

③ ［美］罗伯特·波斯特：《隐私与法律：捍卫公民权》，载《国外社会科学文摘》2001年第3期。

一切隐私利益。一般认为，宪法隐私权的内容包括①：

（1）个人空间隐私权。所谓"个人空间"，是指个人希望保有的空间或者希望与他人之间保持的距离。这一空间不限于物理空间，也包含权利人在心理上不容侵入的空间。

①个人物理空间隐私权。公民个人对其住宅、住所和身体，有不受干预，充分享受生活宁静和安全的权利。

②个人心理空间隐私权。物理空间是个人生活和行动的外在场所，但个人不仅需要物理空间，还需要内在的精神世界，除了对于物理空间的侵扰会影响个人生活的宁静和私密外，对于个人精神上的侵扰也会构成隐私权的侵害。比如，强迫性的收听就构成对个人内心宁静的侵扰，也是对于个人讯息接受控制权的侵害。美国联邦最高法院曾在1949年的Kovacs v. Cooper一案中，支持了Trenton市禁止以车上扩音器在街上播送的法规。法院判决表示，居民对于扩音器的干扰无法逃避，必须依赖政府的保护。

（2）个人信息控制权，包括以下内容：

①个人信息隐私权。美国1974年《隐私权法》将"个人信息"定义为："行政机关根据公民的姓名或其他标识而记载的一项或一组信息"。其中"其他标识"包括别名、相片、指纹、社会保障号码、护照号码、汽车执照号码，以及其他一切能够用于识别某一特定个人的标识。

②个人通讯秘密权。所谓个人通讯秘密权，是指权利主体有权对个人信件、电报、电话、传真及谈话内容加以保密，禁止他人非法窃听或窃取。

（3）个人生活自主权。宪法上的隐私权最初聚焦于个人信息的不当揭露和非法搜查扣押问题，但自1965年美国Griswold v. Connecticut案开始，隐私权的内容扩展到对"个人自主自治"的保障。

①婚姻生活隐私权。婚姻内部的生活属于完全的个人私密空间。对婚姻生活的保护既是对个人权利的保护，也是保护家庭制度和由此建立的社会关系。

②生育自由权。通过1973年的罗伊诉韦德案，美国联邦最高法院肯定已婚夫妻是由两个具有分离思想和感情组成的个人。如果隐私权具有意义，它必然是个人权利，不论结婚还是单身；对于决定是否生育孩子这一影响个人的根本问题，个人有不受政府侵犯的自由。②

③个人生活自主权。"个人自主"意味着个人的思想和行为属于自己，并不受制于他所不能控制的力量或原因。③ 个人生活的自主权，是指个人对于自己的身体、形象、信息与生活等方面，拥有可以排除国家或他人监视乃至干涉的权利，因此私人性质的并且不会影响到他人权益或公共秩序的行为，原则上国家应采取自制态度，宽容个人有其自由的空间。

---

①　王琼雯：《宪法隐私权的历史考察及价值溯源》，载范忠信、陈景良主编：《中西法律传统·第四卷》，中国政法大学出版社2004年版，第96~101页。

②　张千帆：《西方宪政体系——美国宪法》，中国政法大学出版社2001年版，第250页。

③　[英]卢克斯：《个人主义》，阎克文译，江苏人民出版社2001年版，第49页。

4. 隐私权的特征

（1）隐私权主体的单一性。隐私权的主体只能是自然人、法人和其他组织不享有隐私权。隐私权的提出，是为了对抗政府对个人私生活的干预，以维护人的尊严。法人和其他组织不是生命体，没有感情和私人生活，也不会感受到隐私受到侵犯带来的精神痛苦。虽然法人和其他组织有属于自身的秘密，但这些秘密属于商业秘密，并不是隐私，它体现的是一种经济利益而不是人格利益。同时隐私权的主体只能是生存的自然人，不包括死者。因为死者不享有任何权利能力，自然包括隐私权。

（2）隐私权客体的私密性。隐私权的客体包括私人活动、个人信息和个人领域。私人活动是一切与公共利益无关的活动。个人信息，也称个人情报资料、个人资讯。包括个人身高、体重、病历、身体缺陷、财产状况等。个人领域，也称私人空间，是指个人的隐秘范围，如个人居所、旅客行李、随身包袋等，均为个人领域。

（3）隐私权范围等可克减性。即隐私权的保护范围受到公共利益的限制。当隐私权与公共利益发生冲突时，应当依公共利益的要求进行调整。例如，涉嫌贪污、受贿等廉洁犯罪时，个人的财产状况就必须接受调查。任何个人隐私都必须局限在合法的、合乎公共道德准则和社会需要的范围内。一般来说，在下列情况下，公开他人的隐私不构成对隐私权的侵害：①为社会公共利益和国家利益的需要而公开他人的私领域。例如，政府官员应受人民的监督，了解官员的品行和财产收入情况，不构成侵犯隐私权。②为了维护自身或他人权利的需要而在必要范围内了解或公开他人的隐私。例如，非婚生子女为调查自己的生父母情况而向知情人了解相关信息。本例中，知情人的披露和有关人员的询问调查是维护公民个人权利和正当利益所必要的，不构成对隐私权的侵犯。①

（二）案（事）例述评

1. 罗伊诉韦德案

杰恩·罗伊（Jane Roe）是一位居住在美国得克萨斯州（以下简称"德州"）达拉斯市的一位单身女性，未婚先孕。1970 年她想在德州做堕胎手术，但在当时，德州的法律规定：除非为了保护孕妇的生命，州内任何人不得堕胎或协助他人堕胎。罗伊因为无力负担而去其他允许堕胎地区进行手术的费用，于是她和其他人一起向德州限制堕胎的法律提出了挑战。被告韦德（Wade）是德州达拉斯市的首席检察官。罗伊主张：德州禁止堕胎的法律是违宪的，侵犯其由美国宪法第一、第四、第五、第九和第十四修正案所保护的个人隐私权。她认为：孕妇有权单独决定在什么时间，以什么方式，为何种理由而终止妊娠。德州的法律剥夺了她的选择权，因而侵害了她受美国宪法保护的隐私权。她要代表自己以及所有其他有类似情况的女性提起诉讼。德州政府为此辩称：生命始于受孕而存在于整个妊娠期间，因此，在妇女妊娠全过程，都存在着保护生命这一国家利益；美国宪法所称之"人"包含胎儿在内，非经正当法律程序而剥夺胎儿生命的行为为美国联邦宪法第十四修正案所禁止。

---

① 徐德刚、雷钧惠：《论隐私权在宪法中的价值定位》，载《湖南科技大学学报（社科版）》2009 年第 2 期。

该案最终上诉至联邦最高法院。1973 年，联邦最高法院以 7∶2 的多数意见裁定：德州禁止堕胎的法律规定过于宽泛地限制了妇女的选择权，侵犯了美国宪法第十四修正案的正当程序条款所保护的个人自由，构成违宪。

美国宪法第九修正案规定：本宪法对某些权利的列举，不得被解释为否定或轻视由人民保留的其他权利。美国宪法第十四修正案第 1 款规定：所有在合众国出生或归化合众国并受其管辖的人，都是合众国的和他们居住州的公民。任何一州，都不得制定或实施限制合众国公民的特权或豁免权的任何法律；不经正当法律程序，不得剥夺任何人的生命、自由或财产；在州管辖范围内，也不得拒绝给予任何人以平等法律保护。

2. 案例评析

（1）宪法第十四修正案的正当程序条款对隐私权的保护是否包括妇女堕胎的权利？

对于原被告双方都非常关心的问题——隐私权的范围是否包括妇女选择堕胎的权利——多数派的主笔大法官布莱克门（Blackmum）给出了肯定的判断。"隐私权……是宽泛的，足以包含妇女是否终止妊娠的决定。"尽管宪法没有明文提到"隐私权"，但是，无论是权利法案提供的特定保障、第九修正案确认的"人民保留的权利"，还是第十四修正案确认的未经正当法律程序不可剥夺的个人"自由"都隐含着隐私权的宪法保护。只有个人权利才是宪法所称的"基本权利""法定自由"，个人隐私属于基本权利或者法定自由的范围。关于"基本权利"保护的司法规则是：限制基本权利的法律违反宪法，除非限制是为了维护不可抗拒的国家利益，而限制措施又没有超出所必需的限度。法院审查限制"基本权利"的法律，不仅审查限制性规范与立法目的之关联性和必要性，而且审查立法目的本身的正当性。德州法律拒绝孕妇的选择权，不仅给孕妇造成显而易见的身心损害，也给"违愿降生的子女及其家庭成员带来沮丧和苦恼，故侵犯了妇女受到宪法保护的基本权利"。

（2）宪法未列举权利与权利的"伴影理论"。尽管布莱克门在罗伊诉韦德案中将妇女选择堕胎的权利归入隐私权的范围，但美国宪法并未明文规定何为隐私权，于是他的解释根据主要来自"未列举权利"理论。这一理论最早出现于 1965 年格里斯沃尔德诉康涅狄格州（Griswold v. Connecticut）一案中。在该案中，代表法院发表判决意见的道格拉斯大法官借由权利的"伴影理论"来论证宪法保护公民的隐私权。《美国联邦宪法》第九修正案规定：本宪法列决之若干权利不得解释为人民保有之其他权利可被否定或轻忽。就此出发，他论证道：宪法中存了那些明确列举出来的加以保护的权利之外，尚存在一些未被明确列举出来的权利，这些权利对于实现和保护那些已经被列举出来的权利也是十分重要的。以宪法第一修正案为例，"言论和出版自由的权利，不仅仅包括说话或印刷权利，而且包括传播、接受、阅读权利和探询、思考、教学自由。没有这些辅助权利，特定权利就不可靠"。道格拉斯大法官还进一步解释道：在"协会成员名单案"，我们基于结社自由是第一修正案的辅助权利，保护了结社自由及协会内部的隐私，并判决合宪团体公布成员名单的要求无效。换言之，第一修正案具有一个"伴影"，其中隐私权受到免受政府侵犯的保护。道格拉斯大法官有名言云："明确规定的权利……之外有一个模糊的区域，由这些明确规定的权利的散射形成，它们有助于赋予这些明确规定的权利以生命和血肉。"正如大法官早先发现的，《美国联邦宪法》第一修正案规定的言论自由权蕴含了"结社自由权"这一项扩展的权利，并且他推论，《美国联邦宪法》第一、第三、第四、第五和第九修正案也暗含了"隐私权领域"。

从案例演化的历程来看，起初，联邦最高法院将隐私权的范围拓展到婚姻问题（如道格拉斯大法官所做的），继而在罗伊诉韦德案中，布莱克门大法官则进一步将隐私权拓展到堕胎问题上——如他所言："隐私权是包含在宪法第九修正案'为人民保有之其他权利'之中的，而这项权利也包括了一个女性可以自行决定是否终止妊娠的权利。"在美国，隐私权这一宪法未列举权利，其依据乃是《美国联邦宪法》第九修正案，而使之实体化并提供司法保护的途径则是《美国联邦宪法》第十四修正案第一款。大法官们的工作（宪法解释）一方面丰富了"未列举权利"的宪法理论，使得宪法第九修正案活性化，不至于成为无法适用的僵死条款，同时，又使得隐私权这项权利成为一般化的基本权利，不再束之高阁而是可以实际诉求的人权。如是，宪法权利的实效性与司法机关对宪法的解释和适用有着十分紧要密切的联系。①

（3）罗伊诉韦德案之后续影响。宪法学者莫纪宏评价该案为"罗伊诉韦德案是美国联邦最高法院违宪审查史上争议最大、对社会产生影响最广的案件"。从对宪法权利的影响而言，最高法院通过宪法解释的手段创造性地将"隐私权"解释成为一种由联邦宪法所包含的基本权利，开拓了权利一般化的道路。它对美国的违宪审查和宪法解释的实践起到了巨大的推动作用。从该案对美国社会的影响来说，由于最高法院在判决中支持了罗伊的诉讼请求，该判决的作出直接导致美国社会在人工流产问题上分裂为两派——拥护生命派（禁止人工流产）和拥护选择派（同意人工流产），人工流产问题成为一项感情色彩强烈的政治问题。一直以来，拥护生命派想要通过修改宪法或议会立法方式推翻罗伊诉韦德一案的判决，但都没有成功。②

该案不仅在美国有着广泛深远的影响，而且对亚洲国家尤其日本也产生了重大影响，改变了日本司法界的观念。早在 20 世纪 30 年代，日本首次接触了渊源自美国的隐私权概念。50 年代后期，日本司法界开始关注和发展了信息隐私权。1964 年，以"《盛宴之后》"判决为鲜明标志，③日本掀起了隐私权讨论的高潮。该案审理法院——东京地方法院的判断思路是将隐私权定位于人格权，认为隐私权是"不随便公开个人和生活的权利""个人尊严这一思想是近代法的根本性理念之一，也是日本宪法所立足之处。只有相互的人格得到尊重，自我受到保护而不受不当的干涉，这一思路才能确定的东西……它不允许毫无理由地公开他人的私事。""《盛宴之后》案"的判决虽然没有直接引用日本《宪法》的条文，但是使用了"日本国宪法""个人尊严""追求幸福生活"等用语。可

---

①　本部分内容系参考梁洪霞：《世界各国宪法经典案例评析》，中国人民大学出版社 2018 年版，第 19~25 页。

②　参见韩大元、莫纪宏：《外国宪法判例》，中国人民大学出版社 2005 年版，第 135~138 页。

③　《盛宴之后》是一本由日本小说家三岛由纪夫撰写的小说，该小说曾在 1960 年 1 月至 10 月的《中央公论》上连载。该案原告田八郎（原外务大臣，1959 年参选东京都知事失败）认为：被告三岛由纪夫以原告为原型创作了小说《盛宴之后》，并采用"偷窥"式写法描写了其私生活场面，侵犯了其隐私权。1964 年 9 月，东京地方法院在判决中承认隐私权是"不随便公开个人私生活的权利"，并判决作者侵犯了原告的隐私权，命令其支付原告 80 万日元损害赔偿。

以说在事实上暗示了法院试图将宪法第十三条后一段"追求幸福权"视为判决的依据。如是，以该判决为契机，隐私权作为私法上的权利首次在日本得到了确认。①

（三）问题思考

1. 在我国，隐私权的保护内容应当包括哪些？
2. 简述隐私权的特征。
3. 在何种情况下，公开他人的隐私不构成对隐私权的侵害？
4. 在隐私权尚缺乏宪法依据的制约条件下，如何提高我国隐私权的保护力度？

三、环境权

（一）环境权概述

1. 环境权的概念

所谓环境权，一般是指公民享受和支配良好的环境或要求恢复和保全健康并舒适的环境的权利。现代宪法学中存在两种不同的环境权概念。第一种是属于第三代人权中的环境权概念，它可追溯至 1972 年 6 月联合国召开的人类环境会议所通过的《斯德哥尔摩人类环境宣言》，其中宣告："人类有权在一种能够过尊严的和福利的生活环境中，享有自由、平等和充足的生活条件的基本权利，并且负有保证和改善这一代和将来的世世代代的环境的庄严责任。"这一内容堪称第三代人权——环境权的经典定义。其规范依据主要来自国际人权保障规范。第二种则是国内法意义上的环境权概念，其规范依据首推各国宪法。②截至 2017 年，在联合国 192 个会员国中，有 86 个国家的宪法对环境权作出了明文规定。如《巴西联邦共和国宪法》第 225 条规定："每个人都有权享有一个生态平衡的环境，这是供公共使用并且对健康生活的质量非常重要的财产，政府和公众有义务为当代和未来世代的人保护环境。"《西班牙王国宪法》第 45 条第 1 款规定："所有人有权利享受始于人发展的环境，并有义务保护环境"；1987 年修正后的《大韩民国宪法》第 35 条规定："（一）全体国民均享有在健康、舒适环境中生活的权利。国家和国民应努力保护环境。（二）环境权的内容和行使由法律规定。"2013 年越南新宪法是亚洲国家中确认宪法环境权的最新范例。其第 43 条规定："每个人都有生活在洁净环境中的权利并有保护环境的义务。"③

2. 环境权的特征

（1）环境权是新兴的基本人权。在人类改造利用自然的早期，由于生产力水平低下，环境问题并未直接挑战人的生存。"二战"之后，环境问题成为压抑人类生存的重大问

---

① 参见［日］藤仓皓一郎：《英美判例百选》，段匡、杨永庄译，北京大学出版社 2005 年版，第 166~170 页。

② 林来梵：《从宪法规范到规范宪法》，法律出版社 2001 年版，第 237~238 页。

③ 参见吴卫星：《宪法环境权条款的实证考察》，载《南京工业大学学报（社科版）》2017 年第 4 期。

题，从根本上影响到人类第一代、第二代人权的享有，而已经建立的私法和公法制度对此无能为力。环境问题在道德上和法律上对人类提出了新的挑战，环境权具有了成为人权的可能性。在道德上，环境权要求重新认识人与自然的关系并确认人对环境的应有权利；在法律上，则表现为提出人权诉求，即不仅要求各国在主权范围内尊重国民享有的清洁、健康环境的权利，也要求国际社会通过共同努力来保护和改善环境。

（2）环境权是具有特定内涵的独立法律权利。首先，环境权具有保护自然环境的生态属性。环境权是为了应对环境问题产生的新的权利诉求，其对象是影响人类生存和发展的各种天然的和经过人工改造的自然因素的总体，具体包括：环境要素、自然生态系统和生态系统服务功能，①不是传统意义上的"物"或"财产"。环境权中虽有"自然环境利用权"，但已经不是传统财产权意义上的开发利用，而是对自然环境空间、自然环境容量等生态环境服务功能等利用。其次，环境权与生存权、健康权具有不同内涵。作为二代人权核心的生存权，的确赋予了公民对国家的给付请求权，但这种请求权被明确限定于"最低限度的生存保障"——足够的食物、营养、衣着、住房和在需要时得到必要照顾，是人的社会性生存的最低保障，与公民在"人—自然环境"关系中的"生物性生存"需求无关。并且生存权保障在现有权利体系中，以损害救济或社会秩序维护为目标，目的在于确保危险或损害不发生，与环境权的"积极预防"功能相悖。尽管健康权与环境权有一定的重叠，但此"健康"非彼"健康"。健康权要求政府创造条件确保国民获得卫生服务、健康和安全的工作条件，获得适足的住房和有营养的食物，尽可能提高人的生理和心理健康水平。其本质与生存权一样，具有消极防御功能，属于传统人权范畴。无论如何扩大"健康权"的内涵，都依然限于人体的健康影响范围，无法将环境带来的健康风险纳入其中。②

（3）环境权具有权利义务复合性。所谓环境权的权利义务复合性，是指环境权既是权利，也是义务。权利的基本特征之一是可以放弃，如果公民放弃环境权，于他而言是可以忍受糟糕恶劣的环境，但由于环境资源的公共性与环境权利的共享性，这种放弃行为又会对生活在该环境下的他人造成损害，因此，环境权不仅意味着每个人有资格在良好的环境中生存，同时也包含了不去破坏人类自身的生存环境。因此，人们虽然依赖于国家和社会积极保护环境不被破坏，同时，每个人也要约束自身利用的行为，主动保护环境。从环境权产生的背景来看，当然是由于环境问题的出现而引发。人类生存发展环境的恶化，既有自然的因素，也与人类自身有关，并且人类的影响要更严重。要改变这种状况，就需要对人类自身利用环境资源的行为进行约束，而要达到这样的效果，将保护环境规定为法律上的义务，不啻最佳方式。

从世界范围来看，各国宪法典中的环境权条款也多强调权利与义务的复合性。如2005年通过的法国《环境宪章》，被视为法国宪法的组成部分，该宪章第1条规定："人人都享有在一个平衡和不妨碍健康的环境里生活的权利。"紧接着又在第2条规定："人

---

① 参见吕忠梅：《环境法学概要》，法律出版社2016年版，第2页。

② 吕忠梅：《环境权入宪的理路与设想》，载《法学杂志》2018年第1期。

人都负有义务参与环境的维护和改善。"① 这明确体现了环境权在权利和义务上的双重性。

3. 环境权的内容

环境权的内容，有研究者认为包括生态性权利和经济性权利，前者体现为对一定质量水平环境的享有并于其中生活、生存繁衍，其具体化为生命权、健康权、日照权、通风权、安宁权、清洁空气权、清洁水权、观赏权等。后者表现为对环境资源的开发和利用，其具体化为环境资源权、环境使用权、环境处理权等。② 也有研究者认为，环境权包括环境使用权、知情权、参与权和请求权。③

根据上述，在对环境权内容的描述和分析上，存在着泛化的问题，不是就环境权本身来概括环境权应该包括的内容，而是将环境权理解为与环境有关的一切权利，既有实体权利，也有程序性权利，还有救济性权利。如果这样来理解的话，所有的人权都不可能有其确定的内涵，不仅会给人们的理解带来困难，更会在适用上造成混乱。因此，环境权的内容，应该是生态性的实体权利。④ 这种生态性实体权利，包括两个基本的方面⑤：

（1）在良好的环境中生存的权利。这在有关国家的宪法关于环境权的规定中得到了体现。如俄罗斯 1993 年《宪法》第 42 条规定："人人有权享有良好环境及有关环境状况之可靠资讯，也有权要求因违反环保法律所造成对其健康或财产损害之赔偿。"1995 年通过的芬兰《宪法修正案》第 14a 条规定："政府部门应当确保公民享有健康环境权。"俄罗斯生态法学家叶罗费耶夫认为，良好环境应当理解为其各种参数均符合法律规定的保证保护人的生命和健康、保护植物和动物以及保存遗传基因的各项标准的环境。这些标准包括：有害物质最高容许浓度标准，噪声、振动、磁场和其他有害物理影响最高容许程度标准、辐射影响的最高容许程度标准、自然环境最大容许负荷标准、卫生防护区标准等。⑥ 值得注意的是，良好环境并非完全能够经由人的行为所创造，核心的要求是人对环境资源的利用应当在环境自净能力和生态系统承载能力范围之内，以满足人们的健康、清洁、安全、宁静、生存与发展等各方面的需要，从根本上保持人类与自然界的和谐关系。

（2）环境资源的开发利用权。人的生存除了必须有生命作为载体之外，还需要一定的外部条件的保障。满足人的生存所需要的外部条件是需要经由对环境资源的开发利用来实现的。联合国 1994 年《人权与环境之基本原则草案》第 13 条规定："任何人皆享有基于文化、生态、教育、健康、生活、娱乐、精神或其他之目的，而公平享受因自然资源之保护及永续利用所生利益之权利。"其主要包括土地资源开发利用权、渔业捕捞权、狩猎权、采药权、伐木权、航运权、探矿权、采矿权、放牧权、生态资源收益权、旅游资源开

①　《法国 2004 年环境宪章》，http://www.enlaw.org/flfg/gwfg/200604/t20060404_3719.htm.

②　陈泉生、张梓太：《宪法与行政法的生态化》，法律出版社 2001 年版，第 117 页。

③　吕忠梅：《再论公民环境权》，载《法学研究》2000 年第 6 期。

④　吴卫星：《环境权内容之辨析》，载《法学评论》2005 年第 2 期。

⑤　以下内容系参考王广辉：《人权法学》，清华大学出版社 2015 年版，第 180~181 页。

⑥　王树义：《俄罗斯生态法》，武汉大学出版社 2001 年版，第 186 页。

发利用权等。在环境资源的开发利用权的实现上，应以公平为基本价值。这种公平不仅表现为不同国家、地区的当代人之间，还应该包括当代人与后代人之间，即代际公平，以实现整个人类社会的可持续发展。

（二）案（事）例述评

1. 江苏泰州天价环境公益诉讼案

2012—2013 年，常隆、锦汇等六家公司将生产过程中产生的副产酸等危险废物总计 25934.795 吨，通过买卖合同等方式交给没有危害废物经营许可证的江中公司等企业进行处置，同时还以每吨 20～100 元不等的价格提供补贴。江中公司等企业对这些危险废物未做任何处理，直接将其倾倒进如泰运河、古马干河，造成了严重的环境污染。江中公司等企业负责人及倾倒者因此犯有污染环境罪，被判处 2～5 年有期徒刑。2013 年泰兴市环境监测站对如泰运河、古马干河水质进行监测，结果显示不达标。经台州市人民检察院和泰州市环境保护局委托，江苏省环境科学学会于 2014 年 4 月出具《评估技术报告》，载明正常处理倾倒危险废物中的废酸需要花费 3662.0664 万元。2014 年，泰州市环保联合会对上述六家企业提起诉讼。

江苏省泰州市中级人民法院认定六家被告构成侵权，并根据环境保护部《环境污染损害数额计算推荐方法》所规定的三类水体环境修复费用计算标准，以上述评估报告中合法处置副产酸的成本 3662.0664 万元为虚拟治理成本，按该虚拟治理成本的 4.5 倍计算环境修复费用。最终，一审判决六家公司分担赔偿环境修复费用总计约 1.6 亿元。

常隆、锦汇等四家公司不服一审判决，向江苏省高级人民法院提起上诉。2014 年 12 月，二审判决基本维持了一审判决，仅对一审确定的判决履行方式和履行期限做了改判。锦汇公司对终审判决仍存有异议，向最高人民法院提起再审申请，2016 年 1 月 31 日，最高人民法院经审理最终裁定驳回锦汇公司的再审申请。至此，历经三年的泰州市环保联合会与锦汇、常隆等公司环境污染侵权纠纷案终于画上句号。由于该案为 2014 年《环境保护法（修正案）》通过后环保社会团体提起的首个公益诉讼且判决金额巨大，广受各方关注，也被媒体称为"天价诉讼"。①

2. 案例评析

（1）泰州市环保联合会是否具备环境民事公益诉讼的原告资格？

本案中常隆公司认为：2014 年新《环境保护法》第 58 条明确规定只有成立超过五年的环境保护组织才有权利提起诉讼，而泰州市环保联合会的成立时间到起诉时还不满 5 年，不符合新《环境保护法》关于环境公益诉讼主体资格的规定。泰州市环保联合会则认为：泰州市环保联合会是符合法律规范成立的环保组织，有资格提起环境公益诉讼，其业务范围包含维护公众环境权益，符合《民事诉讼法》第 55 条提起环境公益诉讼的条件。新《环境保护法》从 2015 年 1 月 1 日起实施，由于提起诉讼的时间早于实施时间，

---

① 参见《泰州 1.6 亿元天价环境公益诉讼案》，载《人民法院报》2015 年 1 月 7 日。

因此新《环境保护法》不适用于本案。

一审、二审及再审法院都认为，根据 2012 年修订的《民事诉讼法》第 55 条的规定，对污染环境、侵害众多消费者合法权益等损害社会公共利益的行为，法律规定的机关和有关组织可以向人民法院提起诉讼。泰州市环保联合会经泰州市民政局核准成立，属于依法成立的专门从事环保公益活动的社会组织，有权提起环境民事公益诉讼。虽然新《环境保护法》第 58 条对主体资格范围作了新的规定，但案发时新《环境保护法》尚未生效，故不适用于本案。

《民事诉讼法》第 55 条仅对环境民事公益诉讼的原告资格做了概括性规定，即"法律规定的机关和有关组织"。这对于法律适用而言可谓非常模糊，需要进一步界定。单纯从文义解释来看，如果环保组织是根据法律规定成立的，那么就符合该项条件。因此，在该案审理中，法院将泰州市环保联合会解释为《民事诉讼法》第 55 条中的"法律规定的有关组织"并无不妥。同时，以新《环境保护法》当时并未生效为由不予适用也符合"法不溯及既往"的基本原则。不过，仍然需要思考的问题是：泰州市环保联合会在新《环境保护法》生效后就明确不具有原告资格，《环境保护法》对环保组织的原告资格的限定是否妥当？

实际上，尽管理论中对与环保组织具有提起环境公益诉讼的原告资格并无太大争议，但究竟赋予哪些组织以原告资格，却争议不断。2012 年 8 月，全国人大常委会首次审议《环境保护法修正案（草案）》因没有公益诉讼条款而遭到猛烈批评。2013 年 6 月全国人大常委会二次审议的《环境保护法修正案（草案）》虽然对环境公益诉讼的主体资格做了规定，但却将原告资格仅限于中华环保联合会以及在省、自治区、直辖市设立的环保联合会。该方案再次引起争议，各方面都认为对环保组织原告资格的过度缩限对规定不利于公益诉讼制度的建立和发展。于是 2013 年 10 月第三次审议时，将环境公益诉讼的原告资格扩展为"依法在国务院民政部门登记，专门从事环境保护公益活动连续五年以上且信誉良好的全国性社会组织"。2015 年 1 月 1 日生效的《环境保护法》第 58 条在前两稿的基础上，对环保组织提起公益诉讼规定了两个条件：一是依法在设区的市级以上人民政府民政部门登记；二是专门从事环境保护公益活动连续五年以上且无违法记录。应该说，这是对《民事诉讼法》第 55 条规定的"有关组织"的准确界定。该规定就实践需要来说，显得苛刻了。在新《环境保护法》生效之前，全国符合提起环境公益诉讼资格的民间组织有 700 多家，但自新《环境保护法》生效到 2015 年年底，全国具有环境公益诉讼主体资格的环保组织中仅有 9 家提起了近百起公益诉讼，法院受理 45 件。这种现状对于环保事业的开展是非常不利的。因此，需要对《环境保护法》第 58 条规定再做审慎考虑，适当放宽环保组织提起环境公益诉讼门槛限制。

（2）常隆等公司与环境污染是否存在法律上的因果关系？

常隆等公司认为其与江中等企业间的买卖副产品酸的行为属于合法行为。常隆等公司本身并没有抛弃副产酸，也没有倾倒的故意，对江中公司等企业倾倒副产酸也不知情，故环境污染与常隆等公司之间没有法律上的因果关系。而泰州市环保联合会则认为：常隆等公司和江中公司等企业之间买卖行为系以买卖合同形式掩盖非法处置危险废物等目的。常隆等公司以补贴方式将其生产过程中所产生的，对其无价值的副产酸"出售"给江中公司等单位处理，抛弃副产酸的主观意图十分明显，其处置行为与环境污染之间存在因果关系。

与普通的环境侵权案件相比，该案在因果关系上确有其特殊之处。江中公司等企业实施了直接倾倒行为，该行为与如泰运河、古马干河受污染的损害后果之间的因果关系直接明了，已由相关刑事犯罪的证据以及河流水质监测结果予以证明。然而，这起环境公益诉讼的被告常隆等公司却并非倾倒行为等直接实施人，而是以买卖合同为形式提供被倾倒副产酸等出卖方。那么争议的焦点就在于常隆等公司等出售副产酸行为与河流受污染损害后果之间能否判定存在因果关系。

关于环境侵权等因果关系判断，有诸多学说。泰州案法官采纳了"违反注意义务说"。该学说的主旨在于任何可能引起环境损害危险的人都有义务采取必要的预防措施以防止他人利益或者社会公共利益受损。"违反注意义务说"的主要内容是：当行为人违反了环境标准或者其他与环境相关的注意义务时，可以推定行为人的行为与损害后果之间存在因果关系。

在本案中，法院以"违反注意义务"标准来推定常隆公司的行为与损害后果之间是否存在因果关系。常隆等公司是化工企业，生产的产品是能够引起环境损害危险的化工原料。副产酸作为生产化工产品过程中产生的副产品，在无法全部正常出售的情况下，应当按照国家法律法规的规定由有危险废物处置资质的机构进行处置。法院在判决中指出"对该案所涉副产酸的处置行为必须尽到谨慎注意义务并采取一切必要的、可行的措施防止其最终被非法倾倒"。而常隆公司在副产酸难以在市场上出售的情况下，因对其进行无害化处理需要高昂费用，于是采用了低价销售、高价补贴的方式将副产酸交给不具备处置资质的江中等公司。此种补贴出售行为明显不符合买卖合同的基本特征，并且为转让废酸支付的补贴费用远不足以弥补受让人对副产酸作无害处理所需费用，在明知副产酸极有可能被非法倾倒的情况下，却对此持放任态度。因视为一种防范污染物对环境污染损害的不作为，其补贴销售行为是违法倾倒副产酸得以实施的必要条件，也是造成运河污染的直接原因，因而与环境污染损害结果之间存在法律上的因果关系。①

（三）问题思考

1. 环境权包含的内容有哪些？
2. 简述环境权的特征。
3. 根据新《环境保护法》和《民事诉讼法》第 55 条的规定，符合什么条件的组织有资格成为环境民事公益诉讼的原告？
4. 在泰州天价环境公益诉讼案中，法院是如何判断常隆等公司与环境污染存在法律上的因果关系？

---

① 本部分内容系参考吕忠梅：《环境司法理性不能止于"天价"赔偿：泰州环境公益诉讼案评析》，载《中国法学》2016 年第 3 期。

第九节　公民的基本义务

宪法在规定公民基本权利的同时，也规定了公民的基本义务。公民的基本义务是国家对公民最重要也最基本的要求。对国家而言，公民的基本义务就是国家的权利，国家有权要求公民依据宪法和法律的规定，作出或者不作出一定行为。我国《宪法》第 52~56 条规定了公民的基本义务。第 52 条规定了维护国家统一、民族团结的义务，第 53 条规定了遵守宪法和法律的义务，第 54 条规定了维护国家安全、荣誉和利益的义务，第 55 条规定了公民的依法服兵役的义务，第 56 条规定了公民的依法纳税义务。

一、依法服兵役义务

（一）依法服兵役义务概述

1. 依法服兵役的概念与意义

《宪法》第 55 条规定："保卫祖国、抵抗侵略是中华人民共和国每一个公民的神圣职责。依照法律服兵役和参加民兵组织是中华人民共和国公民的光荣义务。" 1984 年制定的《兵役法》（2021 年修订）第 5 条规定："中华人民共和国公民，不分民族、种族、职业、家庭出身、宗教信仰和教育程度，都有义务依照本法的规定服兵役。"《兵役法》将宪法的上述规定进一步具体化，明确了依法服兵役这一基本义务的内容和具体程序，使服兵役义务具有了可操作性。

依法服兵役是公民维护祖国安全、荣誉和尊严的实际行动，是公民的神圣义务。1997年，第八届全国人大第五次会议通过了《国防法》，其第 6 条规定，保卫祖国、抵抗侵略是每一个公民的神圣职责，公民应当依法履行国防义务。国防是国家生存和发展的安全屏障，没有稳固的国防就不可能维护稳定的国家政权，公民权利与自由也就无法得到保障。

2. 依法服兵役义务的主体

根据宪法和《兵役法》《国防法》的规定，依法服兵役的主体是中华人民共和国公民，外国人不得成为服兵役的主体。我国实行实行义务兵与志愿兵相结合、民兵与预备役相结合的兵役制度。只要是中华人民共和国公民，不分民族、种族、职业、家庭出身、宗教信仰和教育程度，都有义务依法服兵役。《兵役法》对服兵役的义务主体做了详细规定：（1）免予服兵役。有严重生理缺陷或者严重残疾不适合服兵役的人，免服兵役。（2）不得服兵役。依照法律被剥夺政治权利的人，不得服兵役。（3）不征集服兵役。应征公民正在被依法侦查、起诉、审判的或者被判处徒刑、拘役、管制正在服刑的，不征集。（4）缓征服兵役。应征公民是维持家庭生活唯一劳动力的，可以缓征。《兵役法》第 20 条规定："年满十八周岁的男性公民，应当被征集服现役；当年未被征集的，在二十二周岁以前仍可以被征集服现役。普通高等学校毕业生的征集年龄可以放宽至二十四周岁，研究生的征集年龄可以放宽至二十六周岁。根据军队需要，可以按照前款规定征集女性公民服现役。"

3. 不履行服兵役义务的法律责任

依法服兵役是每个公民的基本义务，具有法律性质，即不履行服兵役义务要承担法律责任。根据《兵役法》具体规定，有服兵役义务的公民拒绝、逃避兵役登记和体格检查的；应征公民拒绝、逃避征集的；预备役人员拒绝、逃避参加军事训练、执行军事勤务和征召的。由县级人民政府责令限期改正；逾期不改的，由县级人民政府强制其履行兵役义务，并可以处以罚款。进一步地，应征公民拒绝、逃避征集且拒不改正的，不得录用为公务员或者参照公务员法管理的工作人员，两年内不得出国（境）或者升学。战争时期，有拒服兵役行为者，构成犯罪的，可依法追究刑事责任。

（二）案（事）例述评

1. 河南虞城五青年拒付兵役被处罚事件

河南省虞城县人民政府在微信公众号"虞城县征兵办公室"发布《虞城县人民政府关于对丁某华等5人拒付兵役行为的处理公告》，公告内容表示：丁某华等5人自愿报名参军到部队服役，但在部队服役期间因怕苦怕累、不愿受部队纪律约束，以各种理由逃避服兵役。虞城县人民政府认为丁某华等5人的行为违反了《兵役法》《河南省征兵工作条例》以及相关法律法规，决定对其进行以下处罚：（1）经济处罚1万元。（2）不得将其录用为公务员或者参照公务员法管理的工作人员。（3）2年内公安机关不得为其办理出国（境）手续。（4）2年内教育部门不得为其办理升学手续。（5）党（团）员由所在党（团）组织按照权限严肃处理。（6）将其列入虞城县拒服兵役人员黑名单，通过新闻媒体向社会公告，并上传公安网备案。

2. 事例评析

（1）作为基本义务的服兵役。《宪法》第55条规定："保卫祖国、抵抗侵略是中华人民共和国每一个公民的神圣职责。依照法律服兵役和参加民兵组织是中华人民共和国公民的光荣义务。"依据宪法，《国防法》《兵役法》《国防动员法》等军事法律进一步明确了兵役义务的主体、履行条件和法律责任，因此，服兵役既是宪法上的基本义务，也是法律义务。至于（宪法）基本义务和法律义务的区别，有学者曾从德国宪法学理论出发，指出基本义务具有4个特征：①基本义务是宪法规定的，不同于法律上规定的义务；②基本义务的主体是公民，所以它不同于先于国家的人的义务；③基本义务的对象是国家，不同于针对国家机关或者公共行政的义务，虽然后者也是宪法上规定；④基本义务不限于宪法上明确带有"公民有……义务"的字眼，还应包括从宪法中推导出来的基本义务。[1] 宪法所确立的基本义务与法律义务相比较而言，区别不仅在于渊源和规范依据不同，更重要的是宪法基本义务是公民对于国家所负的义务，是维系国家作为政治共同体而存在的基本职责。因而多数国家将遵守宪法法律、纳税义务、服兵役义务等确定为宪法基本义务。因为"它是构建和维持国家的前提，关系到政治共同体的共同利益和所有国民的生存，是个体对公共利益必须负担的责任，也是维持个体自由的根本前提"[2]。

---

① 参见王锴：《为公民基本义务辩护——基于德国学说的梳理》，载《政治与法律》2015年第10期。

② 王晖：《法律中的团结观与基本义务》，载《清华法学》2015年第3期。

（2）作为法律义务的服兵役。上文已经说明服兵役既是宪法义务，也是法律义务；宪法义务不同于法律义务。区分宪法义务和法律义务，更重要的则是通过宪法制约法律义务。法律中的兵役义务虽然依据宪法创设，但是其可能会超出宪法义务而对公民权利施加了过分的限制（负担），此时对法律义务进行合宪性控制就至关重要了。在上述事例中，负义务公民拒服兵役受到了严厉的行政处罚，显示了兵役义务的严肃性和可执行性；但是法律中服兵役义务的负担是否符合宪法价值原则还需要进一步分析，而对服兵役的行政处罚又涉及公民的基本权利。因而作为法律义务的服兵役，需要接受宪法层面的审视。

①服兵役法律义务对基本权利的限制。作为法律义务的服兵役，尤其是对于逃避和拒服兵役义务的法律责任和处罚，《兵役法》有具体的规定，涉及公民多项基本权利。其一，财产权。《宪法》规定"公民合法的私有财产不受侵犯"，《兵役法》规定对于拒服兵役的由县级政府处以罚款。此处不仅涉及公民的合法私有财产权，还由于《兵役法》未明确罚款的数额与计算方式，而赋予县级政府过大的自由裁量权。其二，政治权利。宪法上的政治权利包括"获得公职部门的职位"即担任公职，其不仅是劳动和工作的权利，也是公民参与国家政治生活，行使当家作主的政治权利，而《兵役法》将"不得录用为公务员或者参照公务员管理的工作人员"作为对抗服兵役的处罚措施，涉及对政治权利的限制。其三，迁徙与出境自由。虽然宪法中没有规定"迁徙自由"，但根据《宪法》第51条规定可以推导除"一般行为自由"，换言之，公民拥有合法出入国境的自由。而《兵役法》规定，拒服兵役者2年内不得出国（境），这当然会对公民的行为自由构成干预。其四，受教育权。宪法规定，受教育既是公民的基本权利，也是宪法义务。《兵役法》规定，拒服兵役者2年内不得升学，这显然剥夺了公民升学受教育的机会，因而与受教育权存在冲突，也与受教育的义务难以兼容。

②服兵役义务的法律保留。宪法在规定兵役义务时，强调了"依照法律服兵役和参加民兵组织"，这说明宪法委托立法机关制定法律，以落实宪法中服兵役义务。意味着，服兵役义务应当由立法机关制定法律来加以规定，即适用法律保留原则。在讨论法律保留原则时，有必要区分两类不同法律行为：一是承担兵役义务的条件；二是对逃避或拒服兵役义务的处罚。前者是宪法确定并通过"宪法委托"授予立法机关进行立法；而后者则是派生性的法律责任，系由逃避或拒服兵役义务所引发的，作为派生的法律义务而存在。对于前者，出于宪法规定，应当适用法律绝对保留，即仅能由法律确定兵役义务的承担范围，法律之下的行政法规、军事法规、地方法规均不能规定。而对于后者（逃避或拒服兵役义务的处罚措施）属于行政处罚的范围，在设置上可以更加灵活，可以由行政法规、地方性法规在一定范围内规定。但需要遵守的是，设定关于兵役义务的行政处罚时，应当遵照《行政处罚法》确定的设定权限，并且行政法规、军事法规和地方性法规不得超越《兵役法》规定的处罚种类和幅度。

以此为标准审视国内关于拒服兵役者的处罚措施，可以发现其中存在突破法律保留原则的问题：诸如3年内不得为其办理营业执照，3年内银行系统禁止向其提供贷款，以及纳入黑名单和通过媒体向全社会通报等处罚方式，都是《兵役法》没有规定而由地方上规范性文件违法创设的。有学者明确指出："（下位的规范性文件）不得取消或曲解军事法已经确立的有关权利义务内容，只能在军事法授权范围内，就某些已有权利义务的具体体现及量化标准作出规定，如果军事法已经明确了有关事项的上限或下限量化标准，则地方制定的规范不能突破。"① 因此，这些"严厉打击拒服兵役"的处罚措施，缺乏上位法的授权，有违《宪法》和《立法法》。

③服兵役义务的比例原则审查。比例原则原出自行政法，后成为宪法和行政法共通的审查原则。一般认为，比例原则包括三项子原则，即适当性、必要性和狭义比例原则，分别强调目的与手段之间，各种可选择的手段之间以及被牺牲的基本权益与实现的公共利益之间的"合比例关系"。从目的正当性来看，兵役义务为维护国家安全所必需，必要的法律责任和处罚手段是维护兵役义务顺利运转所必需。然而，就实现国防需要而言，服兵役并非唯一途径，只是重要方式之一，换言之，公民承担维护祖国安全、荣誉和利益的任务，并不只有服兵役一种途径。尤其当兵役义务与其他基本权利发生冲突时，一些国家和地区已经以成熟的"替代役"来取代兵役义务，从而为公民提供多元化选择。如我国台湾地区设置了非战斗性的"替代役"，包括警察役、消防役、环保役、医疗役、农业服务役等，既可以达成承担国防义务的目的，又可以避免兵役义务和其他基本权利之间的冲突，即强调"国家应采取对公民基本权利侵害最小的方式达成目的"。

从维护兵役义务的实质合理性来看，还应该对处罚措施进行理性审视。这不仅意味着需要满足法律保留的形式要求，同时对于处罚措施的规定还要符合实质合理性，即符合狭义比例原则的要求——处罚措施和目的之间应保持适度平衡。例如，《兵役法》授权县政府对逃避或拒服兵役人员进行罚款的权力，但是并未规定罚款的标准，因而出现了各地罚款金额不统一、数额悬殊的情况，从1万元到11万元不等。再有，地方政府出台的针对逃避兵役者处罚措施中还包括禁止获得营业执照、禁止私人企业录用等，这不仅违反了法律保留原则，也给公民的基本生活造成了重大影响，同样违背了比例原则。从救济原则出发，法院应当为受拒服兵役处罚的公民提供法律救济。②

（三）问题思考

1. 简述依法服兵役的含义。
2.《兵役法》对于不履行服兵役义务者，规定了哪些法律责任？
3. 服兵役义务可能与宪法上哪些基本权利产生冲突？
4. 某些地方以规范性文件形式对拒服兵役者创设了"禁止其获得营业执照""禁止银行向其贷款"等《兵役法》未规定的处罚措施，这些措施是否违宪或违法？

---

① 夏勇：《地方国家机关有无军事立法权问题》，载《法学杂志》1994年第3期。
② 本部分内容系参考胡锦光：《2015年中国十大宪法事例评析》，"事例8：河南虞城五名青年拒服兵役被处罚事件评析"（王理万撰写），法律出版社2017年版，第132～152页。

第七章 宪法实施

第一节 宪法解释

一、宪法解释的概述

宪法能否充分实施，极大程度上取决于宪法解释是否有效展开。宪法解释是保证宪法适应时代发展的重要环节，能够带给宪法持续的生命力。宪法解释对于宪法实施而言格外重要，归因于三个方面：第一，宪法规范具有原则性和抽象性的特点，在具体实施过程中，相较于一般法律规范更容易遇到存疑的情形，这便需要通过解释来明确规范内容，保证适用上的统一。第二，宪法是根本大法，具有最高法律效力，与之相抵触的法律规范都将归为无效，宪法作为衡量标准，只有以明确统一的解释为前提，才能解决不同位阶法律规范之间的冲突问题，最终维护法秩序的统一。第三，宪法解释能够将制定时应当纳入而未纳入的内容补充到宪法规范体系之中，填补宪法空白和漏洞，适应社会发展。

（一）宪法解释的概念

宪法解释是在宪法实施过程中，当人们对宪法的有关条文内容存在不同理解时，宪法解释机关根据宪法的基本精神和基本原则对宪法规定的含义、界限及其相互关系所作的具有法律效力的说明。

1. 宪法解释的分类

要准确理解宪法解释，需要把握宪法解释的分类。

根据解释效力的区别，宪法解释可分为正式解释和非正式解释。正式解释又称有权解释，是有权解释宪法的机关依照宪法、法律规定的原则、程序对宪法规范内容进行具有宪法效力的说明。这种解释具有法律上的约束力。非正式解释又称无权解释，是指有权机关以外的主体，如公民、社会团体对于宪法规范内容的理解。该解释虽不具有宪法效力，但是对认识宪法、提高公民的宪法意识、增强公民的宪法观念具有重要影响。

根据解释范围的差异，宪法解释可以分为广义宪法解释和狭义宪法解释。广义宪法解释范围比较广泛，除了有权机关作出的理解和说明外，还包括社会团体、学者个人等主体对于宪法的解释。狭义的宪法解释仅指有权机关依照法定程序对宪法规范内容进行的理解或说明。

根据解释机关的不同，宪法解释可分为立法机关解释、司法机关解释、专门机关解释，以宪法、法律规定何机关对宪法的解释能够产生宪法效力为准。

2. 宪法解释与法律解释的区别

宪法解释与法律解释都属于法解释的范畴，目的都是进一步明确法规范的含义，但两者仍存在明显区别：

第一，解释对象不同。宪法解释的对象是宪法规范，大部分宪法规范具有抽象性、模糊性的特点；而法律解释对象是法律规范，相较于宪法，大部分的法律规范都是具体和明确的。

第二，政治性程度不同。宪法解释的政治性要强于法律解释。由于宪法的内容主要是国家权力和公民权利，而国家权力的运行与政治上的考量关系密切，这就将政治性的色彩传递到宪法之中。因此，在宪法解释过程中，政治性的考量也成为必须面对、挥之不去的因素，而法律解释则一般极少或不具有政治考量的因素。

第三，具体要求不同。宪法解释要求从整体性、宏观性上把握，而法律解释则要求细节性、微观性。这是因为宪法是最高法的地位，对宪法的解释会影响到整个法秩序体系。虽然宪法解释可能从某一个具体的宪法案件出发，但是宪法解释的效果会触及全体法秩序领域。因此，宪法解释必定会整体而宏观地考量各种影响因素后慎重地作出解释。而法律解释则主要是为了解决法律在具体适用过程中规范上的不明确之处，一般通过具体的技术方法便可完成，对于法律体系之外的因素，绝大多数时候无须考虑。

第四，解释效力不同。宪法解释的效力一般要高于法律解释的效力。对于宪法某一条款的解释，其效力具有宪法性的最高效力，并具有普遍性。而法律解释往往只具有个案效力，同时，法律解释一般不得违背宪法解释后确立的宪法原则。

第五，解释程序不同。由于宪法解释对象的特殊性，因而其解释的程序也非常严格。一般而言，宪法解释的程序因解释体制和解释主体的不同而存在差异，但是无论由哪一机关进行解释，其程序都是比较复杂而严格的。而法律解释的解释程序就相对简单得多。

（二）宪法解释的机关

宪法解释的机关是指有权对宪法规范进行具有法律效力的解释的特定机关。"无论在采取何种宪法解释体制的国家，宪法解释只能有一个最终的、权威的机关，负责对宪法解释作出统一的决定。只有宪法规定的宪法解释机关对宪法作出的解释，才具有最终的宪法解释的效力。"[1] 因各国具有不同的政治制度和法律文化传统，在实践中，宪法解释体制大体可以分为立法机关解释制、司法机关解释制和专门机关解释制。

1. 立法机关解释

立法机关解释是由一国的立法机关按照法定程序对宪法作出正式解释的宪法解释制度。按照罗马法的传统观念，即法官的职责只是适用法律，而法律规定的疑义问题，应由法院申请议会解释，且只能由立法机关解释法律。在受罗马法影响的国家，往往采用的是立法机关解释制。[2] 按照宪法解释主体资格的民主理论，通常认为人民是宪法的创制者，

---

[1]　张千帆：《宪法学》，法律出版社 2004 年版，第 109 页。

[2]　秦前红：《比较宪法学》，武汉大学出版社 2007 年版，第 298 页。

只有人民有权力解释或修改宪法。这种理念最早在英国得到实践，其信奉的"会议至上"原则，认为宪法性法律和其他法律地位相同，对于两者的解释，均由立法机关议会作出。在英国，对宪法内容的解释只能由具有立法权的国家机关行使，其他国家机关如行政、司法机关等，均无权对宪法进行正式解释。

我国采用的是立法机关解释宪法的体制。1978 年《宪法》第 25 条规定，全国人大常委会有解释宪法的权力。这是我国首次以根本法的形式明确我国的宪法解释体制。现行《宪法》第 67 条同样规定了全国人大常委会有权解释宪法。

由全国人大常委会负责解释宪法的规定，是由我国具体国情决定的。① 第一，我国宪法规定，全国人大常委会与全国人大共同行使宪法监督权。行使此项职权的前提，需要判定某项法规是否合乎宪法，就要明确宪法规定的含义，这就需要具备宪法解释权。第二，全国人大常委会是全国人大常设机关，在全国人大闭会期间行使国家最高权力，同时其与全国人大共同行使国家立法权，这就显示了全国人大常委会具有了解宪法基本精神，熟悉国家实际情况，能够较准确地阐明宪法条款的含义等优势。

对于全国人民代表大会是否拥有宪法解释权的问题。虽然现行《宪法》没有明确规定全国人大的宪法解释权，但从法理上看，全国人大也应享有此项权力。从组织构成上看，全国人大是"最高国家权力机关"，全国人大常委会是其常设机关。全国人大常委会作为全国人大的组成部分，可推知，全国人大常委会拥有的权力，全国人大也应当具备。从职权配置上看，全国人大具有"监督宪法实施""改变或撤销全国人大常委会不适当的决定"等职权，这些职权的落实都需要借助宪法解释方可完成。因此，全国人大同样具有宪法解释的权力。

2. 司法机关解释

司法机关解释是指以普通法院作为解释宪法的机关，最后决定权属于国家最高法院的宪法体制。这种解释体制的形成，是出于对"多数人的暴政"的担忧，必须对多数裁决原则作出限制。因而宪法的解释权应由与公共舆论隔绝的法官来行使，更有利于保护公民的权利。该制度公认最早起源于美国。1803 年，美国联邦最高法院首席大法官马歇尔在"马伯里诉麦迪逊"案中，根据"违宪的法律不是法律"以及"阐释宪法是法官的职责"的宪法法理宣布国会的一项立法条款违宪，从而开启了美国司法机关解释宪法的先河。在美国，除了司法分支，行政分支和立法分支也可以对宪法作出解释，但联邦最高法院对宪法有最终和最权威的解释权力。

司法机关解释宪法具有以下特点：第一，采取被动解释或附带解释的方式，即司法机关不主动对宪法内容进行解释，而在案件审理的过程中附带性地对宪法作出解释，从而判断法律是否违宪。第二，解释的效力不具有明显的普遍约束力，只拘束个案。司法机关对个案作出的宪法解释只对个案有效力，不具有法规范普遍的约束力。但在实行司法机关解释宪法体制的国家中，多奉行"先例拘束"的判例法制度，由高一级法院作出的宪法判例（含宪法解释）对下级法院及其之后的判决会有强烈影响。如果联邦最高法院以违宪为由在个案中对某部法律不予适用，那么下级法院在类似案件中也将不再适用，也就事实

---

① 田瑶、陈立风：《宪法学》，中央民族大学出版社 2007 年版，第 365 页。

上废止了该法。因此，在司法机关解释宪法的国家，往往会配合"先例拘束"制度来保障宪法解释的权威效力。第三，只解释司法判断范围内的问题，不解释政治争议问题。即政治问题不审查原则。目的在于防止司法机关陷入政治纷争成为政治的附庸或帮闲，从而丧失本身的专业机能进而失去司法的公信力。

3. 专门机关解释

专门机关解释，又称特设机关解释，是在立法机关和普通法院系统之外设立专门的宪法法院或者宪法委员会负责处理宪法争议，并就其中相关的宪法条文进行释义的制度。由专门机关进行宪法解释的理论依据是第四种权力理论。① 这种理论认为，宪法是国家最高的法，监督宪法的实施，进行宪法解释是国家最重要的权力。不论是采用立法机关解释还是普通法院解释都存在局限，前者存在不可避免的"多数人暴政"的问题，后者存在"司法独裁"的问题。因此应当设立专门的机关行使宪法解释权，使宪法解释权力的行使独立于立法、行政、司法之外，使其获得超然的地位。这样才有利于解决宪政体制下的重大问题，最大限度维护宪法的权威和尊严。

目前，专门机关解释制存在宪法法院解释制和宪法委员会解释制两种形态。1920 年，奥地利共和国宪法首度设立了宪法法院的制度，规定由宪法法院来负责监督宪法实施、审判违宪案件、撤销违宪的法律等。法国是建立专门的宪法委员会来对宪法进行解释的代表国家。

专门机关解释宪法的体制具有以下几个特点：第一，专门性。特设机关是具体适用宪法的专门性机构，包括宪法解释、宪法判决等。第二，组成人员的多样性。专门机关的组成人员不仅包括经验丰富的法官，也包括政治阅历丰富的政治家及法学造诣高深的法学教授等。这是由宪法解释的复杂性使然，宪法解释是一项复杂的涉及社会多个方面的工作，依靠单一的人员组成并不能很好地完成宪法解释的使命。第三，解释方式的多样性。专门机关既可以主动地对宪法进行解释，也可以被动地根据申请来对宪法进行必要的解释。有的宪法解释寓于宪法判决之中，有的则针对某一问题单独作出解释。

（三）宪法解释的原则

宪法解释涉及宪法权威，是一项十分严肃的活动。不论宪法解释权归属于何种机关，对宪法规范的解释都必须遵守一定的原则，否则宪法解释权力的任意行使必然会损害宪法的价值和尊严。纵观各国宪法解释的实践，以下几项原则是被普遍接受和遵守的。

1. 恪守宪法精神原则

宪法精神是宪法的灵魂，是维系宪法的基础。宪法精神尽管可能不会在每一部宪法中都得到明确的表述，但它是宪法规范的理念基础与源头。因此，在对宪法规范进行解释的过程中，追寻宪法规范的真正含义必定要以宪法精神为原则。这样才能更准确地把握宪法规范的法治内涵，而不偏离宪法的意旨。

2. 适应社会需要原则

法规范与社会需要之间，每隔一段时间就会出现距离。当社会一直向前发展不断出现

---

① 秦前红：《比较宪法学》，武汉大学出版社 2007 年版，第 299 页。

变革更新时，便会出现新的社会需求与宪法规范的内容不相符合的情形，此时就有必要对宪法进行解释，从而更新宪法的社会适应能力。在宪法解释过程中，应当以适应社会发展为原则，一方面使宪法能够适应社会变化的需要；另一方面使宪法能够促进社会向着进步方向发展，引领社会进步。如果宪法解释的效果与社会发展需要相违背，则宪法非但不能引领社会进步反而会成为阻碍社会发展的障碍。

3. 遵照法定程序原则

在法治国下，正式的宪法解释都有较为严格的程序规定，在宪法解释主体、解释的界限、解释程序及其解释效力等方面均有具体的规定。"程序的实质是管理和决定的非人情化，其一切布置都是为了限制恣意、专断和裁量。"[1] 宪法解释程序的设定，不仅能够规范、控制宪法解释权的行使，而且也是确保宪法解释权力合理运行的有效措施。宪法解释必须按照法定的程序和规则来进行，保证宪法解释活动的规范化。如果宪法解释过程违反了规定的程序或规则，则将影响其法定的效力。

4. 系统整体解释原则

任何一部宪法都是内容、条文、结构之间相互联系、密不可分的有机整体。对此，早在 1904 年，美国最高法院的怀特法官就指出："我以此作为宪法解释的基本原则：任何宪法条文不得与其余条文相分离而孤立地加以解释。应考虑规定某一特定事项的全部条文，并作出使宪法的实质性目的的实现的解释。"[2] 这就要求，宪法解释机关进行解释时，不能孤立进行，而要将该项规范置于宪法的大系统中，综合考虑宪法的精神、原则以及该规范与其他规范的联系，以整体的观点来阐明宪法规范的内涵。

（四）宪法解释的方法

宪法解释的方法是指具体解释宪法的技术手段。宪法解释的方法多种多样。根据各国实践以及学界的总结分析，宪法解释的方法主要有以下几种。

1. 文义解释

文义解释也称字面解释，是按照宪法条文用语等文义及通常使用方式并结合语法规则来阐述宪法规范的意义内容的解释方法。尊重文义是文义解释的正当性基础，也是维护宪法尊严和宪法实施过程中的安定性的基础。因此，文义解释是宪法解释首先采用的、最常见的方法，是一切宪法解释的基础。文义解释具体包括：依照语言文字固有之义解释、依某一专业学科的通行理论或学说解释、依法律用语的特定含义解释。宪法的文义解释不得与宪法规范完全脱离，一旦脱离就不成其为解释而变成宪法的漏洞补充。因此，文义解释的范围应以用语的文字使用习惯为限。

2. 体系解释方法

体系解释方法，是将一部法律或国家法制视为一个体系，以文义、概念以及关联意义为手段，并借助逻辑推理法则所形成解释的一种方法。宪法规范并不是孤立的，从制定到

---

[1]　季卫东:《程序比较论》，载《比较法研究》1993 年第 1 期。

[2]　转引自［美］詹姆斯·安修:《美国宪法解释与判例》，黎建飞译，中国政法大学出版社 1999 年版，第 27 页。

适用均置身于整个法规范体系内。宪法规范相互之间也存在着内在联系，其与各法律规范之间存在着一定的逻辑关系。根据解释学循环理论，在宪法解释中要处理好整体和部分的相互关系，只有通过两者的相互阐明，才能正确把握条文含义，各部分得到诠释之后，整体部分的意义也能明确下来。体系解释旨在避免规范冲突，从条文的功能及在整个法体系中的地位着眼，用以解决相互间所产生的规范冲突。

3. 历史解释方法

历史解释方法，是指根据制宪者当时的意图来阐释宪法规定含义的方法。可供探寻原意的素材包括制宪过程中制宪会议记录，起草草案的讨论记录，制宪过程中讨论、辩论的内容，制宪过程中的指导性文件，除了以文字形式记载的历史文件外，还包括抽象意义上的制宪当时的历史条件和背景。通过对历史资料的考据，从而正确地理解宪法规范的原意，正确地把握宪法解释的定位。但原意解释方法倘若发展到极端就会出现"原旨主义"的解释观，即将宪法解释严格限定在以制宪历史等历史资料的唯一范围内，拒斥其他解释方法。这在固守原意的同时，也违背了宪法解释应与社会发展相适应的原则。

4. 目的解释方法

目的解释方法，是指宪法解释以宪法规范的目的为依据，阐述宪法疑义的一种解释方法。此处强调的宪法规范的目的是指宪法整体目的。对于宪法的解释是以贯彻宪法的目的为主要任务的，对于个别规范的解释要受到宪法的目的的支配，如此才能使得整个宪法呈现出体系性、完整性。① 德国学者耶林于 1877 年发表《法的目的》一书，提倡目的解释。他认为，法律乃人类意志的产物，有一定的目的，受目的支配。故解释法律，必先了解法律所欲实现何种目的，以此为出发点，加以解释，始能得其要领。目的解释的功能，在于维护宪法规范秩序之体系性和安定性，并贯彻制宪目的。目的解释的特点是赋予解释者更大的自由解释的空间。解释者可以不拘泥于条文的字面含义。在条文矛盾而体系解释方法不能奏效时，目的解释的方法可以帮助人们最大限度地发挥宪法、法律的社会功能。

5. 扩大或缩限解释方法

扩大解释，是指由于宪法规范的文义过于狭窄，不能表达立宪的原意，难以满足社会的现实需要，通过扩张宪法规范的内容范围来达到解释的目的。缩限解释，是由于宪法文义的覆盖范围出现过于宽泛的情形，此时通过缩限解释宪法规范的方法来厘清宪法规范的文义范围。扩大或缩限解释方法具有高度的适应性，能够根据社会发展需要，在一定范围内通过对宪法规范进行扩张或缩限解释的方法来赋予宪法规范新的生命力。同样要注意的是，扩张或缩限解释的过程必须注意控制范围，否则容易造成解释的无迹可寻、泛化，进而歪曲宪法的原意，破坏了宪法的体系性和完整性。

（五）宪法解释的程序

宪法解释实效与权威有赖于完备的宪法解释程序机制作保障。党的十八届四中全会通过的《中共中央关于全面推进依法治国若干重大问题的决定》强调"坚持依法治国首先是坚持依宪治国，坚持依法执政首先是坚持依宪执政"，明确提出"完善全国人大及其常

---

① 韩大元：《比较宪法学》，高等教育出版社 2008 年版，第 406 页。

委会宪法监督制度，健全宪法解释程序机制"的具体目标。一般而言，宪法解释的程序包括：

1. 宪法解释的启动

当需要对宪法规范进行解释时，一般由宪法、法律规定的特定主体提出宪法解释的主张，以启动宪法解释程序。因宪法解释体制的差别，宪法解释的提出程序也会有所不同，有的由解释机关主动启动，有的由法定主体依据法定程序提出，还有的是在具体纠纷审理过程中提出等。

我国宪法规定了全国人民代表大会常务委员会行使宪法解释权（《宪法》第 67 条）。而我国《立法法》具体规定了宪法解释的相关程序。根据《立法法》第 110 条的规定，国务院、中央军事委员会、国家监察委员会、最高人民法院、最高人民检察院和各省、自治区、直辖市的人民代表大会常务委员会认为行政法规、地方性法规、自治条例和单行条例同宪法或者法律相抵触，或者存在合宪性、合法性问题的，可以向全国人民代表大会常务委员会书面提出进行审查的要求，由全国人民代表大会有关的专门委员会和常务委员会工作机构进行审查、提出意见。

我国可提出宪法解释的主张主体有两类：（1）提出宪法解释要求主体：国务院、中央军事委员会、最高人民法院、最高人民检察院和各省、自治区、直辖市的人民代表大会常务委员会。（2）提出宪法解释建议的主体：除上述主体外，其他国家机关和社会团体、企业事业组织以及公民。宪法解释要求和宪法解释建议在效果上有区别。前者提出要求后，全国人大常委会必须要进行审查工作；而后者所提出的建议，"必要时，送有关的专门委员会进行审查、提出意见"，换言之，全国人大常委会觉得必要才进行审查。该制度设计，既保证了宪法解释提出主体的广泛性、民主性，又不至于损害宪法解释的权威严肃性，也有利于宪法解释机关切实有效地开展工作。

2. 宪法解释的审查

宪法解释机关在接到宪法解释请求后，依据法定程序对宪法解释的请求进行审查，进而决定是否作出宪法解释。在审查程序上，由全国人大常委会工作机构负责接收解释的提议，对于必须审查的要求，由常委会工作机构分送有关的专门委员会进行审查、提出意见。可审可不审的要求，由常委会工作机构进行研究，必要时，送有关的专门委员会进行审查、提出意见（《立法法》第 110 条）。同时，全国人大下设的专门委员会的工作任务中包括审议全国人民代表大会常务委员会交付的被认为同宪法、法律相抵触的国务院的行政法规、决定和命令，国务院各部、各委员会的命令、指示和规章，国家监察委员会的监察法规，省、自治区、直辖市和设区的市、自治州的人民代表大会及其常务委员会的地方性法规和决定、决议，省、自治区、直辖市和设区的市、自治州的人民政府的决定、命令和规章，提出意见（《全国人民代表大会组织法》第 37 条）。且各专门委员会接受全国人大及其常委会的领导（《宪法》第 70 条），全国人大及其常委会可以委托专门委员会进行事先审查并向全国人大或其常委会提交具体的审查报告。

3. 宪法解释的表决

在宪法解释审查之后，宪法解释机关根据具体审查情况对请求作出相应的宪法解释。在我国，对于宪法解释的决议程序，尚无具体的法律依据，只能参照法律等规范的解释程序来进行。

4. 宪法解释的公布

宪法解释机关在按照法定程序以决议等形式作出正式的宪法解释以后，要按照一定程序予以公布，通常宪法解释的效力自公布之日起便发生法律效力。宪法解释一般由国家元首加以公布。在我国，宪法解释由全国人大常委会以公报的形式予以公布。

二、案（事）例述评

（一）《全国人民代表大会常务委员会关于〈中华人民共和国香港特别行政区基本法〉第一百零四条的解释》①

1. 事例概述

2016 年 11 月 7 日第十二届全国人民代表大会常务委员会第二十四次会议通过了委员长会议提请审议《全国人民代表大会常务委员会关于〈中华人民共和国香港特别行政区基本法〉第一百零四条的解释（草案）》的议案。经征询全国人民代表大会常务委员会香港特别行政区基本法委员会的意见，全国人民代表大会常务委员会决定，根据《中华人民共和国宪法》第 67 条第 4 项和《中华人民共和国香港特别行政区基本法》第 158 条第 1 款的规定，对《中华人民共和国香港特别行政区基本法》第 104 条"香港特别行政区行政长官、主要官员、行政会议成员、立法会议员、各级法院法官和其他司法人员在就职时必须依法宣誓拥护中华人民共和国香港特别行政区基本法，效忠中华人民共和国香港特别行政区"的规定，作如下解释：

（1）《中华人民共和国香港特别行政区基本法》第 104 条规定的"拥护中华人民共和国香港特别行政区基本法，效忠中华人民共和国香港特别行政区"，既是该条规定的宣誓必须包含的法定内容，也是参选或者出任该条所列公职的法定要求和条件。

（2）《中华人民共和国香港特别行政区基本法》第 104 条规定相关公职人员"就职时必须依法宣誓"，具有以下含义：

①宣誓是该条所列公职人员就职的法定条件和必经程序。未进行合法有效宣誓或者拒绝宣誓，不得就任相应公职，不得行使相应职权和享受相应待遇。

②宣誓必须符合法定的形式和内容要求。宣誓人必须真诚、庄重地进行宣誓，必须准确、完整、庄重地宣读包括"拥护中华人民共和国香港特别行政区基本法，效忠中华人民共和国香港特别行政区"内容的法定誓言。

③宣誓人拒绝宣誓，即丧失就任该条所列相应公职的资格。宣誓人故意宣读与法定誓言不一致的誓言或者以任何不真诚、不庄重的方式宣誓，也属于拒绝宣誓，所作宣誓无效，宣誓人即丧失就任该条所列相应公职的资格。

④宣誓必须在法律规定的监誓人面前进行。监誓人负有确保宣誓合法进行的责任，对

① 《全国人民代表大会常务委员会关于〈中华人民共和国香港特别行政区基本法〉第一百零四条的解释》，载中国人大网：http：//www.npc.gov.cn/zgrdw/npc/xinwen/2016-11/07/content_2001528.htm，2021 年 12 月 5 日访问。

符合本解释和香港特别行政区法律规定的宣誓，应确定为有效宣誓；对不符合本解释和香港特别行政区法律规定的宣誓，应确定为无效宣誓，并不得重新安排宣誓。

（3）《中华人民共和国香港特别行政区基本法》第 104 条所规定的宣誓，是该条所列公职人员对中华人民共和国及其香港特别行政区作出的法律承诺，具有法律约束力。宣誓人必须真诚信奉并严格遵守法定誓言。宣誓人作虚假宣誓或者在宣誓之后从事违反誓言行为的，依法承担法律责任。

2. 事例评述

（1）全国人大常委会拥有解释宪法及相关宪法性法律的权力

法律解释首先要解决的是解释主体问题，即谁有权解释法律。从法学理论上讲，法律解释有有权解释和无权解释。有权解释又可分为立法机关解释、行政机关解释和立法机关解释。再进一步划分，立法机关解释又有中央立法机关的法律解释和地方立法机关的法规解释（针对地方性法规）。有权解释的法律后果是解释与被解释条文具有同等法律效力，具有强制执行力，二者只是内容上补充与被补充的关系，并无效力高下之分。无权解释是学理解释，是法学学者、社会组织和公民对法律条文的理解，不具有法律效力，但有利于立法解释的民主化和科学化，在司法上也可以作为说理支撑或增强判决的正当性和合理性。在有权解释体制上，各国的规定并不相同。如，美国法院可以对法律进行解释，从认定法律是否合乎宪法，拥有违宪审查权。在中国，我国宪法明确规定法律解释权由全国人大常委会行使，行政机关和司法机关不具有解释法律的权力，此规定可理解为我国是最高国家权力机关才拥有解释法律的权力，体现了人民制定的法律反映人民的意志，只能由代表人民的代议机关行使解释权。当然，可以授权国家行政机关解释自己制定的行政法规或政府规章，司法机关就法律适用中的具体问题进行司法解释，但有一个前提条件，就是不得与宪法、法律的精神、原则和条文相冲突，否则，部分冲突部分无效，全部冲突全部无效。

本事例中，首先要明确《中华人民共和国香港特别行政区基本法》的解释主体。需要从《中华人民共和国宪法》（以下简称《宪法》）中找到根据。《宪法》第 67 条第 4 项规定：全国人民代表大会常务委员会行使下列职权，其中第 4 项规定"解释法律"，说明全国人大常委会拥有宪法授予的法律解释权，作为法律解释主体，具有合宪性和正当性。

此外，为了《中华人民共和国香港特别行政区基本法》（以下简称《香港特别行政区基本法》）的顺利实施，《香港特别行政区基本法》第 158 条第 1 款明确规定："本法的解释权属于全国人民代表大会常务委员会。"从理论上讲，没有《香港特别行政区基本法》第 158 条第 1 款的规定，同样可以推导出对《香港特别行政区基本法》的解释权属于全国人大常委会，因为《香港特别行政区基本法》是法律，对其解释的权力当然属于全国人大常委会，之所以在《香港特别行政区基本法》中明确，主要是为了强调和便于实施。所以，无论是中国《宪法》还是《香港特别行政区基本法》都明确了全国人大常委会对《香港特别行政区基本法》解释的主体地位。

（2）全国人大常委会对《香港特别行政区基本法》第 104 条进行解释的目的

法律解释的原因主要是法律条文的含义并不总是明确的，事实常常是，法律一经制定便落后于时代和现实，法律的稳定性、适应性和现实的变动性、复杂性总是冲突的，部分解决这一问题的途径是通过法律解释，明确法律条文的含义，弥补法律存在的缺漏。《香港特别行政区基本法》第104条规定："香港特别行政区行政长官、主要官员、行政会议成员、立法会议员、各级法院法官和其他司法人员在就职时必须依法宣誓拥护中华人民共和国香港特别行政区基本法，效忠中华人民共和国香港特别行政区。"从法理上讲，该条不是完整的规范，一个完整的法律规范，包含行为模式和法律后果，反观该条只有行为模式，规定了"必须宣誓""效忠"的行为模式，但如果不宣誓，或者在宣誓时不表示效忠中华人民共和国香港特别行政区，法律有何制裁手段？该条中找不到。当然，在立法时，通常将一个法律规范分成两个部分进行分开表述，形成较为清晰的体系结构，将行为模式集中表述，将法律后果规定在法律责任的专门章节中。但纵观整个《香港特别行政区基本法》条文，并无对于违反第104条规定的具体法律后果的规定，这就为"反中乱港"者留下了规避法律制裁的缺漏。

为进一步明晰法律条文中模糊语句的含义。全国人大常委会解释，首先明确，《香港特别行政区基本法》第104条规定的"拥护中华人民共和国香港特别行政区基本法，效忠中华人民共和国香港特别行政区"，既是该条规定的宣誓必须包含的法定内容，也是参选或者出任该条所列公职的法定要求和条件。这一解释是一种扩大解释，因为该条规定是"就职时"，并不包括就职前的"参选"环节，该解释将效力延伸至参选环节，有利于从源头上防止违反《香港特别行政区基本法》行为。其次，对第104条规定相关公职人员"就职时必须依法宣誓"的具体含义从以下四个方面加以明确：一是违反"必须"的法定义务，则需要承担的法律后果包括"不得就任相应公职，不得行使相应职权和享受相应待遇"；二是明确了宣誓的内容要求和情感，包括"法定誓言"及"真诚、庄重地进行宣誓""准确、完整、庄重地宣读"；三是对拒绝宣誓的含义进行解释，对拒绝宣誓的法律后果进行规范；四是对宣誓的程序进一步细化，强调"监誓"的重要性及违反"监誓"程序要求的法律责任。最后，申述了宣誓的法律意义和效力。它是一种庄严的法律承诺，具有法律约束力，强调宣誓人必须真诚信奉并严格遵守法定誓言，否则依法承担法律责任。经过对《香港特别行政区基本法》第104条的解释，对可能侵害宣誓条款立法价值和功能行为都进行了较好地规制，使该条的漏洞得以弥补。

（3）全国人大常委会如何运用宪法解释方法进行解释

全国人大常委会对《香港特别行政区基本法》第104条的解释是必要的和及时的。只有将宪法与基本法紧密联系起来，才能准确理解基本法中具体条文的含义，准确把握基本法的整体精神，有助于"一国两制"的贯彻实施。对此，全国人大常委会在具体解释过程中运用了多种典型的宪法解释方法。

第一，文义解释方法的综合运用。既忠实于立法原意，而又不是简单地看条文的字面含义。在全国人大常委会关于《香港特别行政区基本法》第104条的解释中，对宣示"拥护中华人民共和国香港特别行政区基本法，效忠中华人民共和国香港特别行政区"这一法定内容的再次强调，属于对条文文义的解读。此外，基于"依法宣示"的整体性理解，全国人大常委会对宣示的语义进行了完善，补充说明了宣示的具体要求、情感、方式以及法律后果等内容。

第二，目的解释方法的运用。以保障香港的长期繁荣和稳定，落实"一国两制"这一香港基本法根本目的为宗旨。全国人大常委会对《香港特别行政区基本法》第104条解释，明确了宣示的含义和要求，表明了中央政府反对"港独"的坚定决心和意志，有利于维护宪法和基本法的权威，最终实现稳定的法治环境，增进香港的长期繁荣。

第三，扩大解释方法的运用。《香港特别行政区基本法》第104条规定了香港特别行政区行政长官等特定人员在"就职时"进行依法宣示。因"就职时"的文义范围过窄，不利于立法目的的实现。事实上，此类人员在参选时已具有一定的公众影响力，为从源头上防止其实施违反《香港特别行政区基本法》的行为，全国人大常委会采用扩大解释的方法，将"参选环节"包括在依法宣示适用范围之内，有利于落实"一国两制"，维护香港稳定的法治环境。

（二）艾尔弗斯诉门兴格拉德巴赫护照管理局案①

1. 案例概述

诉愿人艾尔弗斯，1933年以前是中央党在国会的代表，并且是普鲁士国家议会的成员，1927年被任命为克雷费尔德（Krefeld）的警长。1933年，因为政治原因他被解职。1945年他被选为门兴格拉德巴赫的市长。1947年他作为基督教民主联盟的成员，被选为北莱茵—威斯特法伦州的议员。他作为"德国人联盟"领导人，激烈批评联邦政府的政策。特别是，他认为联邦政府的国防政策阻碍了德国的统一。在联邦德国国内和国外的多次活动和研讨会中，他都公开表达了这些观点。1952年12月12日至19日，艾尔弗斯参加了在维也纳举行的人民代表会议，并宣读了"全体德国人的声明"，此外，他还在巴黎、布达佩斯以及东柏林参加过类似活动。

1953年，艾尔弗斯向门兴格拉德巴赫的护照管理局申请延长他的旅行护照，但是他的申请被拒绝了，拒绝的法律根据是1952年3月4日通过的《护照法》第7条第1款第a项。《护照法》第7条第1款规定："有以下情形，不得签发护照：a持有护照的申请人危害联邦德国的内部或外部的安全，或者联邦德国的特别重大的利益的。"1953年7月4日，艾尔弗斯的行政申诉被驳回。对此他向州行政法院提起行政诉讼，之后又上诉到高等行政法院和联邦行政法院，但都败诉。联邦行政法院判决驳回的理由是，诉愿人参加了1952年12月12日至19日在维也纳举行的人民和平代表大会，并宣读"全德宣言"。艾尔弗斯认为联邦行政法院的判决侵犯了其包括一般行为自由、人格权、言论自由和迁徙自由等在内的多项基本权利，遂于1956年2月22日向联邦宪法法院提出宪法诉愿。

2. 案例评析

（1）出国旅行是否属于迁徙自由的宪法解释？

在该案中，艾尔弗斯认为，这个判决侵犯了他依据《基本法》享有的以下权利：第2条（一般行为自由、人格权）、第3条（平等权）、第5条（言论自由）、第6条（婚姻、家庭）、第11条（迁徙自由）。通常，诉愿人在一个宪法诉愿中主张多项基本权利被侵害的做法是比较普遍的。原因在于，基本权利条款的规定都比较原则，所覆盖的领域非常广

---

① 张翔：《宪法释义学：原理·技术·实践》，法律出版社2013年版，第5~105页。

阔，所以存在边界模糊的问题。正是由于基本权利条款边界较为模糊，可解释的空间比较大，所以诉愿人主张多项权利，这样能够确保自己的主张能够得到支持的可能性增加。

按照德国基本权利条款解释的三阶段的审查框架，分别是"保护范围""限制""对限制的合宪性论证"。简而言之，首先考虑某个行为或者利益应受何种基本权利的保护，或者说某个行为或者利益落入哪个基本权利的保护范围，然后考察公权力行为是否对这项权利构成了干涉或者限制，最后再论证这个干涉或者限制是否具有宪法上的正当性。

基于此，在该案中，宪法法院首先要确定的是该案件涉及何种基本权利领域。案件争议主要围绕"护照的获得"展开，获得护照是为了出国旅行，对应这种出国旅行的自由，从文字含义理解，最直接应考虑到的是迁徙自由。因此，诉愿人将迁徙自由作为诉请之一。

德国《基本法》将迁徙自由作为基本权利进行保护。《基本法》第11条规定："（1）所有德国人在整个联邦领域内享有迁徙自由的权利；（2）由于缺乏足够的生活基础，将给社会公共利益带来特别负担时，或联邦或州的生存或自由民主的基本秩序面临危险时，为处理传染病危险、自然灾害和特别重大事故时，或为保护青少年以防堕落或为预防犯罪活动有必要时，可通过法律或依据法律对迁徙自由权予以限制。"但是德国联邦宪法法院认为，第11条所规定的迁徙自由与"出国旅行的自由"没有关系，该条款不能支持诉愿人的诉求。宪法法院在论证时综合运用了文义解释、历史解释和比较解释的方法，具体解释如下：

第一，文义解释。文义解释是法律解释的起点，对法律条文的含义的确定要从对该条文的语言的通常用法的理解开始。但是，在法学方法论中，一般认为，文义解释所提供的只是一个重要的线索，无法给出最后的确定的规范含义。但是，如果文义非常明确，规范的解释者就必须受此明确文义的限制，其解释就不能溢出此文义所可能包含的范围。

在此案中，宪法法院认为，《基本法》第11条保护的是"在整个德国领域内"的迁徙自由，从文字含义上，显而易见并不包括自由的出国旅行的权利，因为出国就意味着超出了国家领域范围。在《基本法》第11条中，对迁徙自由的范围设定非常明确，也就是"在整个德国领域内"。这种表述为宪法解释设定了界限，因此无论怎样解释，都不可能将"在……内"解释为包含外部。所以，出国旅行无论如何都不属于《基本法》第11条规定的迁徙自由。

第二，历史解释。历史解释可以有两种侧重：一个是去研究待解释规范的发生史，也就是这个规范是如何制定出来的；另一个就是去研究对于同一个领域的问题，先前的规范是怎样的。本案中，宪法法院采用了后一种历史解释的路径，通过考察历史上关于限制出国旅行的规定得出结论："国家安全"是限制出国旅行自由的重要理由。

这一阶段，宪法法院进行历史解释针对的是《基本法》第11条第2款。《基本法》第11条第2款规定的是迁徙自由的限制理由，也就是在哪些条件下可以对迁徙自由进行限制。宪法法院指出："在许多国家，也包括在自由民主的国家，出于国家安全的考虑，通过拒绝签发护照的方式来限制出国旅行的自由，也是通常的做法。而在德国，同样的规定从第一次世界大战以来一直存在，从未中断。我们无法认为，如果基本法的制定者希望通过基本法第11条来保护出国旅行的自由，他们会忽略历史上长期存在的这种出于国家安全考虑的限制理由。从而更可接受的是，基本法的制定者不想在第 11 条中保障出国旅行自由。"

通过历史解释，宪法法院欲证明，从历史上来看，出于国家安全的考虑而限制出国旅游是通常的做法，而在《基本法》第 11 条第 2 款明确列举的多项限制迁徙自由的理由中，却没有"国家安全"这一内容。如果迁徙自由包含出国旅游的自由，那么，对迁徙自由的限制理由中就必然会包含"国家安全"这一内容。反推之，基本法的制定者没有在第 11 条第 2 款中列出"国家安全"这一理由，就说明这一条根本就是与出国旅行自由无关的。

因此，通过文义解释和历史解释，得出的可靠的解释结论是《基本法》第 11 条是与出国旅行自由无关的，《基本法》上的迁徙自由仅仅是指在国内的迁徙自由。

（2）出国旅行自由应由何种基本权利条款保护？

宪法法院认为，出国旅行自由可以作为《基本法》第 2 条第 1 款规定的"一般行为自由"的外延而得到基本权利层次的保护。《基本法》第 2 条第 1 款规定，"人人享有人格自由发展的权利，只要其不侵害他人权利、不违反合宪性秩序与道德法则。"但是从字面上看，该条款与出国旅行自由并无直接联系，仅通过文义解释根本无法得出宪法法院的观点。因为这一条款使用的概念极其模糊，要确定其含义，必须借助其他方法。

宪法法院发现，在该条款中，第一个核心概念是"人格的自由发展"。但是，关于"人格的自由发展"的范围并不清楚。在艾尔弗斯案中，宪法法院对"人格的自由发展"做了非常宽泛的解释，将其解释为"一般行为自由"和"兜底基本权利"。

首先，宪法法院采用逻辑解释的方法，指出《基本法》使用"人格的自由发展"并非只意味着人格的核心内容的发展，也就是作为精神性、伦理性的人的本质的形塑。因为很难理解，内在于人格核心内容的发展，怎么会与社会道德、他人权利或者合宪性秩序相冲突。而这些限制性规定显然是指向作为社会生活的参与者的个人，这说明《基本法》第 2 条第 1 款意味着非常广泛的行为自由。

其次，宪法法院利用体系解释的方法，说明《基本法》第 2 条第 1 款规定的一般行为自由与其他基本权利所保护的行为自由的关系。在《基本法》第 2 条第 1 款保护的一般行为自由之外，基本法还规定了其他的基本权利，来保障特定领域的自由。通常而言，针对特定领域设置基本权利加以保障，是因为这些领域最容易被公权力侵害。但是仍存在可能被公权力侵害的其他领域。因此在这些特定的基本权利之外，设置一个"一般行为自由"，显然是为补充特定基本权利在覆盖领域上可能存在的漏洞。当某个行为无法被特定领域的基本权利所保护时，个人就可以通过主张《基本法》第 2 条第 1 款所规定之一般行为自由来寻求救济。《基本法》第 2 条第 1 款规定的一般行为自由也就成为"兜底基本权利"。

因此，通过逻辑解释和体系解释，得出的结论是出国旅行自由属于《基本法》第 2 条第 1 款规定的一般行为自由的保护范围。

（3）若出国旅行自由属于一般行为自由，是否存在违背限制条件的情况？

艾尔弗斯出国旅行自由属于一般行为自由，那么其是否可以取得护照，就应当置于《基本法》第 2 条第 1 款之下进行分析。需要注意的是，该条款为一般行为自由设定了限制条件，即"不侵害他人权利、不违反合宪性秩序与道德法则"。在艾尔弗斯案中，显然不涉及侵害他人权利和违反道德规范的问题。但需要进一步分析的问题是，艾尔弗斯的行为是否违反合宪性秩序而应被限制。对于合宪性秩序的理解，宪法法院认为，只能被理解为"在实质上和形式上都符合宪法的一般法秩序"，也就是在实质上和形式上都符合宪法的法律规范的总和。

那么接下来的问题是，拒绝延长护照所依据的《护照法》第 7 条第 1 款第 a 项是否合宪？宪法法院认为，《护照法》确实为所有要出国旅行的德国人设定了一个"护照强制"。这是一个明显的形式上的限制。但是，《护照法》也创设了一个针对签发护照的请求权，并且明确规定只有在一些特定条件下，才可以拒绝签发护照。这表明，立法者原则上是保护出国旅行的自由的，其采用的是一种保障自由的原则性立场。

宪法法院对《护照法》的目的进行了解释，说明立法者在立法目的上是以保障出国自由为基本指向的，所以并不存在限制基本权利的恣意，并不是要从根本上禁止出国，从而并没有侵害基本权利的"本质内容"。

此外，《护照法》第 7 条第 1 款第 a 项列举了拒绝签发护照的理由，一个是当持有护照的申请人危害联邦德国的内部或外部的安全，另一个是危害联邦德国的特别重大的利益。对于后一理由的措辞，"特别重大的利益"是一个不确定法律概念。宪法法院指出，在联邦行政法院之前的判决中，对这一不确定法律概念已经做了比较恰当的界定，即"在'重大性'上，与《护照法》第 7 条第 1 款第 a 项所列的另外两种情形（联邦德国内部的安全和外部的安全）相比，即使不是完全相同也是差不多的情形"。联邦行政法院的这个解释，说明拒绝签发护照并不是恣意决定的，而是有确切依据的。这与法治国原则，即依法行政的原则保持一致。如果把《护照法》第 7 条第 1 款的含义限定在联邦行政法院的解释上，这一条款就是合宪的。

因此，联邦宪法法院认为，在此前护照管理机关的审查，以及行政法院的事实审中已经查明，艾尔弗斯作为护照的持有人已经作出了危及联邦德国的国家安全的行为。即使按照行政法院对"特别重大的利益"的较窄的解释，也可以认定艾尔弗斯会危及这些利益，从而，拒绝延长其护照具有正当性。

三、问题思考

1. 简述宪法解释的机关。
2. 简述宪法解释的原则。
3. 简述宪法解释的方法与运用。

第二节　宪法修改

一、宪法修改概述

（一）宪法修改的含义

宪法修改是指宪法修改机关认为宪法的内容不适应社会实际而根据宪法规定的特定修

改程序删除、增加、变更宪法部分内容的活动。

宪法修改是成文宪法国家才有的宪法实施活动。在成文宪法国家，宪法内容被规定于宪法典以及宪法附属法之中。当宪法内容不适应社会实际时，便需对宪法文本的内容进行调整。而在不成文宪法国家，宪法内容寓于普通法律之中，作为宪法组成部分的制定法称为宪法性法律，如果不适应社会实际，由立法机关根据修改法律的程序进行调整，属于修改法律的范畴。因此，在不成文宪法国家没有修改宪法这一说。

宪法修改的难易程度有区别，据此宪法可分为刚性宪法和柔性宪法。刚性宪法的修改程序比普通法更为严格；柔性宪法的修改程序与普通法律完全相同。应当注意的是，基于修改难度而作的刚性宪法与柔性宪法的区分，只是一种理论上的区分，不可能百分百地符合事实。如英国宪法属于柔性宪法，修改难度较低，只需要通过普通法律的修改程序便可修改，但英国宪法至今，修改内容寥寥无几。相对的，我国宪法属于刚性宪法，按说修改难度较大，轻易不得变动，但中华人民共和国成立至今，宪法已经历三次全面修改，五次部分修改。

宪法修改与宪法制定是两个不同的概念。最初提出制宪权理论的是法国的西耶士，进一步充实和发展制宪权理论的是德国的施密特。施密特从宪法理论上严格区分了制宪权和修宪权。制宪权是一种原生性的权力，不依赖于任何其他权力而产生、形成。近代国家的国家权力从行使上来源于宪法，而制宪权正是启动宪法形成并最终使国家权力合法化的一种权力。① 而修宪权是一种派生性的权力。因为宪法的修改是以既存的宪法为前提的，修宪的主体和程序是宪法规定的。简单理解，制宪权是"创制宪法的权力"，而修宪权是"宪法创设的权力"。

（二）宪法修改的限制

1. 限制宪法修改的理论

关于宪法修改有无限制的问题，在宪法学理论上曾有两种截然相反的观点，即有限制说和无限制说。目前，学界的普遍观点认为宪法修改应有限制。

（1）有限制说。有限制说认为，宪法修改应当有法的界限，即宪法修改机关并不能依据宪法修改程序即可对宪法的任何内容都进行修改，而要受到一定的限制。德国魏玛共和时期著名学者卡尔·施密特严格区分了"制宪力"和"修宪力"，认为"修宪权是根据宪法规范授予的，这就意味着，个别或若干宪法法规可以用另一些宪法规范来取代，但前提条件是，宪法作为一个整体，其同一性和连续性得到了维持"。纯粹法学派代表学者汉斯·凯尔森的修宪限制理论建立在"基本规范"之上，认为"基本规范是一个超实证宪法的效力来源，它是法秩序在逻辑上逆推的一个必然，对于这个基本规范，实证宪法是不能够变更和修改的。宪法修改的界限在于维护和贯彻'基本规范'蕴含的法价值和法理念"②。德国基本法时期的宪法学家荷斯特·耶姆克在其 1953 年出版的《宪法修改的界限》中指出："修宪权行使得以宪法核心所保障的内容为其边界，该宪法核心存在于超越

① 秦前红：《新宪法学》，武汉大学出版社 2009 年版，第 268 页。
② 柳飒、涂云新：《宪法修改的限制理论与宪法核心之保障》，载《政治与法律》2013 年第 8 期。

实证宪法的要素之中、内涵于宪法之中并且与实证宪法本身有本质关联性、存在于实证宪法关于修宪条款的法规范之中。"① 可见，根据有限制说的观点，宪法并不是不得修改，而需以不触及宪法的根本精神为前提。

（2）无限制说。无限制说则认为，只要依据宪法规定的修改程序，宪法的任何内容都是可以修改的。宪法修改的无限制理论的立论基础主要在于"国民之主权"不受限制，故宪法的修改亦无限制。具体而言，国家的权力属于人民，人民的主权是绝对的，宪法是人民根本意志的体现和反映，而修改宪法也是人民行使主权的表现和反映，因此不应当有限制。另外，无限制还认为，虽然部分国家的宪法中有不得修改的规定，但是这些不得修改的规定与宪法的其他规定具有同等的法律效力，其效力并不高于宪法的其他规定，对宪法修改机关并不构成特殊的限制，因此，这些规定本身仍然是可以修改的。

2. 限制宪法修改的主要表现

从各国宪法规定来看，宪法修改的限制主要有内容上的限制和修改时间的限制两种。

（1）宪法修改内容的限制。所谓内容限制，是指成文宪法明确规定宪法中的某些内容不得进行修改。这些内容主要涉及四个方面：第一，有的国家宪法规定不得修改宪法的基本原则和精神。宪法所确立的国家的根本制度、基本精神和根本原则不得成为宪法修改的对象。挪威《宪法》第112条规定，宪法"修正案绝不能同本宪法所包含的原则相抵触，只能在不改变宪法精神的前提下对某些具体条款进行修改"。第二，有的国家宪法规定，宪法修改不得有损于国家的主权和领土完整。法国现行《宪法》第89条第4款规定，"如果有损于领土完整，任何修改程序均不开始或者继续进行"。第三，有的国家宪法明确规定公民的基本权利不得修改。日本现行《宪法》第11条规定："不得妨碍国民享有的一切基本人权。本宪法所保障的国民的基本人权，为不可侵犯的永久权利，现在及将来均赋予国民。"第四，有的国家宪法规定共和政体不得修改。意大利共和国《宪法》第139条规定："共和政体不得成为宪法修改之对象。"法国《宪法》第89条、葡萄牙《宪法》第290条都有类似的规定。

（2）宪法修改时间的限制。所谓时间限制，是指成文宪法明确规定在某些特定时间或状态下宪法不得进行修改。从各国宪法的规定来看，通常有四种情况：第一，有的宪法规定非经一定时间，不得对宪法进行修改。希腊1975年《宪法》第110条第6款规定，在上次修改完成后未满5年不得对宪法进行修改。法国1791年《宪法》规定，宪法任何部分于宪法成立之后第一个议会及第二个议会的任期内，概不得由议会提议修改。第二，有的宪法规定当国家处于特定状态时，宪法不得修改。西班牙《宪法》第169条规定，在战时或第116条规定之某一种状态（紧急状态、特别状态和戒严状态）期间不得提议修改宪法。第三，有的国家对宪法修改的时间间隔作出了限制，即规定一项修宪提案要间隔一段时间才能连续提出。科威特1962年《宪法》第174条第3款规定，如果修改的原则和主要理由被否决，从被否决起一年内不得再提出此项修改。第四，有的国家规定要定期修改宪法。葡萄牙1919年《宪法》第82条规定，宪法每隔10年修改一次；波兰1921

---

① ［日］芦部信喜：《制宪权》，王贵松译，中国政法大学出版社2012年版，第190、102、109、104页。

年《宪法》第 125 条规定，宪法每隔 25 年至少修改一次。

(三) 宪法修改的方式

根据各国实践，宪法修改方式归纳起来主要有两种方式，即全面修改和部分修改。

1. 全面修改

宪法的全面修改，又称整体修改，是指在国家政权性质没有发生变化的前提下，宪法修改机关对宪法的大部分内容（包括宪法结构）进行调整、变动，通过或批准整部宪法并重新予以颁布的活动。全面修改有两点基本特征：一是宪法修改活动依据原宪法所规定的宪法修改程序，这是宪法全面修改与制定宪法的主要区别；二是宪法修改机关通过或者批准整部宪法并重新予以颁布，这是宪法全面修改与部分修改的主要区别。

对宪法进行全面修改次数最多的国家，到目前为止是多米尼加共和国，从 1844 年至 1966 年间，共全面修改宪法 31 次，平均每 4 年全面修改一次。我国从 1954 年制定第一部《宪法》以来至今，全面修改宪法共进行了 3 次，即 1975 年《宪法》、1978 年《宪法》以及 1982 年《宪法》都是对前一部宪法的全面修改。

宪法全面修改的基本原因是，修宪者认为，原宪法的绝大部分内容已经不适应社会实际，无法调整社会现实。从各国全面修改宪法的实践来看，一般都是在国家出现极为特殊的情况下或者国家生活（特别是政治生活）发生某些重大变化的情况下，才进行全面修改活动。我国发生的三次全面修改宪法，都是处于社会发展不同阶段的转折时期。

全面修改方式的优点在于，当社会实际发生了较大变化，宪法规范的绝大部分内容已经无法适应已经变化了的社会实际时，如果仍不做修改，宪法就可能形同虚设。全面修改的弊病在于，宪法的权威性和尊严在一定程度上取决于宪法的稳定性，如果宪法的修改频率过高，在政治心理上产生不稳定的作用，法的安定性受到破坏，影响宪法信仰。

2. 部分修改

宪法的部分修改是指宪法修改机关根据宪法修改程序以决议或者宪法修正案等方式对整部宪法中的部分内容进行调整或变动的活动。部分修改有两点基本特征：一是宪法修改机关的修改活动是依据宪法修改程序进行的，这是部分修改与制定宪法的主要区别；二是宪法修改机关通常并不重新通过或者批准整部宪法，而只是以通过决议或者宪法修正案等形式修改宪法中的部分内容，这是部分修改与全面修改的主要区别。

宪法部分修改的原因是，宪法在总体上仍然适应社会实际，只是其中部分内容已落后于社会实际。宪法的部分修改主要有以下三种具体方式：

第一，以决议的方式直接在宪法条文中以新内容代替旧内容，修改之后，重新公布宪法。这种修改方式的优点是修改的内容非常明确，哪些有效，哪些已经无效，一目了然；缺点是因为需要重新公布宪法，增加了宪法修改的频率。我国 1979 年 7 月 1 日第五届全国人大第二次会议通过了《关于修正〈中华人民共和国宪法〉若干规定的决议》，对 1978 年《宪法》进行了修改。修改的主要内容是：同意县和县级以上的地方各级人民代表大会设立常务委员会，将地方各级革命委员会改为地方各级人民政府，将县的人民代表大会代表改为由选民直接选举，将上级人民检察院同下级人民检察院的关系由监督改为领导。这次修改就是以决议的方式将上述内容代替了宪法原来的内容。

第二，以决议的方式直接废除宪法条文中的某些规定，修改之后，也需要重新公布宪法。这种修改方式的优点和缺点与上一种修改方式是相同的。我国 1980 年 9 月 10 日第五届全国人大第三次会议通过了《关于修改〈中华人民共和国宪法〉第 45 条的决议》将 1978 年《宪法》第 45 条"公民有言论、通信、出版、集会、结社、游行、示威、罢工的自由，有运用'大鸣、大放、大辩论、大字报'的权利"修改为"公民有言论、通信、出版、集会、结社、游行、示威、罢工的自由"，取消了原第 45 条中"有运用'大鸣、大放、大辩论、大字报'的权利"的规定。

第三，以修正案的方式增删宪法的内容。该种宪法修改方式起源于美国。以修正案的方式增删宪法有其优点，由于其不需要重新通过宪法或者重新公布宪法，能够保持宪法典的稳定性和完整性，进而强化宪法在人们心目中的权威性、信仰和尊严；其缺点在于，需要将后面的新条文与前面的旧条文相对照之后，才能确定实际有效的宪法规定，这对于那些对宪法所知不多、法律意识不强的公民而言，在确定宪法实际有效内容时可能会遇到困难。我国在 1988 年之前，宪法修改方式是对宪法进行整体修改和直接在宪法条文中进行增删，鉴于上述方式有损宪法的权威和尊严，于是分别在 1988 年、1993 年、1999 年、2004 年和 2018 年五次运用修正案的方式修改现行宪法。

（四）宪法修改的程序

绝大多数成文宪法国家都规定了严格的宪法修改程序。各国宪法规定的修改程序虽然存在差异，但是通常包括提案、先决投票、公告、决议、公布这五个阶段。

1. 提案

各国宪法对有权提出修改宪法动议的主体作出了严格规定。从实践上看，宪法修改的提议主体有以下三种情况：

第一，代表机关。代表机关包括议会、国会、人民代表大会等，或者国会议员提出修改宪法的议案。美国《宪法》第 5 条规定，国会在两院 2/3 议员认为必要时应提出本宪法的修正案，或者根据各州 2/3 的州议会的请求，召开制宪会议提出修正案；我国现行《宪法》第 64 条规定，全国人大常委会或者 1/5 以上的全国人大代表有权提出修改宪法。

第二，行政机关。极少数国家宪法规定行政机关有权提议修改宪法。法国第五共和国《宪法》第 89 条规定，宪法修改的倡议权属于共和国、总统和议会议员，总统依据总理的建议行使倡议权。

第三，混合主体。绝大多数国家规定由国会、修宪大会和一定数量的公民提出，如菲律宾；有的国家规定由联邦议会和一定数量的公民提出，如瑞士；有的国家规定由大公、政府、议会、一定数量的公民和一定数量的行政区提出，如列支敦士登；有的国家规定由政府和议员提出，如泰国、缅甸；有的国家规定由总统和议会提出，在提出时还要列举需要修改的条款及其理由，如叙利亚。在混合主体中，以立法机关和行政机关共同提出的情形居多。

2. 先决投票

在提议之后，送交议决机关议决之前，需要就宪法修正案进行先决投票程序。约有三十多个国家都设置了此种程序，如叙利亚、黎巴嫩、希腊、巴拿马等，目的在于使宪法修改的条文和内容明确具体。

此外，凡是规定实行先决投票的国家均规定由立法机关进行先决投票。如希腊《宪法》第108条规定，宪法修正案应特别指明拟修改的条文，并规定有关修改的决定，应经相距至少一个月的两次投票表决，通过后始正式提交下届国会审议。而在不实行先决投票程序的国家，提议机关在提出修改宪法的动议时，一般同时提出宪法修正案的草案，以使须进行宪法修改的内容明确、具体。

3. 公告

一些国家还规定，在提议成立后，议决机关议决前，要将宪法修正案草案予以公告。有二十余个国家的宪法中明确规定了公告程序，如比利时、荷兰、卢森堡等。有的是由立法机关进行公告，有的是由行政机关进行公告。

有些国家宪法中虽然没有规定宪法修正案草案的公告程序，但在修宪实践中，通常将草案予以公告，以使社会成员知晓，并有希望社会成员参与讨论的含义。如虽然我国《宪法》中没有规定公告程序，但从现行《宪法》通过以后的历次宪法修改过程中，均公布了宪法修正案草案。

4. 决议

宪法修改草案通常要求决议机关以高于通过其他普通议案的出席及同意人数，才能予以通过。如比利时《宪法》第131条第5款规定，修改宪法如两院任何一院的出席人数未达到全体议员的2/3，不得进行表决，未获得2/3多数赞成票不得通过任何修正案；卢森堡《宪法》第114条规定，宪法修正案的通过，须议会议员总额3/4出席，2/3以上同意而通过。我国1954年《宪法》第29条规定："宪法的修改由全国人民代表大会以全体代表的2/3的多数通过。"1975年和1978年《宪法》对宪法修改程序未做规定。现行《宪法》第64条恢复了1954年《宪法》的规定。

5. 公布

宪法修改草案经有权机关依据法定程序通过后，还须由法定机关以一定的方式予以公布，才能产生相应的法律效力。主要有三种情况：一是由国家元首公布。绝大多数国家采用这种方式公布。一些国家的宪法虽然没有明确规定由国家元首公布，但在修宪实践中实际由国家元首行使宪法修改草案的公布权。二是由代表机关公布。我国宪法没有规定宪法修改草案的公布机关，在实践中，一般由全国人大主席团以全国人大公告的方式公布。三是由行政机关公布。

二、案（事）例述评

（一）我国1993年修宪过程中的程序问题

1993年2月14日，中共中央向全国人大常委会提出了关于修改宪法部分内容的建议。2月22日，七届全国人大常委会第三十九次会议讨论同意这个建议，通过了中华人民共和国宪法修正案草案，提请八届全国人大一次会议审议。

在七届人大常委会讨论中共中央修宪建议过程中，有的委员提出应将中国共产党领导的多党合作和政治协商制度写入宪法。其中，中国民主建国会中央委员会以及中共中央召开的党外人士座谈会，都有同志提出同样建议。万里同志认为这个意见很重要，建议宪法修改小组研究。3月9日，中共中央宪法修改小组开会，确定采纳这个意见，并向中央写了关于修改宪法部分内容的补充建议的报告。中共中央于1993年3月14日提出了《关于修改宪法部分内容的补充建议》。

　　由于当时全国人大已经召开，中共中央遂将《关于修改宪法部分内容的补充建议》直接提交全国人大主席团，请八届全国人大一次会议主席团将该建议印发大会。在此过程中，有的代表提出中共中央直接向全国人大提出修宪建议不符合宪法的规定。因此，中共中央的上述补充建议由北京市等32个代表团的2383名代表签名，于3月23日以代表提案的方式，向八届人大一次会议提出了《对中华人民共和国宪法修正案草案的补充修正案》。该修宪提案提交全国人大后，全国人大主席团将其列入会议议程，并将其和全国人大常委会的修宪提案合并，形成了一份修宪提案，交付大会表决，是为我国《宪法》第3～11条宪法修正案。

◎ 相关资料一：

中国共产党中央委员会①
关于修改宪法部分内容的补充建议（一九九三年三月十四日）

　　第八届全国人民代表大会第一次会议主席团：
　　现对中共中央提出的修改宪法部分内容的建议，作如下补充和调整：
　　一、宪法序言第十自然段末尾增加："中国共产党领导的多党合作和政治协商制度将长期存在和发展"。
　　二、宪法第十五条原修改建议第二款中的"改善宏观调控"，修改为"完善宏观调控"。这一款中的"依法禁止任何组织或者个人扰乱社会经济秩序"，修改为"国家依法禁止任何组织或者个人扰乱社会经济秩序"，列为第三款。
　　三、宪法第十七条原修改建议第二款的"集体经济组织依照法律规定实行民主管理"，修改为："集体经济组织实行民主管理，依照法律规定选举和罢免管理人员，决定经营管理的重大问题。"
　　以上建议，请第八届全国人民代表大会第一次会议主席团印发大会。
　　附件一：根据中共中央建议修改后的宪法部分内容全文
　　附件二：关于修改宪法部分内容的建议的说明

中国共产党中央委员会
一九九三年三月十四日

---

　　① 全国人大常委会办公厅、中共中央文献研究室：《人民代表大会制度重要文献选编》，2015年，第901页。

◎ 相关资料二：

2383 名全国人大代表联名对中华人民共和国宪法修正案草案的补充修正案

全国人民代表大会：

我们赞同中共中央关于修改宪法部分内容的补充建议，依照《中华人民共和国宪法》第六十四条的规定，提出对《中华人民共和国宪法》修正草案的补充修正案草案：

一、宪法序言第十自然段末尾增加"中国共产党领导的多党合作和政治协商制度将长期存在和发展"。

二、《宪法》第十五条原修改建议第二款中的"改善宏观调控"，修改为"完善宏观调控"。这一款中的"依法禁止任何组织或者个人扰乱社会经济秩序"，修改为"国家依法禁止任何组织或者个人扰乱社会经济秩序"，列为第三款。

三、《宪法》第十七条原修改建议第二款的"集体经济组织依照法律规定实行民主管理"修改为"集体经济组织实行民主管理，依照法律规定选举和罢免管理人员，决定经营管理的重大问题"。

北京市等 32 个代表团 2383 名代表（名单略）
1993 年 3 月 23 日

（二）事例评析

中华人民共和国成立以来，修改宪法的建议都是由中共中央提出。这已经成为我国的一项修宪惯例。通常而言，中共中央关于修改宪法部分内容的建议，一般都是向全国人大常委会提出，由全国人大常委会讨论后依照《宪法》第 64 条的规定，提出中华人民共和国宪法修正案草案，提请全国人民代表大会审议。

但是在此次修宪过程中，中共中央已于 1993 年 2 月 14 日向全国人大常委会提出了关于修改宪法部分内容的建议，全国人大常委会讨论同意后准备提请人大会议审议时，中共中央又向全国人大主席团提出修宪的补充建议。之后，该补充建议经全国人大会议讨论后依照《宪法》第 64 条规定，由 1/5 以上的代表提出宪法修正案草案，提请代表大会审议。这是我国宪法史上一次较为特殊的修宪经历，其中涉及一些宪法修改的程序问题，具体分析如下：

1. 两个修宪提案提出后，全国人大主席团是否有权将其合并为一个提案？

全国人大主席团是全国人大会议的领导机构，由全国人大代表选举产生，负责全国人大会议的主持工作。在该事件中，全国人大主席团是否能够将两个修宪提案合并为一个提案的问题，可以从以下两个方面进行解释：

假设全国人大主席团可以合并两个修宪提案，那么意味着合并后的修宪提案的提出主体就转变为全国人大主席团。对此全国人大主席团是否有权力提出修宪提案呢？事实上，全国人大主席团虽然有提案权，但没有提出修宪提案的权力。《全国人民代表大会组织法》第 16 条明确规定，全国人民代表大会主席团可以向全国人民代表大会提出属于全国人民代表大会职权范围内的议案。这意味着全国人大主席团有提出议案的权力。对此，有学者提出，全国人大的职权范围包括修改宪法，是否就意味着全国人大主席团拥有提出修宪提案的权力？而对于能够提出修宪提案的主体，我国《宪法》第64条明确规定，宪法的修改，由全国人民代表大会常务委员会或者1/5以上的全国人民代表大会代表提议，并由全国人民代表大会以全体代表的2/3以上的多数通过。可见，宪法将提出修宪提案的主体限定为全国人大常委会和1/5以上全国人大代表。修宪的提案主体被宪法明确限定了，便可推知，全国人大主席团便不能就修宪事宜提出议案。因此，全国人大主席团没有提出修宪提案的权力，那么自然不能对两份修宪议案进行合并处理，因为合并处理后形成的是一份新的修宪议案。

既然全国人大主席团没有提出修宪提案的权力，那么主席团是否可以依据其主持大会的职责，将两个修宪提案进行合并处理？对此，有学者认为，全国人大常委会以及代表提出的议案，只有经过表决才能决定其命运，主席团或者其他什么机构都无权决定其命运，包括对它们进行修改，因为修改等于是全国人大主席团提出了一个新的提案。[1] 另有学者认为，在1993年修宪过程中，全国人大主席团之所以将两份修宪提案合并成为一份，是因为代表提案是对常委会提案的一个补充，两者在内容上是和谐一致的，[2] 但内容上的一致并不能说明全国人大主席团合并两份提案具有正当性。所以有学者提出疑问，假如代表提案和常委会提案在内容上并不一致，甚至相互冲突的话，主席团还能够再对它们进行合并吗？[3] 实际上，对提案进行任何形式的变动，都属于对提案行使了实质性审查的权力。但众所周知，宪法并没有赋予全国人大主席团对提案的实质性审查权力，该项权力属于全国人大。因此可得出结论，全国人大主席团不能针对两份修宪提案进行合并处理。

2. 2383名代表提出修正案后，全国人大主席团将其列入议程的程序是否必要？

有学者认为，2383名代表提出修正案后，全国人大主席团将其列入议程的程序是多余的。理由在于，因为修正案是附属于原议案的，它不是单独的议案，只是原议案的一个审议程序，所以修正案一经提出并成立，即自动进入议程。[4] 持有这种认识的前提是，区别了宪法修正案和作为法律名称的"修正案"两个概念，前者是修改宪法的法律名称，后者则是对正在审议的议案提出的修改方案，是一种审议程序和审议方式。但是这种认识的错误在于，未能准确把握2383名代表提案的法律性质。

由于全国人大可以对全国人大常委会提交的修宪案进行修改，因此代表们可以在审议过程中提出作为"议案审议方式"的修正案。这样的修正案，只要符合全国人大的议事规则，就是有效的。但是2383名代表联名的修宪提案，联名提出的事实说明了该提案不是一个"议案审议方式"的修正案。这一修宪提案是为了使中共中央的补充修宪建议符

---

① 陈斯喜：《议案审议过程中修正案的运用——兼评1993年修宪程序》，载《法学研究》1994年第5期。

② 韩大元：《中国宪法事例研究（第1卷）》，法律出版社2005年版，第206页。

③ 韩大元：《中国宪法事例研究（第1卷）》，法律出版社2005年版，第206页。

④ 陈斯喜：《议案审议过程中修正案的运用——兼评1993年修宪程序》，载《法学研究》1994年第5期。

合宪法修改的法定程序，采取了代表联合签名的办法，依照《宪法》第 64 条的规定，提出对中华人民共和国宪法修正案草案的补充修正案草案。

虽然 2383 名代表提案是按照《宪法》第 64 条提出的修宪提案，由修宪提案权的性质决定，作为修宪提案，它的提出只是表明可以获得全国人大审议的可能性，但并不意味着全国人大因此承担了必须审议的义务。因此全国人大有权决定是否将它列入议程进行审议。

事实上，按照我国的惯例，全国人大在正式会议之前，总是要举行预备会议，其内容之一就是确定本次会议的议程。而 1988 年以来的历次修宪过程中，常委会提出宪法修正案（草案）后，全国人大总是在预备会议上将对宪法修正案（草案）的讨论列入会议议程。作为修宪提案的 2383 名代表提案自然不能例外。

3. 1/5 的全国人大代表可否对常委会的修宪提案提出修正？

有必要区分两种情形：一种情形是，全国人大代表在审议修宪提案过程中对提案进行修正；另一种情形是，1/5 以上的全国人大代表在常委会提出修宪提案过程中，对它提出补充案。这两种情况下，同为全国人大代表，其身份却并不相同。在第一种情形中，代表是作为修宪机关——全国人大的一分子进行活动；在第二种情形中，代表并不是作为全国人大的一分子，而是作为修宪提案机关，也就是 1/5 以上人大代表的一分子进行活动。作为修宪机关的组成部分，全国人大代表当然可以对常委会的修宪提案提出修正，经大会表决后生效。但是，作为修宪提案机关的全国人大代表却不能如此。这是因为，常委会与 1/5 以上全国人大代表是相互独立的修宪提案机关，它们都享有独立的修宪提案权，它们可以对"宪法"提出修正，而不能对"修宪提案"提出修正。换言之，常委会的修宪提案妥当与否，只有修宪机关才有权作出评断。后者如果认为前者的修宪提案不完善，它完全可以提出一个新的修宪提案。这个新的提案在内容上可以是对前者提案的补充，但在形式上，它是一份独立的"对宪法的"修宪提案，而不是附属的、对修宪提案的修正案。

因此，这个问题的答案是非常明确的，即常委会提出的修宪提案，只有全国人大才能对它进行修改。按照宪法的规定，1/5 以上的全国人大代表可以对"宪法"提出修正案，而不能对修宪提案再提出修正案。

三、问题思考

1. 简述宪法修改的限制理论。
2. 简述宪法修改的方式。
3. 简述宪法修改的程序。

第三节　宪　法　监　督

一、宪法监督概述

（一）宪法监督的含义

对于宪法监督的概念，学界存在较大分歧，主要有广义说、狭义说和等同说三种观点。

广义说认为宪法监督指的是针对有关宪法的活动实行全面监督。有学者认为，宪法监督包括两种情况：一种是宪法监督专门机关对国家机关、特定个人或其他社会组织的违宪行为或有关机关在适用宪法的过程中产生的争议进行监督和审查，并对违宪行为给予制裁；另一种是除宪法监督专门机关之外的其他国家机关、社会团体、政党组织和公民个人对宪法的监督和制约。① 狭义说认为宪法监督专指宪法监督的专职机关进行的监督。有学者认为，宪法监督是指特定的国家机关依据一定的程序，审查和裁决法律、法规和行政命令等规范性文件是否符合宪法，以维护宪法权威、保障宪法实施和保障公民宪法权利的制度。② 等同说将宪法监督与违宪审查同等看待。有学者认为宪法监督就是由宪法授权或宪法惯例认可的国家机关，以一定的方式进行合宪性审查，取缔违宪事件，追究违宪责任，从而保证宪法实施的一项宪法制度。③

由于宪法的主要目的在于防范国家权力的滥用、保障公民的基本权利，因此宪法监督的对象应当限定为国家机关或特定个人的权力行为。为确保宪法监督功能的实现，因此在认定宪法监督主体上有广义和狭义两种。广义的宪法监督除了法定专职的机关外，还包括其他国家机关、政党、社会团体、公民等主体进行的监督；狭义的宪法监督则是法定专职机关所进行的监督。

（二）宪法监督的功能

宪法监督是实现依宪治国目标的关键环节。宪法监督的功能体现在以下几个方面：

1. 保障宪法实施

宪法监督是保障宪法实施的关键。宪法制定后要得到真正落实，除了依靠宪法关系主体出于对宪法的信仰而自觉遵守宪法规范之外，还需要依靠宪法保障制度对不符合宪法的行为予以纠正和制裁。习近平总书记指出："要用科学有效、系统完备的制度体系保证宪法实施，加强宪法监督，维护宪法尊严，把实施宪法提高到新水平。"只有构建起完善的宪法实施监督制度，以强有力的手段保障宪法实施，宪法才能真正赢得尊重、享有权威，宪法精神和原则才能真正化为具体活动准则，从而有效发挥宪法凝聚社会共识的作用。

2. 保护公民的基本权利

将公民基本权利写入宪法，以最高法的形式对公民基本权利进行保护，意味着基本权利对于公民身份而言具有基础性的意义。若公民的基本权利无法得到有效保障，那么公民的主体身份也就无从谈起。习近平总书记强调："公民的基本权利和义务是宪法的核心内容，宪法是每个公民享有权利、履行义务的根本保证。""只要我们切实尊重和有效实施宪法，人民的权利和自由就能得到保证。"④ 宪法就是一张写满人民权利的纸。为了保证

---

① 李忠：《宪法监督论》，社会科学文献出版社 1999 年版，第 4 页。

② 许崇德：《宪法学（中国部分）》，高等教育出版社 2000 年版，第 86 页。

③ 王广辉：《通向宪政之路：宪法监督的理论和实践研究》，法律出版社 2002 年版，第 12~14 页。

④ 习近平：《在首都各界纪念现行宪法实施 30 周年大会上的讲话》，载《人民日报》2012 年 12 月 5 日。

这张纸上的权利得以实现，建立宪法监督制度是最坚实也是最有效的保障。

3. 维护宪法权威

宪法在一国法律体系中具有最高法律地位，一切普通法律、法规、规范性文件等以及国家机关、社会组织、政党等的行为都必须服从宪法。但是实践中难免会出现不符合宪法的现象，若一味放任将直接损害宪法的权威性。对此，依靠宪法监督制度，及时纠正和制裁不符合宪法的各种行为，能够确保宪法最高法的地位的权威。

(三) 宪法监督的模式

1. 立法机关监督

立法机关监督，又称为议会型或代表机关监督模式，是指权力机关依照法定程序审查法律、法规、行政命令等规范性文件是否符合宪法的监督制度。立法机关监督模式最早起源于英国。英国奉行"议会至上"，该原则体现在三个方面：第一，立法机关可以自由地并且与表更其他法律相同的方式，变更任何法律，无论是基本法律抑或其他法律；第二，宪法与其他法律无任何法律区别；第三，没有任何司法机构或其他机构，享有宣告一个议会法律无效或者视为无效或违宪的权利。① 可见，议会有权制定或修改任何法律，而法院只能无条件地执行而无权对议会通过的法律进行审查。

此外，这一模式还普遍运用于社会主义国家。1918 年《苏俄宪法》第 31 条规定："全俄苏维埃中央执行委员会为俄罗斯社会主义联邦共和国最高立法、号令及监督机关。"第 32 条规定："统一协调立法工作和管理工作，并负责监督苏维埃宪法的实施情况。"因为在社会主义国家普遍采用的是民主集中制原则，由人民通过直接或间接选举产生的代议机关在国家机构中居于优越的地位。这种优越的地位决定了宪法监督权由代议机关行使。总之，立法机关监督模式的理论基础归根到底是人民主权。因为宪法是人民意志的体现，而宪法监督过程中难免需对宪法进行解释，由代表人民意志和人民主权的国家机关承担宪法监督权最为适宜。

2. 普通法院监督

普通法院监督，是指由普通法院依照司法原则通过司法程序对正在审理的各类案件所涉及的作为该案件审理依据的法律、法规和行政命令等规范性文件的合宪性进行审查的监督制度。这一模式最早起源于美国。1787 年美国联邦宪法没有明确规定，联邦最高法院有监督联邦宪法实施保障的职责，也没有明确规定联邦最高法院有权审查各州法院的判决。在 1803 年"马伯里诉麦迪逊案"中，联邦最高法院确立了由联邦最高法院承担审查联邦制定法合宪性的权力之原则，之后发展为美国各法院都有违宪审查权。在 1816 年"马丁诉亨特租户案"和 1821 年"科恩诉弗吉尼亚州案"中，进一步确立了联邦最高法院有权审查各州法院判决的权力。

美国违宪审查制度的基本特点包括：第一，联邦最高法院作为所有联邦法律争议的最高审级法院，负责裁判违宪争议和其他普通争议的案件。联邦最高法院只能针对具体的案

---

① 张千帆：《宪法学》，法律出版社 2004 年版，第 89 页。

件进行违宪审查，不能对抽象的规范性文件进行审查。[1] 第二，联邦最高法院作出的违宪判决在效力上存在特殊性。因联邦最高法院进行的只是附带性审查而非抽象性审查，法院不能对违宪的法律、法规宣布予以撤销，而只能拒绝适用于其所审理的案件。简而言之，法院作出的判决仅能约束案件当事人而不具有普遍效力。但是基于判例法国家"遵循先例"的传统，被法院拒绝适用的法律、法规一般在之后的案件中也不会被适用。

3. 宪法委员会监督

宪法委员会是宪法监督的专门机关。宪法委员会依照一定程序审查法律、法规及行政命令等规范性文件的合宪性，并有权撤销违宪的法律、法规及行政命令等规范性文件的体制。法国是世界上为数不多设立宪法委员会来审查法律合宪性的国家之一。法国的违宪审查制度，其产生和发展经历了曲折的过程。从法国大革命至 1946 年第四共和国宪法制定这段时期，除了存续时间很短暂的 1799 年宪法和 1852 年宪法设立了"元老院"负责审查法律的合宪性外，其他几部宪法均未对法国的违宪审查制度作出规定，反而明确规定普通法院不得干预立法权的行使。直到 1958 年，法国通过了第五共和国宪法，设专章规定了监督和保障宪法实施的宪法委员会，形成了具有法国特色的违宪审查体制。

根据法国《宪法》第 56 条规定，宪法委员会的成员为 9 人，任期 9 年，得连任。宪法委员会每 3 年改选 1/3，由共和国总统、国民议会议长、参议院议长各任命 3 名。宪法委员会主席由总统任命。在裁决时，如双方票数相等，主席拥有最后决定权。第 57 条规定，凡担任宪法委员会成员职务者，不得兼任部长或议员。法国宪法委员会违宪审查的基本特点在于：第一，注重事前审查，即在法律等规范性文件公布之前，由宪法委员会对其进行审查。在法律公布后，即使发现其与宪法相抵触，宪法委员会也不得进行审查。第二，注重抽象的原则审查，与设立宪法法院的欧洲大陆其他国家还存在具体审查原则不同，法国绝对排斥抽象原则审查之外的其他审查方法和原则。第三，审查程序的非公开性，宪法委员会召开秘密会议，裁决宪法争议，只公布结果，不公布理由，也不公布讨论内容。第四，提请审查的主体逐步扩大，从特定的国家机关人员、议员到普通公民渐次开放审查请求权。

4. 宪法法院监督

宪法法院同样也是宪法监督的专门机关。宪法法院根据一定程序审查法律规范性文件的合宪性，并审理宪法诉讼案件的体制。1920 年的奥地利共和国宪法率先设立宪法法院。此后，宪法法院体制在欧洲大陆法系国家迅速发展起来。宪法法院并不属于普通的司法系统，不行使司法权，其基本权能包括违宪审查权、宪法解释权、权限争议裁决权、弹劾案审判权、政党违宪案裁判权、选举诉讼权等。

宪法法院的特点表现为：第一，以抽象的原则审查为主，附带的案件审查为辅。宪法法院并不是通过审理这些具体案件而审查法律、行政命令是否符合宪法的，其审查的主要方式是抽象地审查法律、行政命令的合宪性，即宪法法院在宪法规定的特定机关和人员的申请下，可以抽象地对法律或者行政命令的合宪性进行审查。第二，适用一审终审制。宪法法院通常只拥有违宪审查权、宪法争议裁决权及弹劾案审判权等，而不拥有一般司法

---

[1] 张千帆：《宪法学》，法律出版社 2004 年版，第 87 页。

权。宪法法院独立于一般司法审级制度，实行一审终审制。第三，宪法法院的判决具有一般效力。宪法法院审查法律或者行政命令的合宪性可以与审查具体案件无关，法律或者行政命令是宪法法院的直接审查对象。因而，各国宪法均赋予宪法法院的判决以一般效力，即有权撤销违宪的法律或者行政命令，使其失去法律效力。在理论上，违宪的法律或者行政命令应当自始无效。第四，在判决主文部分判断法律的合宪性。在宪法法院审查制下，诉讼的标的为法律或者行政命令是否符合宪法，因而宪法法院确认法律或者行政命令是否符合宪法是作为判决的主文出现的。

（四）我国宪法监督制度

1. 我国宪法监督制度的沿革

中华人民共和国成立后制定的第一部宪法即 1954 年《宪法》第 27 条第 3 项规定，全国人民代表大会有权监督宪法的实施；第 31 条第 6、7 项规定，全国人民代表大会常务委员会有权撤销国务院的同宪法、法律和法令相抵触的决议和命令，改变或者撤销省、自治区、直辖市国家权力机关的不适当的决议。1975 年《宪法》基于当时的特殊历史情况，对宪法监督制度未作任何规定。1978 年《宪法》恢复了 1954 年《宪法》的规定，于第 22 条第 3 项规定全国人民代表大会有权监督宪法和法律的实施；第 25 条第 5 项规定，全国人民代表大会常务委员会有权改变或者撤销省、自治区、直辖市国家权力机关的不适当的决议。

现行宪法沿袭了 1954 年《宪法》和 1978 年《宪法》的规定，仍然采用最高代表机关监督宪法实施的体制。现行宪法在原有规定的基础上，总结我国的实践经验，借鉴其他国家的有益做法，进一步发展了我国的违宪审查制度，形成了现行的富有特色的最高代表机关监督制度。

2. 我国宪法监督制度的基本内容

（1）宪法监督的主体。现行《宪法》在 1954 年《宪法》和 1978 年《宪法》规定"全国人民代表大会监督宪法实施"的基础上，增加了"全国人大常委会也有权监督宪法的实施"的规定。增加此规定是为了弥补因全国人大为非常设机关，无法进行日常的违宪审查活动的缺陷。此外，《宪法》第 70 条第 2 款对全国人大专门委员会的任务作出了规定："各专门委员会在全国人民代表大会和全国人民代表大会常务委员会领导下，研究、审议和拟订有关议案。"全国人大组织法根据《宪法》的规定，对各专门委员会的任务作出了进一步的规定，全国人大各专门委员会审议全国人民代表大会常务委员会交付的被认为同宪法、法律相抵触的国务院的行政法规、决定和命令，国务院各部委的命令、指示和规章，省、自治区、直辖市的人民代表大会及其常委会的地方性法规和决议，以及省、自治区、直辖市的人民政府的决定、命令和规章，提出报告。

（2）启动宪法监督的主体。《立法法》第 110 条对启动程序做了两个方面的规定："国务院、中央军事委员会、国家监察委员会、最高人民法院、最高人民检察院和各省、自治区、直辖市的人民代表大会常务委员会认为行政法规、地方性法规，自治条例和单行条例同宪法或者法律相抵触，或者存在合宪性、合法性问题的，可以向全国人民代表大会常务委员会书面提出进行审查的要求，由全国人民代表大会常务委员会有关的专门委员会和常务委员会工作机构进行审查、提出意见。前款规定以外的其他国家机关和社会团体、企业事业组织以及公民认为行政法规、地方性法规、自治条例和单行条例同宪法或者法律相抵触的，可以向全国人民代表大会常务委员会书面提出进行审查的建议，由常务委员会工作机构进行审查；必要时，送有关的专门委员会进行审查、提出意见。"

需要注意的是，第一款规定的主体提出的是审查请求，全国人大常委会必须要启动审查程序，而第二款规定的主体提出的是审查建议，则由全国人大常委会工作机构视其"必要性"决定是否启动审查程序。全国人大常委会专门委员会和接受法规备案的全国人大常委会法制工作委员会可以主动启动违宪审查程序。

（3）宪法监督的体系。《宪法》规定，全国人大有权改变或者撤销全国人大常委会不适当的决定；全国人大常委会有权撤销国务院制定的同宪法、法律相抵触的行政法规、决定和命令，有权撤销省、自治区、直辖市国家权力机关制定的同宪法、法律和行政法规相抵触的地方性法规和决议；国务院有权改变或者撤销各部委发布的不适当的命令、指示和规章，有权改变或者撤销地方各级国家行政机关的不适当的决定和命令；县级以上地方各级人大有权改变或者撤销本级人大常委会不适当的决定；县级以上地方各级人大常委会有权撤销本级人民政府的不适当的决定和命令，撤销下一级人大的不适当的决议；县级以上地方各级人民政府有权改变或者撤销所属各工作部门和下级人民政府的不适当的决定。从以上规定可以看出，全国人大及其常委会对一切违宪行为进行审查和监督。

《立法法》第109条规定，行政法规、地方性法规、自治条例和单行条例、规章应当在公布后的三十日内依照下列规定报有关机关备案：行政法规报全国人民代表大会常务委员会备案；省、自治区、直辖市的人民代表大会及其常务委员会制定的地方性法规，报全国人民代表大会常务委员会和国务院备案；设区的市、自治州的人民代表大会及其常务委员会制定的地方性法规，由省、自治区的人民代表大会常务委员会报全国人民代表大会常务委员会和国务院备案；自治州、自治县的人民代表大会制定的自治条例和单行条例，由省、自治区、直辖市的人民代表大会常务委员会报全国人民代表大会常务委员会和国务院备案；自治条例、单行条例报送备案时，应当说明对法律、行政法规、地方性法规作出变通的情况；部门规章和地方政府规章报国务院备案；地方政府规章应当同时报本级人民代表大会常务委员会备案；设区的市、自治州的人民政府制定的规章应当同时报省、自治区的人民代表大会常务委员会和人民政府备案；根据授权制定的法规应当报授权决定规定的机关备案；经济特区法规、浦东新区法规、海南自由贸易港法规报送备案时，应当说明变通的情况。

二、案（事）例述评

（一）孙志刚案

孙志刚，男，27岁，湖北武汉市人，2001年从武汉科技学院艺术设计专业结业。2003年2月24日受聘于广州达奇服装有限公司。2003年3月17日晚，孙志刚因未携带任何证件，在广州市天河区黄村大街被执行统一清查任务的区公安分局黄村街派出所民警带回询问，随后被送至天河区公安分局收容待遣所转送广州市收容遣送中转站。18日晚，孙志刚称有病被送往广州市卫生部门负责的收容人员救治站诊治。20 日凌晨 1 时 13 分至 30 分期间，孙志刚遭同病房的 8 名被收治人员两度轮番殴打，当日上午 10 时 20 分，因大面积软组织损伤致创伤性休克死亡。

孙志刚被殴打致死，引起了社会舆论的强烈反响和普遍关注。2003 年 4 月 25 日，《南方都市报》刊登了《被收容者孙志刚之死》的封面新闻，首次披露了孙志刚惨死一个多月却无人过问的前前后后，文章引用有关管理条例指出，孙志刚不属于收容对象，并披露了孙志刚死亡的真正原因：遭毒打致死。《南方都市报》关于此案的稿件刊出的当天上午就被新浪网等网站转载，"孙志刚案"由地方媒体报道的地方新闻升级为全国新闻，一时间成了全社会关注的焦点。网友们纷纷发表评论，为孙志刚之死鸣不平，质疑收容制度，敦促政府和相关部门尽快通过法律手段解决问题，反应十分激烈，社会舆论迅速形成。

5 月 16 日，三位青年法学博士以公民的名义上书全国人大常务委员会，提出对《城市流浪乞讨人员收容遣送办法》进行违宪审查的建议。建议书中写道："《城市流浪乞讨人员收容遣送办法》的有关规定，实际上赋予了行政部门具有剥夺或限制公民人身自由的权力。而我国《宪法》规定，公民的人身自由不受侵犯。《立法法》规定，对公民政治权利的剥夺、限制人身自由的强制措施和处罚，只能制定法律。……我们认为，《城市流浪乞讨人员收容遣送办法》作为国务院制定的行政法规，其中有关限制人身自由的内容，与我国现行宪法以及有关法律相抵触，属于《立法法》中规定的'超越权限的'和'下位法违反上位法的'行政法规，应该予以改变或撤销。为此，建议全国人大常务委员会审查《城市流浪乞讨人员收容遣送办法》。"

5 月 23 日，又有五位法学专家以公民的名义，联名上书全国人大常务委员会，就孙志刚案及收容遣送制度实施状况提请启动特别调查程序，要求对收容遣送制度的"违宪审查"进入实质性的法律操作层面。

6 月 20 日，国务院公布《城市生活无着的流浪乞讨人员救助管理办法》（国务院令第 381 号），新办法提出了全新的自愿救助的原则，取消了强制手段。这一新办法的出台，标志着持续了 50 年的"收容遣送"制度成为历史。紧接着，全国各地的收容所纷纷摘牌，旧的收容遣送制度逐渐被救助管理制度所代替。

（二）案例评析

1.《城市流浪乞讨人员收容遣送办法》是否可以限制公民的基本权利？

我国《宪法》第 37 条规定："中华人民共和国公民的人身自由不受侵犯。任何公民，非经人民检察院批准或者决定或者人民法院决定，并由公安机关执行，不受逮捕。禁止非法拘禁和以其他方法非法剥夺或者限制公民的人身自由，禁止非法搜查公民的身体。"但是孙志刚案的依据是《城市流浪乞讨人员收容遣送办法》，按照其规定可以随意限制公民的人身自由，这无疑是对公民基本权利的限制和侵犯。

宪法规定的公民的基本权利是公民在国家和社会生活中应享有的，也是国家必须给予保障的。但是这些基本权利是否绝对的、排他的？目前各国基本上采用的是非绝对保障主义，即基本权利可以依法限制。限制基本权利的法律根据最早可以追溯到 1789 年法国的

《人权宣言》，其中第 4 条规定："自由包括从事一切不损害他人的行为的权力。因此，行使各人的自然权利只有以保证社会的其他成员享有同样的权利为其界限。这些界限只能够由法律确定。"可见，只有法律才能对公民的基本权利进行限制。值得注意的是，这里的法律并非指阐述法律渊源时所指的不同位阶的包括宪法、法律、行政法规、地方性法规在内的所有规范性文件，而是仅指立法机关按照立法程序通过并颁布的法律。据此，可以排除两方面的认识：一是行政机关或者其他机关不可以限制基本权利，其所颁布的规范性文件不能被称为严格意义上的法律；二是并不是立法机关通过的所有文件都可以被称为法律而限制基本权利，只有立法机关严格按照立法程序通过的规范性文件，并且这一规范性文件必须符合形式理性和实质理性时，才能限制基本权利。①

那么，行政法规能否限制公民的基本权利？通常而言，行政机关发布的规范性文件虽然具有抽象性和普遍的约束力，但是因不具备法律的形式理性，即行政法规不是立法机关按照立法程序颁布的，而不能限制公民的基本权利。此外，一些国家和地区将行政机关颁布的规范性文件统称为"命令"。② 由于行政机关及其"命令"的性质决定了这些规范性文件具有相当程度的专断性，因此不符合法律的实质理性。对行政法规的要求是具备合宪性和合法性，因此，针对一些有限制公民权利内容的行政法规，除非有法律依据或者法律的明确授权，否则，不得有限制基本权利的条款。

在孙志刚案中，所依据的是 1982 年国务院颁布的《城市流浪乞讨人员收容遣送办法》，在性质上属于行政法规，制定主体并不是立法机关，并无相关限制公民权利的法律依据或者法律授权，因此该办法不能对公民的基本权利进行限制。

2. 公民是否有权向全国人大常委会提出合宪性审查的建议？

公民有权向全国人大常委会提出针对行政法规等规范性法律文件的审查建议。我国《宪法》第 41 条规定，中华人民共和国公民对于任何国家机关和国家机关工作人员，有提出批评和建议的权利。建议权是我国公民的一项基本权利。此外，《立法法》第 110 条第 2 款规定，前款规定以外的其他国家机关和社会团体、企业事业组织以及公民认为行政法规、地方性法规、自治条例和单行条例同宪法或者法律相抵触的，可以向全国人民代表大会常务委员会书面提出进行审查的建议，由常务委员会工作机构进行审查；必要时，送有关的专门委员会进行审查、提出意见。这是公民建议全国人大常委会审查行政法规等规范性法律文件的直接法律依据。作为一种启动宪法监督的机制，赋予公民提出审查的建议权，确保侵犯公民权利的立法能够及时修正，确保国家法律体系的协调统一。

《立法法》赋予了国务院、中央军委、最高法、最高检以及省级人大常委会以审查要求权，同时赋予了其他国家机关和社会团体、企事业组织以及公民以审查建议权，但是这

---

① 法的形式理性是指，立法机关按照程序通过的法律文件，法律的成立必须符合包括立法主体合法在内的法的程序要件。法的实质理性是指，立法机关按照程序所通过的法律必须符合法的一般要素，如法律必须是抽象的、普遍适用的、公开的、明确的、稳定的、没有追溯力的。参见郑贤君：《基本权利研究》，中国民主法制出版社 2007 年版，第 86 页。

② 以台湾地区为例，所有行政机关制颁的规范性文件都被称为命令，包括法规命令、职权命令、行政规则、紧急命令与特别命令。参见翁岳生：《行政法（上）》，中国法制出版社 2002 年版，第 122~138 页。

种监督模式在实际运行过程中的效果不佳。从监督模式上看，有学者指出 2015 年《立法法》第 99~101 条所展现的仍然是一种"立法系统内监督程序"的制度设计思路。因为不论是审查要求还是审查建议，都不能理解为是向全国人大常委会施加了额外的审查义务，这意味着该种监督模式仍没有完全跳脱立法者自行纠错为主的模式。① 从监督主体上看，有学者指出，《立法法》规定的"五大主体"同样存在怠于履行职责的可能，而其他组织或者公民的审查建议在程序上要经过全国人大常委会工作机构的研究过滤，降低了其发挥作用的可能。② 从监督对象上看，2015 年《立法法》第 99 条规定适用于行政法规、地方性法规、自治条例和单行条例，未能覆盖所有的合宪性审查对象。

3. 全国人大常委会作出的裁决是否应有溯及力？

在孙志刚案中，全国人大常委会没有马上作出回应，在此期间，国务院作出快速反应，自行废止了《城市流浪乞讨人员收容遣送办法》，同时出台了《城市生活无着的流浪乞讨人员救助管理办法》。此种做法尚存的问题在于：当国务院废止了某部正处于立法审查程序中的行政法规时，是否必然导致全国人大常委会对此法规的审查工作自动终止，全国人大常委会是否还有必要就此前的审查建议继续审查工作并作出结论？

从逻辑上看，即便国务院自行废止有争议的行政法规，但是仍不能当然终结全国人大常委会的合宪性审查工作。国务院的自行宣布废止与全国人大常委会审查决定不一样。前者只意味着该行政法规从宣布废止之日起不再具有法律效力；而后者若作出限制人身自由条款无效的裁决，该裁决是否具有溯及力？从立法学上看，一项新法律的出台一般都要遵循"不得溯及既往"原则以及调整对象利益最大化原则，所以对于既往的行为一般都适用"兼旧兼从轻"原则。但是违宪裁决行为不是立法行为，是对现实规范性文件的评判，一旦被判断为违宪或不符合宪法，则意味着该规范性文件自发布之日就不符合宪法，就是自始无效。

但是各国的宪法规定，合宪性审查的制度设计基本上都强调该裁决的生效只是意味着被宣布违宪或不符合宪法的规范性文件失去效力，一般不对裁决生效前的案件产生溯及力。可见，这种做法更多考量的是政治逻辑，而非法律逻辑。

三、问题思考

1. 简述宪法监督的功能。
2. 简述宪法监督的模式。
3. 简述我国宪法监督的体系。

---

① 黄明涛：《具体合宪性审查的必要性及其制度空间》，载《比较法研究》2020 年第 5 期。
② 朱学磊：《论法律规范合宪性审查的体系化》，载《当代法学》2020 年第 6 期。

主要参考文献

1. 《马克思恩格斯全集》第 11 卷，人民出版社 1995 年版。

2. 《马克思恩格斯全集》第 1 卷，人民出版社 2001 年版。

3. 《列宁选集》第 4 卷，人民出版社 1995 年版。

4. 毛泽东：《建国以来毛泽东文稿》，中央文献出版社 1992 年版。

5. 《党章修正案通过！明确中央军委实行主席负责制》，载《解放军报》2017 年 10
月 25 日。

6. 《习近平在纪念马克思诞辰 200 周年大会上的讲话》，载《人民日报》2018 年 5 月
5 日。

7. 《习近平在首都各界纪念现行宪法实施 30 周年大会上的讲话》，载《人民日报》
2012 年 12 月 5 日。

8. 《十九大党章修正案学习问答》，党建读物出版社 2017 年版。

9. 《宪法学》编写组：《宪法学·第二版》，高等教育出版社 2020 年版。

10. 陈泉生、张梓太：《宪法与行政法的生态化》，法律出版社 2001 年版。

11. 陈焱光、刘祎：《宪法》，武汉大学出版社 2017 年版。

12. 董和平、秦前红：《宪法案例》，中国人民大学出版社 2006 年版。

13. 韩大元、莫纪宏：《外国宪法判例》，中国人民大学出版社 2005 年版。

14. 韩大元、王建学：《基本权利与宪法判例》，中国人民大学出版社 2012 年版。

15. 韩大元：《宪法学基础理论》，中国政法大学出版社 2008 年版。

16. 韩大元：《中国宪法事例研究（第二卷）》，法律出版社 2008 年版。

17. 韩大元：《中国宪法事例研究（第七卷）》，法律出版社 2015 年版。

18. 韩大元：《中国宪法事例研究（第三卷）》，法律出版社 2009 年版。

19. 韩大元：《中国宪法事例研究（第一卷）》，法律出版社 2005 年版。

20. 胡建淼：《外国宪法案例及评述》（上册），北京大学出版社 2004 年版。

21. 胡锦光、韩大元：《中国宪法》，法律出版社 2016 年版。

22. 胡锦光：《2015 年中国十大宪法事例评析》，法律出版社 2017 年版。

23. 焦洪昌：《宪法学》，中国人民大学出版社 2010 年版。

24. 李道揆：《美国政府和美国政治》（下册），商务印书馆 2004 年版。

25. 李忠：《宪法监督论》，社会科学文献出版社 1999 年版。

26. 梁洪霞：《世界各国宪法经典案例评析》，中国人民大学出版社 2018 年版。

27. 林来梵：《从宪法规范到规范宪法》，法律出版社 2001 年版。

28. 林来梵：《宪法学讲义》，法律出版社 2015 年版。

29. 陆润康：《美国联邦宪法论》，书海出版社 2003 年版。

30. 吕忠梅：《环境法学概要》，法律出版社 2016 年版。

31. 秦前红：《比较宪法学》，武汉大学出版社 2007 年版。

32. 秦前红：《新宪法学》，武汉大学出版社 2009 年版。

33. 全国人大常委会办公厅、中共中央文献研究室：《人民代表大会制度重要文献选编》，2015 年。

34. 王广辉：《人权法学》，清华大学出版社 2015 年版。

35. 王广辉：《通向宪政之路——宪法监督的理论和实践研究》，法律出版社 2002 年版。

36. 王琼雯：《宪法隐私权的历史考察及价值溯源》，载范忠信、陈景良主编：《中西法律传统·第四卷》，中国政法大学出版社 2004 年版。

37. 王守田、沈国琴：《宪法学教学案例研析》，中国人民公安大学出版社 2013 年版。

38. 王树义：《俄罗斯生态法》，武汉大学出版社 2001 年版。

39. 王勇：《宪法学原理与适用》，法律出版社 2017 年版。

40. 魏定仁等：《宪法学》，北京大学出版社 2001 年版。

41. 翁岳生：《行政法（上）》，中国法制出版社 2002 年版。

42. 吴家麟：《宪法学》，群众出版社 1985 年版。

43. 夏征农：《辞海·缩印本》，上海辞书出版社 2000 年版。

44. 谢瑞智：《宪法大辞典》，台湾地球出版社 1991 年版。

45. 许崇德：《宪法学（中国部分）》，高等教育出版社 2000 年版。

46. 姚国建、秦奥蕾：《宪法学案例研习》，中国政法大学出版社 2013 年版。

47. 尹长海、义瑛、刘昕：《宪法教学与实例分析》，湖南人民出版社 2015 年版。

48. 张明楷：《刑法学》，法律出版社 2007 年版。

49. 张千帆、曲相霏：《宪政与人权指南》，中国人民大学出版社 2012 年版。

50. 张千帆、朱应平、魏晓阳：《比较宪法——案例与评析》，中国人民大学出版社 2011 年版。

51. 张千帆：《西方宪政体系》，中国政法大学出版社 2004 年版。

52. 张千帆：《西方宪政体系　上册·美国宪法》，中国政法大学出版社 2000 年版。

53. 张千帆：《宪法学》，法律出版社 2004 年版。

54. 张千帆：《宪法学导论》，法律出版社 2004 年版。

55. 张翔：《德国宪法案例选释·第 1 辑 基本权利总论》，法律出版社 2012 年版。

56. 张翔：《德国宪法案例选释·第 2 辑 言论自由》，法律出版社 2016 年版。

57. 张翔：《基本权利的规范建构》，高等教育出版社 2008 年版。

58. 张翔：《基本权利的规范建构·增订版》，法律出版社 2017 年版。

59. 张翔：《宪法释义学：原理·技术·实践》，法律出版社 2013 年版。

60. 郑贤君：《基本权利研究》，中国民主法制出版社 2007 年版。

61. 周伟：《宪法基本权利：原理、规范、应用》，法律出版社 2006 年版。

62. 周佑勇：《行政法学》，武汉大学出版社 2009 年版。

63. ［荷］亨利·范·马尔赛文、格尔·范·德·唐：《成文宪法的比较研究》，陈云生译，华夏出版社 1987 年版。

64. ［美］保罗·布莱斯特等：《宪法决策的过程：案例与材料》，张千帆、范亚峰等译，中国政法大学出版社 2002 年版。

65. ［美］汉密尔顿等：《联邦党人文集》，程逢如等译，商务印书馆 1980 年版。

66. ［美］克米特·霍尔：《牛津美国联邦最高法院指南》，许明月、夏登峻等译，北京大学出版社 2009 年版。

67. ［美］希尔斯曼：《美国是如何治理的》，曹大鹏译，商务印书馆 1986 年版。

68. ［美］詹姆斯·安修：《美国宪法解释与判例》，黎建飞译，中国政法大学出版社 1999 年版。

69. ［日］芦部信喜：《宪法》，林来梵等译，清华大学出版社 2018 年版。

70. ［日］芦部信喜：《制宪权》，王贵松译，中国政法大学出版社 2012 年版。

71. ［日］藤仓皓一郎：《英美判例百选》，段匡、杨永庄译，北京大学出版社 2005 年版。

72. ［日］阿部照哉：《宪法·基本人权篇》，周宗宪译，中国政法大学出版社 2006 年版。

73. ［日］宫泽俊义：《日本国宪法精解》，董磻舆译，中国民主法制出版社 1990 年版。

74. ［英］《牛津法律大辞典》，光明日报出版社 1989 年版。

75. ［英］卢克斯：《个人主义》，阎克文译，江苏人民出版社 2001 年版。

76. ［美］罗伯特·波斯特：《隐私与法律：捍卫公民权》，载《国外社会科学文摘》2001 年第 3 期。

77. 陈斯彬：《论宪法上的良心和宗教自由》，载《青岛农业大学学报》2007 年第 2 期。

78. 陈斯喜：《议案审议过程中修正案的运用——兼评 1993 年修宪程序》，载《法学研究》1994 年第 5 期。

79. 杜文勇：《认真对待"良心自由"》，载《河北法学》2010 年第 5 期。

80. 雷伟红：《论民族自治地方自治法规立法权与地方性法规立法权的协调》，载《中南民族大学学报》2018 年第 4 期。

81. 廖元豪：《宪法宗教自由之意义、体系与价值》，载《月旦法学教室》2006 年第 6 期。

82. 刘德良：《论隐私权》，载《新疆大学学报（社科版）》2003 年第 2 期。

83. 柳飒、涂云新：《宪法修改的限制理论与宪法核心之保障》，载《政治与法律》2013 年第 8 期。

84. 吕忠梅：《环境权入宪的理路与设想》，载《法学杂志》2018 年第 1 期。

85. 吕忠梅：《环境司法理性不能止于"天价"赔偿：泰州环境公益诉讼案评析》，载《中国法学》2016 年第 3 期。

86. 吕忠梅：《再论公民环境权》，载《法学研究》2000 年第 6 期。

87. 马岭：《全国人大常委会对香港〈基本法〉解释的三个问题》，载《中国法律评论》2016 年第 1 期。

88. 潘红祥：《论民族自治地方自治立法权和地方立法权的科学界分》，载《法学评论》2019 年第 3 期。

89. 冉艳辉：《论民族自治地方自治立法权与地方性法规制定权的合理配置与规范运用》，载《政治与法律》2020 年第 7 期。

90. 沈寿文：《民族区域自治立法权与一般地方立法权的关系——以"优惠照顾理论"范式为视角》，载《广西民族研究》2016 年第 3 期。

91. 屠振宇：《未列举基本权利的认定方法》，载《法学》2007 年第 9 期。

92. 王广辉：《论宪法未列举权利》，载《法商研究》2007 年第 5 期。

93. 王晖：《法律中的团结观与基本义务》，载《清华法学》2015 年第 3 期。

94. 王锴：《为公民基本义务辩护——基于德国学说的梳理》，载《政治与法律》2015 年第 10 期。

95. 王鹏翔：《基本权作为最佳化命令与框架秩序》，载《东吴法律学报》2007 年第 18 卷第 3 期。

96. 王人博：《宪法概念的起源及其流变》，载《江苏社会科学》2006 年第 5 期。

97. 吴卫星：《环境权内容之辨析》，载《法学评论》2005 年第 2 期。

98. 吴卫星：《宪法环境权条款的实证考察》，载《南京工业大学学报（社科版）》2017 年第 4 期。

99. 夏勇：《地方国家机关有无军事立法权问题》，载《法学杂志》1994 年第 3 期。

100. 馨元：《宪法概念的分析》，载《现代法学》2002 年第 2 期。

101. 徐德刚、雷钧惠：《论隐私权在宪法中的价值定位》，载《湖南科技大学学报（社科版）》2009 年第 2 期。

102. 薛小建：《论社会保障权的宪法基础》，载《比较法研究》2010 年第 3 期。

103. 张翔：《基本权利的体系思维》，载《清华法学》2012 年第 4 期。

104. 张卓明：《中国的未列举权利》，载《法学研究》2014 年第 1 期。

105. 周伟：《宪法解释案例实证问题研究》，载《中国法学》2002 年第 2 期。

106. 朱学磊：《论法律规范合宪性审查的体系化》，载《当代法学》2020 年第 6 期。

107. 朱应平：《民族区域自治地方人大常委会是自治机关》，载《人大研究》2015 年第 7 期。

108. 李超：《当众展示性爱行为艺术男子不服劳教 1 年判决》，载《新京报》2011 年 5 月 9 日。

109. 《泰州 1.6 亿元天价环境公益诉讼案》，载《人民法院报》2015 年 1 月 7 日。

110. Barnes v. GlenTheatre, Inc. 501U. S. 560, 575 (1991).

111. Sadurski Wojciech, *Australian Law Journal* 63 (1989).

112. United States v. Seeger, 380 U. S. (1965).

113. Ward v. Rock Against Racism, 491 U. S. 781, 800 (1988).

114. Welsh v. United States, 398 U. S. (1970).

115. Muller v. Oregon 208 U. S. 412 (1908).

116. Lochner v. New York, 198 U. S. 45 (1905).

后　记

这本《案例宪法学》系湖北大学（法学院）承担的"卓越法律人才培养计划系列教材"之一。

近年来，我国高等法学教育快速发展，体系不断完善，培养了一大批优秀法律人才，为我国经济社会发展特别是社会主义民主法治建设作出了不可替代的重要贡献。但高等法学教育还不能完全适应社会主义法治国家建设的需要，社会主义法治理念教育还不够深入，培养模式相对单一，培养体系还不够完善，学生实践能力总体不强，应用型、复合型法律职业人才培养不足。提高法律人才培养质量遂成为我国高等法学教育改革发展最核心最紧迫的任务。对此，中共中央政法委员会、教育部决定联合实施"卓越法律人才培养计划"这一国家战略计划。该计划旨在全面落实"依法治国"基本方略，深化中国法学高等教育教学改革，以提高我国法学法律人才培养质量。为回应国家战略计划，配合湖北省高教改革尤其是法律人才培养体系、思维、模式方式的改革进步，在湖北省和湖北大学相关部门的支持下，由陈焱光教授策划牵头，组织编著了这套"卓越法律人才培养计划系列教材"。卓越法律人才培养计划的着力点和突破口，就是要改革法律人才培养模式，提高学生的实践能力。宪法学作为法学专业基础课，如何落实这一教育需求，我们的想法是通过理论+实务的案例教学路径。

首先，在内容结构上，教材分为基础理论、国家权力、公民基本权利及义务、宪法实施四大块，在对宪法学内容进行全面论述的基础上，对现实生活中的争点、理论研究中的热点观点进行梳理评析，既充分展示了宪法学理与现实生活的密切联系，也紧扣了"宪法的生命在于实施，宪法的权威也在于实施"这一宪法学的永恒命题。

其次，在教材体例上，采取了宪法知识理论+案（事）例评析的模式，坚持理论与实践紧密结合。教材在每章节开端讲授宪法学知识理论后，辅之以国内外真实的案例、事例，通过分析讨论这些案（事）例背后蕴含的宪法学知识点和相关宪法理论问题，展示宪法学思维和专业方法解决现实问题的路径，改变了传统教材偏重理论传授，从理论到理论的刻板模式，体现了宪法学的社会价值。

最后，回归本土，树立宪法学的中国意识。学习理解和阐释宪法（学），既要探索总结世界各国宪法的普遍特征和发展规律，也要准确理解和阐释我国宪法，发展中国特色社会主义宪法学。进入 21 世纪，特别是自 2018 年《宪法修正案》颁布以来，中国宪法学更加强调树立中国意识，注重中国特色和现实关切，"把学问写在中国大地上"。对此，本书除了采纳域外案例，也增加了国内相关案例、事例的内容，更充分地展现中国宪法学与中国实践的互动关系，以体现宪法学的"中国性"，从而一方面避免对国外理论和案例的照抄照搬，也为解决中国法治实践问题，强化中国宪法实施，树立宪法权威提供助益。

　　本书的编撰得到了陈焱光教授和靳海婷讲师的大力帮助。各章节具体分工如下：第一章、第二章、第四章、第五章之第一、二、三、六、七、八节由陈焱光撰写；第三章、第五章之第四、第五节，第七章由靳海婷撰写；第六章由刘袆撰写；全书由刘袆统稿。

刘　袆

2022 年 2 月 26 日